님에게 사랑은 무엇입니까?

당신의 사랑은 무엇입니까

* 인터뷰이의 나이, 해당 국가의 사회 · 정치적 상황, 환율 등은 인터뷰 또는 집필 시점을 기준으로 쓰여졌습니다.
* 인물 · 나라 · 도시 · 단체에 대한 정보는 인터뷰이에게 들은 내용을 바탕으로 적었으므로 약간의 오차와 시간적 변화가 있을 수 있습니다.

당신의 ♥ 사랑은 무엇입니까

김수영이 만난 22개국 108개의 사랑

김수영 지음

★꿈꾸는지구

당신을 떠올려봅니다.

당신은 운명의 사랑을 애타게 찾고 있을 수도 있고

그 사람 앞에서 말 한마디 못해 애가 탈 수도 있고

지금 이 감정이 사랑인지 아닌지 헷갈릴 수도 있고

그 사람도 나를 좋아하는지 고민 중일 수도 있습니다.

사랑 때문에 세상을 다 가진 것처럼 행복할 수도 있고

위험한 사랑 때문에 살얼음판을 걸을 수도 있고

변해버린 사랑 때문에 불안해할 수도 있고

끝나버린 사랑 때문에 죽을 만큼 힘들 수도 있고

언젠가 다시 찾아올 사랑을 꿈꿀 수도 있습니다.

'사랑'이라는 이 한 단어 때문에 흔들리는 당신에게 말하고 싶습니다.

당신은 누군가의 사랑이고

사랑으로 태어나 사랑으로 살아왔으며

사랑으로 존재하고 사랑으로 죽는다는 것을.

이 책은 그런 당신에게 바치는 나의 헌사입니다.

김수영 드림

·

108 빛깔의
사랑을 만나다

"수영 씨는 지금 죽어도 여한이 없나요?"

모든 것은 이 질문에서 시작되었습니다.

"하고 싶은 것들을 원 없이 하며 살아왔으니 후회는 없을 거 같 아요. 물론 오래오래 살고 싶긴 하지만요"라고 대답했지만, 이 질 문은 며칠간 제 가슴에 맴돌았습니다.

'내가 만약 지금 죽는다면 무엇을 후회하게 될까?'라는 질문에 가슴 한구석 누군가가 슬며시 대답했습니다. 사랑하지 않은 것이 라고. '만약 1년 후에 죽는다면 난 무엇을 해야 할까?' 이번엔 제 심장이 명확하게 답했습니다. 사랑하겠다고.

한 번뿐인 인생에 하나뿐인 지구에서 하고 싶은 것, 되고 싶은 것, 가고 싶은 곳이 정말 많은 저였습니다. 시련도 많았고 뭐 하나 쉬운 것 없었지만 백번이고 들이대어 여러 장벽을 뛰어넘으며 수 많은 꿈을 이뤄왔습니다. 그리고 마침내 제가 그토록 원하던 삶을 살게 된 순간, 늘 앞만 보고 달려오던 제게 풀 브레이크가 걸렸습니다. 바로 사랑에 빠진 것이죠. 하지만 제 심장은 뇌만큼 똑똑하지 못했나 봅니다. 그토록 많은 것을 이루었는데, 그토록 많은 사람이 절 아끼고 사랑해주는데, 절 사랑하지 않는 한 사람 때문에 어두운 우주에 혼자 남겨진 것 같았고 저 자신이 패배자처럼 느껴졌습니다. 그 사람과 만나는 중에도, 헤어진 후에도 오랜 시간 고통 속에서 수많은 의문에 사로잡혔지요. 처음엔 그를 이해할 수 없었고, 그다음엔 저 자신을 이해할 수 없었습니다. 무엇보다 사랑이란 것을 이해할 수 없었습니다.

그러던 중 2011년 유럽, 중동, 아시아 25개국을 여행하며 365명의 꿈을 수집한 드림 파노라마 1탄에 이어 2013년, 아메리카, 아프리카, 오세아니아의 꿈을 모으는 드림 파노라마 2탄 여행을 떠났습니다. 하지만 인터뷰이들을 만나 꿈 이야기를 듣다가도 전 어느새 그들에게 도대체 사랑이 뭐라고 생각하는지 묻고 있었습니다.

그러다 결국 우리가 존재하고 꿈을 꾸고 도전할 수 있는 근원은 사랑이라는 것을 깨달았지요. 그래서 아예 테마를 꿈이 아닌 사랑으로, 프로젝트 이름도 드림 파노라마에서 러브 파노라마로 바꾸고 13개월간 22개국에서 127명에게 사랑을 물어 108개의 러브스토리를 수집했습니다.

지구상에 있는 사람들은 다양한 얼굴 생김새만큼이나 다양한 사랑을 하고 있었습니다. 상처받는 것이 두려워 사랑을 거부하는 사랑불능자, 지나간 사랑에 대한 집착을 버리지 못해 인생을 망가뜨리는 사랑중독자, 쓰나미로 아내를 잃고 지구 반대편에서 시한부의 삶을 살아가는 외로운 남자, 부모의 불행한 결혼생활을 대물림하는 자식들 등, 사랑 때문에 괴로워하는 이들이 많았습니다.

하지만 '그럼에도 불구하고' 사랑하는 사랑가들도 많았습니다. 에이즈에 걸린 부인을 목숨 걸고 사랑하는 남편, 자신의 가족을 죽인 원수 부족의 딸과 결혼하여 사랑과 용서를 택한 청년, 결혼서약을 지키기 위해 30여 년간 정신병을 앓은 아내 곁을 지켜온 남편, 40년 만에 첫사랑의 결실을 맺은 커플, 서핑에 미친 남편을 원망하는 대신 서핑을 배워 국가대표가 된 아내, 실패한 사랑으로 버림받은 아이들을 사랑으로 거둬들인 처녀 엄마.

장애인과 비장애인, 동성애자와 이성애자, 일부일처제와 일부다처제, 나이와 국적, 인종, 종교와 같은 수많은 차이와 장벽에도 불구하고 이 지구상의 사람들은 사랑하고 있었습니다. 때로는 사랑을 상상할 수도 없는 상황에서조차 다채로운 색깔의 사랑꽃을 피워내고, 태풍을 이겨내고 결국 열매를 맺는 것을 보며 저는 깨달았습니다. 우리는 사랑하고 사랑받기 위해 존재한다는 것을.

한 사람을 사랑한다는 것은 마치 하나의 우주를 나의 우주 안에 받아들이는 것과 같습니다. 그래서 누군가를 진정으로 사랑하기 위해서는 자신의 알몸을 고스란히 드러내는 것과 같은 고통스러운 과정을 거치기도 합니다. 하지만 우리는 그렇게 진정한 나와 대면하고, 상처를 치유하며, 존재 이유를 찾아 삶의 가능성을 극대화하며 한 인간으로 성장해간다는 것 또한 이번 여행을 통해 깨달을 수 있었지요.

다시는 사랑할 수 없을 것만 같았던 절망감에서 시작된 이 여행은 다시 사랑할 수 있도록 제 심장을 뜨겁게 데워주었습니다. 여행지에서 만난 낯선 사람들에게 위로받고, 다른 사람들의 삶과 아픔을 끌어안으며, 영적 치유를 통해 제 심연의 밑바닥까지 들여다보면서 그렇게 자신과 타인을 이해하게 되었습니다. 또 사랑을 거부하던 나와 화해하면서 다시 누군가를 만나 가슴 설렐 수 있게 되었지요.

형형색색의 파노라마처럼 펼쳐진 이 사랑의 별을 여행하면서 이제껏 꿈과 목표만을 향해 앞으로 달려왔던 제 삶의 최우선 순위는 사랑과 행복으로 바뀌었습니다. 제 인생을 바꾸어놓은 이 여행의 기록이 당신의 인생까지 사랑으로 물들이기를 바라며, 이야기를 시작합니다

차례 ✈

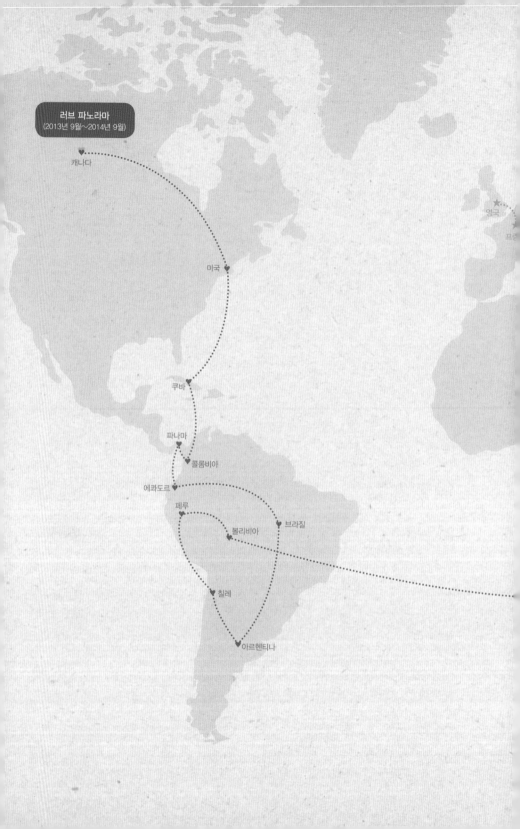

러브 파노라마
(2013년 9월~2014년 9월)

캐나다

영국

프랑스

미국

쿠바

파나마

콜롬비아

에콰도르

페루

볼리비아

브라질

칠레

아르헨티나

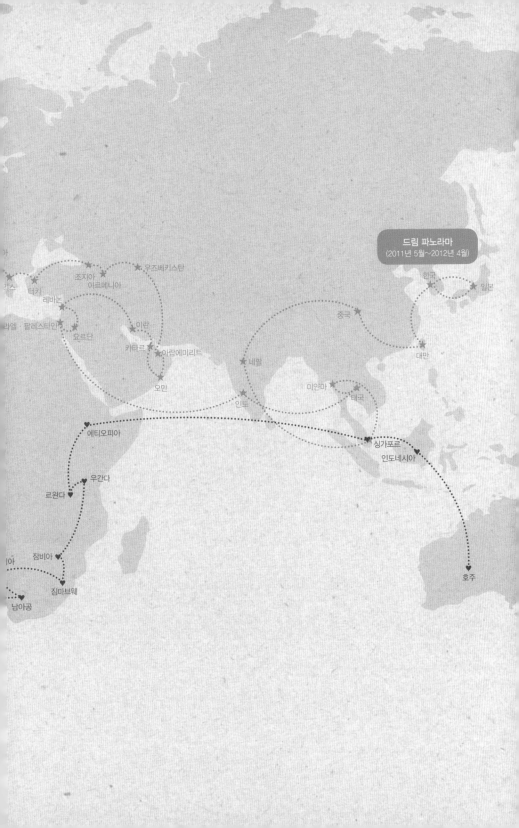

드림 파노라마
(2011년 5월~2012년 4월)

한국

일본

중국

대만

우즈베키스탄

조지아
아르메니아

네팔

미얀마

태국

레바논

이란

이스라엘·팔레스타인

요르단

카타르

아랍에미리트

오만

인도

싱가포르

인도네시아

에티오피아

우간다

르완다

잠비아

짐바브웨

남아공

호주

What

is

LOVE?

Chapter 1

캐나다 + 미국 + 쿠바

사랑이 아프다

한 사람을 안다는 것은,

그 사람의 인생을 받아들인다는 것은

하나의 우주를 포용하는 것이 아닐까?

그 사람 곁에 머물러 있다 해도, 우리는 그 안에 있는

우주의 티끌밖에 보지 못하는 것일지도 모른다.

그러므로 내가 할 수 있는 것은 그저 그 우주의 무게를 지탱하는

사람의 어깨를 가만히 어루만져 주는 것뿐.

하나의 사랑이
태어나서 죽었다

♥

2013년 9월 3일 저녁 9시 인천공항.

"하와이, 밴쿠버 거쳐 옐로나이프 가시는 거죠? 짐 올려주세요."

저울은 정확히 19.99㎏을 가리키고 있었다. 언제든 훌쩍 떠날 수 있게 최소한의 살림으로 살았음에도 지난 15개월간의 흔적을 정리하는 것은 쉬운 일이 아니었다. 사람들에게 나눠주고 남은 물건들을 버리고 또 버렸지만, 떠나는 날 새벽 3시가 되어서야 겨우 여행 가방을 쌀 수 있었다. 중고물품 가게에 들러 마지막으로 남은 물건들을 기증하고 동생에게 차 열쇠를 건네는 것으로 한국에서의 삶은 정리되었다.

출국장을 통과하는 순간까지 다큐멘터리 촬영 카메라가 나를 따라왔다. 카메라가 사라지고, 보안검색을 마치고, 여권에 출국 도장을 찍고 나서야 유목민의 삶이 다시 시작되었다는 실감이 났다.

나는 와이키키 해변을 걷고 또 걸었다. 애써 잊으려 했던 기억이 떠올랐다.

'이렇게 다시 시작이구나. 이렇게 다시, 나 혼자.'

하와이까지 약 10시간, 나는 비행기에서 내내 쓰러져 잤다. 오랫동안 부족했던 잠이었다. 한국에 있던 15개월간 너무 많은 일이 있었다. 책을 두 권 쓰고, 직접 기획, 촬영한 다큐멘터리를 'SBS스페셜'을 통해 방영하고, 5천여 명이 참여한 드림 페스티벌을 열었다. 꿈에 관련된 애플리케이션, 워크숍, 공모전도 만들고 전국을 돌며 200번에 걸쳐 10만 명과 꿈을 나누는 강연도 했다.

그리고 한 사람을 만나 사랑을 했다. 낯섦이 호감이 되고, 호감은 관심이 되고, 관심이 좋아하는 감정을 거쳐 사랑으로 발전했지만 혼란스러웠다. 애틋하고 아름다운 감정들 사이로 스치던 의심이 확신이 되면서 모든 것은 한순간 물거품이 되었다.

누군가를 아끼던 마음은 분노로 변했고 심장은 칼로 저미듯 아파왔다. 미친 듯이 소리 지르며 울고 싶었지만 웃어야 했다. 나를 만나러 강연장에 온 사람들에게 꿈과 희망을 전해줄 수 있도록. 그러다 내게 남은 모든 것을 쥐어짜도 더 이상 웃을 수 없는 순간이 찾아왔다. 난 떠나야만 했다. 다시 처음부터 시작하고 싶었다.

드림 파노라마 1탄에 이어 아메리카, 아프리카, 오세아니아를 돌아 전 세계의 꿈을 연결하는 드림 파노라마 2탄을 준비하던 나는, 여타 스케줄을 다 거절하고 일정을 앞당겼다. 그리고 무려 28시간이 걸리는 옐로나이프행 편도 항공권을 끊었다.

하와이에서의 9시간 스톱오버. 공항에 내린 나는 무작정 와이키키 해변을 걷고 또 걸었다. 더 이상 다리를 들어 올릴 힘도 없어졌을 때 나는 그냥 해변에 털썩 주저앉았다. 바다를 바라보고 있으려니 애써 잊으려 했던 기억이 떠올랐다.

지난 겨울, 눈이 펑펑 쏟아지던 어느 날 한 무대에서 J를 만났다. 내가 출연한 다큐멘터리를 보며 나와 사랑에 빠졌다던 그는, 얼마 후 내가 연말을 보내고 있던 여수로 내려왔다. 아직은 낯선 그 사람에게 꿈이 뭐냐고 묻자 그의 눈이 반짝였다.

"난 사랑하는 사람을 만나는 게 꿈이야. 그 사람과 이런 바다에서 사랑을 약속하고 싶어."

그는 즉석에서 나만을 위한 작은 콘서트를 열었고, 그 후 나는 그 사람 생각을 멈출 수가 없었다. 칼바람 맞으며 야외 공연을 할 그가 걱정되어 크림 하나 선물해야지 했다가 매장 직원의 설득에 화장품 세트를 통째로 사기도 하고, 멋진 모자를 쓴 남자를 보면 어디서 샀느냐 물어서 같은 모자를 구해 선물하기도 했다.

그리고 10여 년 만에 남자에게 편지를 썼다. 심지어 초등학교를 졸업한 후 처음으로 색종이를 오리고 붙여 편지지까지 꾸며가면 서. 내 마음을 어떻게 표현해야 할까 한참을 고민하다 루미의 시로 내 마음을 전하기로 했다.

봄의 정원으로 오라
이곳에 꽃과 술과 촛불이 있으니
만일 당신이 오지 않는다면
이것들이 무슨 의미가 있는가
그리고 만일 당신이 온다면
이것들이 또한 무슨 의미가 있는가

이 모든 감정이 내겐 낯설었다. 이제까지 연애를 안 해본 것도 아니고, 누군가를 만나 가슴 뛰어본 적도 있었지만, 이번엔 달랐 다. 예전엔 늘 내가 우선이었고, 그들의 좋은 점 때문에, 그들이 나 에게 잘해주기 때문에 좋았다. 하지만 이번에는 J의 단점까지 포용 하고 싶었고 그를 위해서 무엇이든지 해주고 싶었다. 그렇게 나는 태어나서 처음으로 누군가에게 헌신적인 여자가 되었다.

하지만 그의 곁에 있을수록 외로웠고 내게 완전히 마음을 열지 못한 그 사람에게 화가 났다. 몇 번이고 이 사랑을 그만두려 했지만 그러기에는 그에게 너무 깊이 빠져 있었다. 정확히는 사랑한다는 사실 그 자체에 도취해 있었다.

어쩌면 그 사람이 나를 사랑하지 않을 수도 있다는 생각이 들었지만, 현실을 직시하기엔 자기애와 방어기제가 너무 강했다. 설마……. 얼마나 많은 남자가 내게 매달렸는데, 이 남자가 감히 날 사랑하지 않을 수 있단 말인가. 나는 그토록 어렸고, 아집으로 가득했으며, 사랑을 몰랐다.

그러다 결국 한 달 내내 많이 아팠다. 온몸에 열이 나고, 목소리는 쉬다 못해 나오지도 않았다. 하지만 사람들에게 실망을 주고 싶지 않아 초인적인 힘을 끌어내 강연을 했고, 강연을 마치고 차에 타는 순간 바로 쓰러졌다. 때로는 너무 아파 엉엉 울기까지 했다. 병원에서는 딱히 병이 있는 건 아니니 괜찮아질 거라 했지만 3주가 지나도 회복은커녕 상태는 더욱 나빠졌다. 결국, 나는 모든 스케줄을 정리하고 절에 들어갔다.

매일 새벽 4시 반에 일어나 불공을 드리고, 정갈한 음식을 먹고, 맑은 공기를 마시며 산을 오르니 몸이 점점 회복되고 정신도 맑아졌다. 나는 마음을 비우기로 했다. 고집멸도 집성제. 인간의 모든 고통은 결국 집착에서 비롯된 것이 아닌가. 그 사람을 있는 그대로 받아들이자. 아무것도 바라지 말고 집착하지도 말고, 그저 누군가를 사랑하는 데서 행복을 찾자. 나는 이렇게 마음을 다잡았다.

어느덧 어둠이 와이키키의 하늘을 뒤덮고 있었다. 해변 레스토랑에는 와인잔과 은은한 촛불을 사이에 둔 수많은 연인이 사랑에 취해 있었고 나만 혼자였다.

J와의 첫 번째 이별이 떠올랐다. 더 억누를 수 없는 서러움과 그를 만나고 한없이 초라해져 버린 내 존재 때문에 눈물이 흘러 뒤범벅이 되어버린 그 순간.

절에서 내려온 후 그의 모순된 말과 행동들을 받아들이려 애썼지만, 집착하지 않으려는 것 역시 집착이었을까. 내 마음은 곧 터져버렸다.

"난 좋은 거 보면 함께 보고 싶고, 맛있는 거 있으면 같이 먹고 싶고, 좋은 곳에 가면 함께 있고 싶은, 그게 사랑이라고 생각해. 그런데 넌 아니잖아. 약속 시각이 몇 시간이나 지나도 연락조차 없고, 너 편할 때 연락하고 너 시간 될 때 만나러 오고……. 최소한의 예의도 없이 그렇게 멋대로 구는 너 때문에 내가 얼마나 외롭고 비참한 줄 알아? 넌 내가 큰 힘이 된다고 했지만 난 의지하는 대상이 되고 싶지 않아. 난 네 엄마가 아니란 말이야. 난 사랑받고 싶었어. 지켜주고 싶고 소중한 그런 여자 말이야. 더 이상은 못 하겠어. 힘들어서 죽을 것 같아."

그렇게 독한 마음을 먹고 돌아섰지만, 그가 찾아와 매달리자 나는 통곡했다. 사람의 몸속에 얼마나 많은 눈물이 있는지 실험이라도 하듯 눈물은 계속되었다. 결국, 우리가 나눈 모든 마음을 산산조각 내버린, 더 이상 추해질 수 없는 상황 앞에서 마지막 눈물마

하나의 사랑이 태어나서 죽었다.
그리고
새로운 여행이 시작되었다.

저 말라버렸다.

　그렇게 하나의 사랑이 태어나서 죽었다. 그리고 새로운 여행이
시작되었다.

오로라를 만나면
다 잊을까

♥

"캐나다에 왜 왔습니까?"

"오로라를 보고 싶어서요."

그 말이 그렇게 이상했을까. 밴쿠버 공항의 이민국 직원은 수상하다는 눈빛으로 바라보더니 나를 낯선 곳으로 데려갔다.

"여기서 뭘 할 예정이죠? 직업이 뭡니까? 연봉은 얼마입니까?"

쉴 새 없이 질문이 쏟아졌고 나는 정신없이 대답했다. 아직 의심을 거두지 못한 그들은 내 가방을 열었다. 바디클렌저 통이 터져옷들이 비누 거품에 뒤덮여 있었다. 당황할 틈조차 없이 마약 탐지견이 가방에 코를 박았다. 알 수 없는 기계들까지 동원되어 수색을당한 후에야 나는 풀려났다. 헐레벌떡 뛰어 옐로나이프행 비행기를 겨우 타자 서러움에 눈물이 났다.

하늘로 빽빽이 치달은 침엽수들, 북극을 닮은 하늘, 말간 호수

누군가 말했다. 오로라를 본다는 건 우주를 경험하는 것이라고. 오로라가 나를 스캔하고 지나가면 이 마음이 깨끗해져서 다시 사랑할 수 있을 거라는 가설을 세우고 28시간을 날아갔다.

들로 가득한 인구 2만 명의 황량한 도시 옐로나이프. 텅 빈 회색빛 거리에 있는 60년쯤 되어 보이는 석조건물의 여관방에 도착하자마자 나는 한숨을 쉬며 가방을 열었다. 가방 속이 온통 바디클렌저 범벅이라 씻어도 씻어도 끝이 없었다. 2시간 가까이 씻고 나니 갑자기 멍했다.

"무엇을 위해 여기까지 온 거지?"

이제는 1만 킬로미터나 멀어져 버린 한국. 그곳에서 나는 많은 사람에게 과분한 사랑을 받았지만, 그 한 사람에게 사랑받지 못해 외로웠다. 슬픔을 가리기 위한 화장이 진해졌고 사소한 일에도 화를 냈으며 날 걱정하는 이들에게 뾰족한 말들을 쏟아냈다. 이럴 바에는 차라리 한국에서 가장 먼 곳으로 가서 처절히 혼자가 되고 싶었다.

그때 누군가 말했다. 오로라를 본다는 건 단순한 자연현상이 아닌 우주를 경험하는 것이라고. 그 이야기를 듣고 이런 가설을 세웠다. 오로라가 나를 스캔하고 지나가면 마음이 깨끗이 포맷되어 이 아픔이 다 지워지고 다시 사랑할 수 있을 거라는. 그래서 무려 28시간을 날아 여기까지 온 것이다.

텅 빈 호텔 방, 나는 천장만 바라보며 밤이 되길 기다렸다. 밤 11시, 여행사의 지프차는 칠흑 같은 어둠 속을 달렸다. 9월 초인데도 밤공기가 차가워 가죽점퍼를 여미고 핫초코 잔을 두 손으로 감싸 안으며 온기를 보충해야 했다.

4시간을 기다려도 지나가는 트럭들의 불빛 말고는 아무것도 보이지 않았다. 그러다 순간 하늘에 한줄기 구름처럼 희미한 것이 스쳐 지나갔다. 가이드는 그것이 오로라라고 했다. 에이, 설마, 그게 오로라라고? 실망이 온몸을 휘감았다. 인생이란 이런 걸까? 손에 잡히지 않는 그 무언가를 마냥 기다리며 지금 이 순간을 보내는……

둘째 날 아침, 다시 멍하니 일어났다. 이틀 전만 해도 나는 한국에 있었는데……. 강렬한 햇빛에 몸을 맡기고 거리를 걷다 1970년대 우리나라의 다방을 연상케 하는 낡고 조용한 카페에서 커피를 마셨다. 이야기할 사람 한 명 없이 그렇게 고독한 낮을 보내고 해가 지자 다시 호숫가로 오로라를 보러 갔다.

"와……. 오로라다!"

나도 모르게 소리를 지르고 말았다. 호수에 도착하자마자 무지개 모양의 하얀 오로라가 하늘 반대편까지 펼쳐져 있었다. 빛을 머금은 구름처럼, 폭포처럼 계속해서 모양을 바꾸며 움직이는 오로라를 한참 바라보고 있노라니 나도 모르게 감정이 복받치며 눈물이 주르르 흘렀다.

"우리 정말 사랑하긴 했을까?"

이렇게 우주의 파편들이 나를 훑고 지나가면 내 마음이 맑아질 줄 알았는데……. 그래서 이 멀리까지 왔는데……. 한 사람의 존재가 다른 한 사람에게 얼마나 큰 존재가 될 수 있는지, 사랑 때문에 얼마나 비참해질 수 있는지……. 나에겐 아직도 사랑의 잔해들이 남아 있었다.

무엇이 우리를 사랑에 빠지게 하는 걸까? 이 지구에 매력적인 사람은 널리고 널렸는데, 무엇이 그 한 사람을 그토록 특별하게 만드는 걸까? 나는 똑같은 사람인데 왜 어떤 사람은 나를 여신처럼, 또 어떤 사람은 하녀처럼 대하는 걸까? 공부나 일은 열심히 하면 되는데 왜 사랑은 열심히 할수록 꼬이는 걸까? 사랑하면서도 집착하지 않을 수는 없을까? 헤어진 후 남보다 못한 사이가 될 거라면, 왜 우리는 사랑을 하는 걸까? 그렇게 상처를 받고도 다시 사랑할 수 있을까?

남들은 20대에 하는 고민을 서른이 넘어서 하다니, 사랑에 있어서 난 늦어도 한참 늦은 사람이었다. 지난 30여 년간 내게 사랑은 한 번도 우선순위였던 적이 없었으니까. 누군가를 만나서 좋으면 그냥 좋은가 보다, 헤어지면 아픈가 보다 했을 뿐 사랑에 대해 진지하게 생각해본 적이 없었다.

내 삶에 풀 브레이크를 걸어버린 이 사랑이란 녀석은 무엇일까. 사람을 황홀경에 빠뜨리는 마술이었다가, 바보로 만드는 정신병이었다가, 존재의 이유마저 탈탈 털어버리는, 이 허망한 마약 같은 사랑은 도대체 뭐냔 말이다.

문득 과거의 남자들이 떠올랐다. 나를 스쳐 간 수많은 인연들에 나는 어떤 사람이었을까? 그들은 나를 어떤 마음으로 대했을까? 나를 사랑했을까? 나와 헤어진 후 아팠을까? 그리고 나를 어떻게 기억하고 있을까? 그리하여 '과거 남자 찾기' 프로젝트가 시작되었다.

세어보니 남자 친구라고 부를 만한 사람은 몇 되지 않았다. 그래서 내가 좋아했지만 나를 거절한 사람, 나를 좋아했지만 내가 거절한 사람 등 다양한 인연들에게 연락을 했다. 다행히 대부분 이들과 뒤늦게나마 솔직한 이야기를 나눌 수 있었다.

그리고 적잖이 놀랐다. 늘 목표를 향해 앞으로만 나아갔던 나는 늘 내 입장만 생각했지, 내 옆 또는 내 뒤에 있던 그들이 내게 얼마나 큰 힘이 되어주었는지, 얼마나 나를 아끼고 배려해주었는지 전혀 몰랐던 것이다. 내가 기억도 못 하는 수많은 순간을 '아름다운 추억'이라 말하는 그들 앞에서, 이기적이고 무심한 나 때문에 아팠을 당시의 그들을 생각하니 뒤늦게 심장이 뻐근해졌다.

돌이켜 보면 나는 연애만 할 줄 알았지 사랑은 할 줄 몰랐다. 부

사랑은 평생에 걸쳐 이루어야 하는 꿈일지도 모른다.

부모님이 싸우는 것만 보고 자랐기에 누군가를 진심으로 아끼고 사랑하는 것이 어떤 건지 몰랐으니까. 의도하지 않았지만, 때로는 외롭고 힘겨운 시간을 이겨내기 위해서 내게 다가와 준 사람들에게 기대었다가도 어느 순간 뒤도 돌아보지 않고 꿈을 향해 떠났다. 문득 친구 재우가 했던 말이 떠올랐다.

"내가 여러 사람을 만나고 헤어져 본 후에 후유증이라고 할까 아쉬움이라고 할까, 그런 마음이 가장 크게 남았던 것은, 그 친구가 내가 가늠했던 것보다 훨씬 더 날 좋아하고 깊이 생각해주었음을 깨달았을 때였어. 그 순간 그런 생각이 들더라. 그 사람이 내 가슴 안에 있는 빈 곳에 꼭 들어맞는 퍼즐 조각이었음을, 그리고 그

조각은 영원히 다시 찾을 수 없음을. 적어도 이번 생에는 불가능하다는 것을. 그런 마음들이 산사태처럼 와르르 무너져 내리거든. 지금은 몰라도, 시간이 흐르고 나면 그 친구도 아련해 하지 않을까? 지금 네가 아파하는 것보다 몇 배는 더 말이야."

나 역시 이제야 내 공허한 마음을 채워주었던 수많은 퍼즐 조각들의 존재를 깨닫고 있는 것이다. 지금껏 날 사랑해준 사람들에게 미안하면서도 감사한 마음이 들었다. 얼마나 울었을까. 고개를 들어 보니 구름 한 점 없는 완벽한 하늘은 수많은 별로 가득했다. 늘 먼 곳에 있는 꿈을 찾아 헤매느라 오롯이 들여다보지 못했던, 반짝반짝 빛나던 그 존재들이 내 가슴 곳곳에 쏟아졌다.

황야의 새벽 4시 57분.

아픔이 잦아들 무렵 나는 별똥별들에 빌었다. 이제 모두 잊게 해달라고. 다시 사랑할 수 있게 해달라고.

미안해,
나 집에 가서
좀 울어야겠어

♥

눈앞에 펼쳐진 에메랄드빛의 호수 레이크 루이스. 유키 구라모토의 피아노 연주곡을 들을 때마다 와보고 싶었던 곳이었건만, 별똥별 기도가 효력이 있었는지 아무 감흥도 없었다. 버스에서 좀비처럼 졸며 로키산맥 관광을 마치고, 한 달간의 뮤지컬 트레이닝 프로그램에 참여하기 위해 뉴욕에 도착해 맨해튼에 있는 숙소에 짐을 풀었다.

브로드웨이 뮤지컬 무대에 서는 꿈에 도전하기 위해 몇 달 전부터 보컬 레슨을 받아가며 준비한 오디션에 합격해서 여기까지 왔다. 뉴욕을 구경할 틈도 없이 바로 발레, 재즈댄스, 합창, 독창, 셰익스피어, 발성 수업 등 아침 9시부터 저녁 6시까지 이어지는 빡빡한 수업이 시작되었다.

그중 '노래해석' 수업은 집단치유 시간에 가까웠다. 선생님은 뮤지컬에서는 노래 역시 연기의 일부로서 메시지를 전달해야 한다며, 노래할 때도 삶의 한순간을 떠올리며 그 상대방을 향한 간절한 마음을 담아 불러보라고 했다. 학생들은 처음에 다소 머뭇거리다가 선생님의 질책에 하나둘 마음 깊은 곳 상처를 꺼내놓았다. 돌아가신 부모님, 커밍아웃하기까지의 고뇌, 헤어진 연인 등을 떠올리며 다들 가슴속 깊은 곳의 아픔과 자신의 너덜너덜한 치부를 드러내다 보니 수업은 늘 울음바다였다.

하지만 그런 수업 분위기와는 다르게 나는 감정결핍 상태였다. 한국에서의 피로가 회복되지 않아서인지 빡빡한 수업 때문인지 매일 피곤하고 아무 의욕도 없었다. 불면증에 시달리기까지 했다.

그래서 아이작과 함께하는 마이즈너 테크닉은 내가 제일 싫어하는 수업이었다. 이 수업은 주어진 대본 없이 즉흥연기에 중점을 두는데, 감정 이입을 위해 여러 단계의 트레이닝을 거친다.

맨 첫 단계에서는 서로 마주 보고 "네 옷은 빨간색이야." 같은 아무 의미 없는 말을 반복한다. 이 계속되는 반복이 감성을 주관하는 우뇌와 이성을 주관하는 좌뇌의 경계를 허물어준다는데, 로봇도 아니고 서로의 말을 무한 반복하는 게 무슨 연기 수업인가.

무한 반복의 다음 단계로 넘어가면 서로를 도발한다. 아이작은 "너 지금 입은 옷 완전 창녀 같아", "너 같은 건 아무짝에도 소용없어" 등의 말로 학생들을 자극했다. 이에 말려든 학생들은 생각지도 못하게 울음을 펑펑 터뜨리거나 물건을 내던지며 광분하기도 하고, 남학생과 여학생이 충동적으로 키스를 하기도 했다.

내 마음은 꽁꽁 얼어버린 것일까. 그토록 바라던 맨해튼의 뮤지컬 트레이닝 프로그램이 아닌가. 그러나 아이작 선생님과의 연기수업에서 감정을 끌어내는 것은 힘겨웠다.

그런데 나는 아이작이 무슨 말을 해도 1㎝도 감정이 동요되지 않았다. 멍하니 수업을 지켜보고 있는데 아이작이 페르난다와 나를 불러내 "그가 널 선택했어"라는 말을 반복하게 했다. 페르난다의 눈시울이 점점 붉어지더니 마치 나를 자신의 남자 친구라도 뺏은 여자인 양 노려보았다. 당황스러웠지만 나는 계속 그 말을 반복했다. 그러자 페르난다가 서럽게 통곡하기 시작했다. 아이작은 소리를 질렀다.

"수영, 넌 지금 마음을 꽁꽁 닫고 로봇처럼 이 트레이닝에 임하고 있어. 자신의 감정에 충실하지 못하는 사람이 어떻게 다른 사람의 감정을 연기할 수 있겠어?"

"전 제 감정에 충실해요. 그저 이 상황이 이해가 안 될 뿐이에요."

"지금 페르난다가 왜 울고 있는 거 같아? 그가 네가 아닌 그녀를 선택했고 그녀가 네 앞에 앉아 있다고!"

"무슨 의도로 그러시는지는 알겠어요. 그런데 설령 그런 일이 있다고 해도 울고 화낸다고 뭐가 달라지나요?"

아이작은 자리를 박차고 일어났다.

"인생이 그렇게 쉬운 줄 알아? 생각대로 안 될 때가 더 많은 그런 거지 같은 게 인생이야. 수년 동안 애써 노력해 겨우 배역 하나를 땄는데 쥐뿔도 없는 놈이 빽으로 가로채기도 하고, 온갖 달콤한 말로 여자를 꼬드겨 임신시켜놓고 도망가는 새끼들도 있어. 그럴 때 화를 내지 않으면 언제 화를 내겠다는 말이야?"

"화낸다고 뭐가 달라져요. 저도 살면서 별의별 일을 다 겪었는데 결론은 감정적으로 대응해봤자 소용없다는 거였어요. 문제를 해결하고 다음 단계로 넘어가야죠."

"난 온몸으로 희로애락을 느끼는 배우를 원하지 냉정한 해결사를 원하지 않아. 로미오를 만난 줄리엣이 '오, 로미오가 맘에 들지만, 그 애랑 사귀면 문제가 너무 복잡해지니 이만 정리하자'라고 생각했다면 〈로미오와 줄리엣〉이라는 명작이 태어날 수 있었겠어? 〈레미제라블〉의 에포닌은 왜 죽어? 마음이 수천 조각으로 갈기갈기 찢어지는데도 그 슬픔을 참아가며 마리우스의 편지를 코제트에게 전하고 자기 마음도 몰라주는 그 사람 때문에 죽어. 그게 사랑이고, 사랑처럼 바보 같은 일들로 가득한 게 인생이야. 그걸 거부한다면 진짜 인생을 사는 게 아니야. 아프면 아파하고, 화나면

화를 내라고! 왜 자기 자신에게 솔직하지 못한 거야?"

온몸으로 열을 내는 아이작에게 나는 무덤덤하게 답할 수밖에 없었다.

"저도 화내고 싶어요. 저도 슬퍼하고 싶어요. 그런데 화가 안 나는 걸 어쩌라고요. 슬프지 않은데 어쩌라고요. 그게 저에겐 솔직한 거란 말이에요."

아이작은 수업이 끝나고 나를 따로 불렀다.

"수영, 화나지도 슬프지도 않다면 심각한 문제가 있는 거야. 우리 할아버지는 2차 세계대전 때 동료들이 죽는 걸 지켜봤고, 자기 손으로 많은 사람을 죽였어. 그땐 아무렇지도 않았다는데, 그 후 수십 년간 마음속 괴물이 튀어나올 때마다 가족들을 얼마나 괴롭혔는지 몰라. 그 밑에서 자란 아버지도 알코올중독자가 되어 엄마와 나를 수도 없이 학대했지. 이제는 시간이 많이 흘러 나도 그들을 용서했고 우린 평범한 가족처럼 지내고 있지만, 그들이 한 짓은 절대 괜찮지 않아. 지금 생각해도 화가 난다고. 수영도 무슨 일이 있었는지는 모르겠지만 이대로 내버려 두면 안 돼. 전문가 상담을 한번 받아봐."

나, 괜찮은 걸까? 인터넷으로 우울증 자가진단 검사를 해보니 '가벼운 우울증'이라는 결과가 나왔다. 실컷 울고 이제 겨우 괜찮아진 것 같은데 우울증이라니, 막막한 기분에 바람을 쐬러 나갔다. 문득 심령술사 간판이 눈에 들어왔고, 나는 무엇인가에 홀린 듯 건물 안으로 들어갔다. 까만 망토를 두른 마녀 같은 여자가 크리스털

볼을 만지고 있는 광경을 상상했는데, 나를 반긴 사람은 펑퍼짐한 티셔츠를 입은 백인 아줌마였다. 그녀는 내가 앉자마자 내 눈을 바라보며 이야기를 시작했다.

"강철만큼 강한 사람이네요. 어린 시절부터 더 나은 삶을 위해 고군분투하며 자신의 삶을 일궈왔어요. 당신의 긍정적인 에너지가 많은 사람에게 영감을 주고 있지만 그만큼 에너지를 돌려받지는 못했군요. 그래서 웃고 있어도 행복하지 않아서, 새로운 도전을 위해 이곳에 왔어요. 앞으로 미국뿐만 아니라 남미, 아프리카 등 멀리까지 여행을 하겠군요."

난 믿을 수 없었다. 어떻게 이 백인 아줌마가 나에 대해 이렇게 잘 알고 있는 거지? 그녀는 한참이나 내 눈을 바라보더니 입을 열었다.

"사랑했던 사람이 있군요. 혹시 이니셜이 J 아닌가요?"

나는 놀라움에 입을 다물지 못했다.

"두 사람은 만나자마자 영혼이 통했어요. 당신은 그 사람을 끔찍이 좋아했고 그 역시 당당한 당신의 모습에 빠져들었죠. 하지만 그는 아직 아물지 못한 마음의 상처 때문에 당신에게 빠져드는 게 겁이 났어요. 자신의 마음을 표현하는 게 서투른 사람이라 서운한 일도 많았을 거고요. 그리고 제삼자가 나타나면서 그의 태도가 달라졌지요. 하지만 그가 정말 나쁜 의도를 가지고 그런 건 아니에요. 당신이 떠난 후 상처받을까 두려워 자신을 방어하려고 한 행동들이 완전히 어긋나버린 거죠."

그의 말이 다 사실이었던 걸까? 핑계라고, 못난 변명에 불과하다고 생각했는데.......

"당신 역시 더 큰 상처를 받는 것이 두려워 성급하게 헤어지자고 했어요. 그러고 나서도 그것이 과연 잘한 선택이었을까 혼란스럽고, 그래서 더 아픈 거예요. 그도 매일 밤 잠들기 전 자신의 잘못을 떠올리며 괴로워하고 있어요. 아직 서로를 잊지 못하고 그 사람이 당신을 생각할 때마다 당신도 그 사람을 생각하죠. 두 사람의 영혼이 아직 이어져 있으니까요."

사실은 그게 가장 궁금했다. 잘 지내고 있는지, 가끔 내 생각을 하는지. 이렇게 지구 반대편에서 떠돌고 있는 나만큼이나 남겨진 사람에게도 아픔이 있겠지. 나는 날 사랑하지 않은 한 사람을 잃었지만, 그는 자신을 사랑해준 한 사람을 잃었으니까. 말을 잊은 채 눈물만 흘리는 내게 그녀는 조약돌 두 개를 내밀었다.

"어쨌든 두 사람의 인연은 여기까지니 그만 잊어요. 결국, 소울메이트를 만나 행복하게 잘살게 될 테니까. 이건 내가 주는 선물이에요. 마음이 괴로울 때 이걸 쥐고 명상을 하세요."

넋이 반쯤 나간 채로 집으로 돌아온 나는 그녀가 준 조약돌을 쥐고 명상을 하다 잠들었다. 다음 날 아침 셰익스피어 시간. 〈베니스의 상인〉의 한 부분을 듣고 있는데 갑자기 감정이 복받쳤다. 화장실로 달려가 문을 잠그고 변기에 앉아 격격 울어댔다. 바닥에 눈물이 번져갔다. 울다 울다 토악질이 나와 속을 게워낸 나는 눈물범벅이 된 채로 지구 반대편에 있는 그에게 말을 걸었다.

"너도 많이 힘들었구나. 그래도 우리, 짧은 시간이나마 사랑했구나. 이제 우리 서로 용서하고 놓아주자. 너는 너대로, 나는 나대로 행복하게 살아가야지……."

종일 눈물이 차올라 있던 나는 10년 만에 만나는 반가운 친구와의 저녁 약속에 갔지만, 도저히 식사에 집중할 수가 없었다.

"미안한데 나 이만 집에 가봐야겠어."

"무슨 소리야? 아직 음식 절반이나 남았잖아."

"나 집에 가서 좀 울어야 할 것 같아. 그렇지 않으면 여기서 울어버릴 것 같아서. 계산은 내가 할게. 정말 미안해."

황당해하는 친구를 뒤로하고 나는 맨해튼을 가로질러 달렸다. 집에 도착해 조약돌을 양손에 쥔 순간, 다시 눈물이 터져 나왔다. 이별이 너무나 고통스러워 그에 관한 모든 기억을 깡그리 지워버리려 했었다. 하지만 그의 존재를 부정하는 것은 내 진심까지, 내 사랑까지 부정하는 것이리라. 얼마나 울었을까. 온몸의 세포마다 맺혀 있던 눈물을 다 쥐어짠 후에야 비로소 잠이 들 수 있었다.

눈을 떠 보니 뮤지컬 코스의 마지막 날이었다. 나는 졸업 공연으로 〈레미제라블〉에서 어린 코제트가 부르는 '구름 위의 성Castle on a Cloud'을 부르기로 했다. 누더기 코제트를 상상하며 노래 연습을 하고 있는데, 선생님이 갸우뚱한 표정으로 왜 여덟 살짜리 노래를 부르냐며 이 노래를 내 삶과 연관 지어 해석하라 했다.

"제가 어렸을 때 집이 무척 가난했어요. 그래서 '내 진짜 부모님은 재벌인데 피치 못할 사정으로 이 가난한 부모님께 나를 맡겨

"구름 위에 성이 있어요 / 난 그곳에 가는 걸 좋아해요 / 내가 닦아야 할 바닥도 없죠 / (중략) / 누구도 소리치거나 큰 소리로 말하지 않아요 / 구름 위 나의 성에서는요."〈레미제라블〉의 어린 코제트는 무슨 마음으로 이 노래를 불렀을까. 우리 마음 속 그 성에는 누가 살고 있을까.

castle on a cloud

놓았고 조만간 날 찾아와 공주님으로 변신시켜줄 거야'라고 상상하곤 했죠. 그래서 어린 코제트에게 감정 이입이 되나 봐요."

"사랑스러운 해석이지만 좀 더 최근의 경험과 연결해 봐요. 지금 수영 씨에게 구름 위의 성은 어디인가요? 이 구질구질한 현실을 다 잊고 도망가고 싶은 그곳이요."

"남자 친구와 헤어지고 28시간을 날아 오로라를 보러 갔어요. 거기서 오로라가 제 몸을 훑고 지나가면 모든 걸 잊고 다시 사랑할 수 있을 것 같았거든요."

"그럼 남자 친구와 헤어지던 그 순간으로 돌아가요. 서로가 잔인한 말로 심장을 할퀴고, 더 이상 추해질 수 없는 최악의 상황. 칼에 베이는 듯한 상처에 눈물범벅이 된 모습으로 그에게 이렇게 말해봐요. '난 구름 위의 내 성에 갈 거야. 거기선 아무도 떠들거나 소리 지르지 않지. 모두 그곳에 초대받았지만, 너만큼은 환영받지 못할 거야'라고. 졸업 공연 때는 이런 생각으로 노래해봐요."

공연을 앞두고 나는 빈티지 스타일의 재킷을 입고 녹색과 회색 아이섀도를 볼에 문질러 재투성이 소녀의 모습으로 변신했다. 그리고 청소함을 뒤져 대걸레를 하나 들고 공연장으로 갔다. 내 순서가 되자 나는 걸레질을 하면서 무대로 다가갔다. 반주가 시작되고, 대걸레에 기댄 나는 하얀 벽을 바라보며 호흡을 가다듬었다.

어느덧 시간은 3개월 전, '더 이상 추해질 수 없는 최악의 상황, 칼에 베이는 듯한 상처'를 내게 안겨주었던, 기억 속에서 지워버렸던, 완전히 지우고 싶었던 그 순간으로 돌아갔다.

우리가 매주 일요일 아침 커피를 함께 마시던 카페에서 나는 분노로 온몸을 떨고 있었다. 하루에도 열두 번씩 진실에 대한 집착에서 벗어나지 못한 나는 결국 참지 못하고 그녀에게 전화를 걸었다. 혹시나 했던 불안감은 그녀와의 통화로 역시나로 변했고, 나는 누군가의 시공간 속에서 투명인간이 되어버린 내 존재에 대해 분노를 멈출 수가 없었다. 밤새 잠 못 이룬 내게 "꼭 떠나야만 하는 거야? 그게 정말 네가 원하는 거야?"라고 묻는 그가, 그녀의 존재를 부정하는 그가 가증스러웠다.

"사람 마음이 변할 수도 있어. 하지만 거짓말은 하지 말았어야지. 왜 사람을 바보로 만들어? 내가 몇 번이나 말했잖아. 솔직함이 최선의 예의라고."

"무슨 소리를 하는 거야! 너야말로 진실을 말하는 거야?"

온몸이 부들부들 떨렸다. "여자 친구가 있다는 건 상상도 못 했어요. 이렇게 착한 사람, 내가 품어줘야겠다 하고 생각하던 참이었어요"라던 그녀의 목소리가 떠올랐다. 그녀에겐 착한 사람인지 몰라도 그는 이제 내게 나쁜 사람이었다. 나는 한없이 잔인해지고 싶었고 그에게 상처를 주고 싶었다.

"두 여자를 객석에 앉혀놓고 공연하니 재밌디? 네가 다리 다쳐서 절뚝거리며 공항에 데리러 왔을 때 얼마나 속상했는데, 그게 그 여자랑 바닷가 갔다 다친 거였다면서? 난 태어나서 이렇게 누구 한 사람한테 정성을 쏟아본 적 없지만, 이렇게 기만당한 적도 없었어. 앞으로 평생 다시 볼 일 없을 테니 마지막으로 할 말 있으면 해봐."

"없어."

"그래? 그럼 이만 갈게. 이게 내 마지막 선물이야."

커피를 쏟으려던 손이 미끄러지며 머그잔이 허공으로 날아가 산산이 부서졌다. 난 미친 듯이 계단을 뛰어 내려가 차에 올라타 핸들에 머리를 박고 울었다. 더 이상 비참해질 수 있을까. 더 이상 추해질 수 있을까. 산산조각난 머그잔의 조각들처럼 이제는 더 이상 붙일 수도 없게 된 우리 사랑의 조각들이 심장을 할퀴는 아픔에 나는 눈물범벅이었다.

애써 잊고 있었던, 가장 외면하고 싶었던 그 순간이 노래를 부르는 5분 동안 내 마음속에서 영화처럼 재생되었다. 노래가 끝나자 동기들은 충격에 빠진 표정이었다. 평소 '제발 나한테 말 좀 걸지 마' 하는 표정으로 다니고, 연기 수업에서도 감정을 드러내지 않던 나였으니까. 공연 후 뒤풀이에서도 화제는 단연 나의 변신이었다.

다음 날 아침, 뉴욕을 떠나기 하루 전날이다! 지난 1달간 나만의 동굴에 갇혀 이 멋진 도시를 제대로 보지도 못했구나 싶어 무작정 밖으로 나갔다. 센트럴파크에서 눈부신 햇살을 마음껏 쬐고, 향긋한 커피도 마시고, 지하철에서 자리를 양보해준 누군가에게 환하게 미소도 지어 보였다.

저녁엔 뮤지컬을 보았다. 신데렐라가 계모에게 "세상에서 가장 아름다운 세 단어가 있죠. 나는 당신을 용서합니다 I forgive you"라고 말하는 장면에서 또다시 눈물이 터졌다. 아, 감정이 돌아왔구나……. 이제야 마음이 제자리로 돌아왔어. 다행이다…….

어느덧 뉴욕에서의 마지막 밤. '이제 그만 그를 보내줘야지……. 그래야 새로운 사랑을 찾을 수 있을 테니까'하고 되뇌다 잠이 들었고, 눈을 떠 보니 새벽 5시였다. 나는 초에 불을 붙이고 조약돌을 쥔 채 명상을 시작했다.

돌이켜 보면 내 인생은 축복이었다. 물론 힘들고 아팠던 순간도 많았지만, 그 순간들이 있었기에 내가 원하는 삶을 살 수 있었다.

그리고 뒤늦게 깨닫긴 했으나 날 그토록 사랑해준 사람들이 있어 삶의 소중한 순간들을 함께 나눌 수 있었으니, 얼마나 감사한 일인가. 그러고 보니 J를 만났던 것도 축복이었다. 문득 그와 함께했던 추억이 되살아났다.

바닷가에서 일출을 바라보다가 "살아 있어서 너무 좋아"하며 그윽하게 날 바라보던 그 눈빛, 새벽부터 준비했다며 보온병에 담아 온 미역국으로 차려준 생일상, 3월 내내 아팠던 내게 그가 끓여준 죽과 도시락, 개다리춤을 추며 날 웃게 만든 순간, 따뜻한 봄날 달리는 차의 선루프 위로 손을 내밀고 아이처럼 신나 하던 그의 모습.

추억할 수 있는 사랑의 기억을 함께 나눈 고마운 사람인데 원망하고 미워하기만 했었구나. 그는 이제 괜찮은 걸까? 나는 컴퓨터를 열고 그에게 이메일을 썼다.

많이 힘들었지?
나는 나만 힘들다고 생각했어.
그런데 수도 없이 곱씹어보면서 깨달았다.
우리의 인연엔 피해자도 가해자도 아닌
상처받기 두려워하는 두 불완전한 영혼이 있었음을.

태어나서 이렇게 온 마음을 다해서 사랑한 건 처음이야.
그래서 고마워. 사랑이 무엇인지 알게 되어서.
그런데 내 방식대로 사랑한 게, 너를 배려한다는 게

너에겐 힘들고 괴로운 일일 수도 있다는 생각은 못 했던 것 같아.

그래도 우리의 인연을,
하나의 사랑이 태어나서 죽을 때까지의 모든 순간을
소중히 간직하기로 했어.
이미 내 인생의 한 부분이 된 이 사랑을 충분히 추모해야
새로운 사랑이 태어날 수 있을 테니까.

그래서 이제 그만 너를 내 마음에서 놓아주려고.
고마워, 늘 행복하게 살아줘.

한참의 망설임 끝에 보내기 버튼을 눌렀다. 내 진심을 하늘 위로 훨훨 풀어놓았으니 언젠가는 그의 마음에 닿겠지. 그렇게 시간의 한 고리가 매듭지어졌다.

한 사람을 안다는 건
하나의 우주를 품는 것

♥

원래는 뉴욕의 뮤지컬 코스를 마치고 그랜드캐니언이나 요세미티 같은 광활한 자연 속에서 혼자만의 시간을 보내려고 했다. 그런데 예상치 못한 미국 정부의 셧다운(예산안이 통과되지 못해 부분적으로 행정 업무를 정지하는 것)으로 국립공원들이 문을 닫았다. 어쩔수 없이 시카고, 시애틀, 샌프란시스코를 여행하기로 했고, 이 생각지도 못한 여행은 나에게 큰 전환점이 되었다. 낯선 도시들의 낯선 사람들에게 내 상처를 드러내고, 위로를 받고, 그들의 아픔까지 감싸주게 되었으니까.

급하게 숙소를 찾다 지인의 소개로 신세를 지게 된 샌프란시스코의 글로리아 언니도 그렇게 만난 귀한 인연이었다. 하버드 대학과 버클리 로스쿨을 나온 변호사라니 엄청 까다롭지 않을까 우려했는데 괜한 걱정이었다. 그녀는 사춘기 딸과 함께 히피 축제에 다니고 매일 아침 명상으로 하루를 시작하는 힌두교도이자, 두 사람 이상을 동시에 사랑하는 다자간연애, 즉 폴리아모리를 믿는 자유로운 영혼의 소유자였다.

우리는 아침마다 월계수 나무가 반짝이는 숲길을 함께 걸으며 많은 이야기를 나누었다. 라이프코치 자격증까지 있는 언니는 내 이야기를 들으며 현명한 조언을 해 주었고 자연스럽게 자신이 살아온 이야기도 들려주었다.

그녀는 부모님의 반대를 무릅쓰고 가난한 유학생이었던 남자 친구와 결혼을 강행했다. 하지만 그는 좋은 남편이 아니었고, 그가 사업에 실패하며 언니까지 빚을 지게 되었다. 결국, 이혼 후 혼자 힘으로 딸을 키워야 했지만, 언니는 환하게 웃으며 이렇게 말했다.

"세상에서 가장 소중한 친구인 딸을 얻었으니 뭘 더 바라겠어."

그녀의 두 번째 남자 친구는 스무 살 가까이 어린 남자였다. 언니는 그가 엉망진창이었던 삶을 정리하고 대학에 갈 수 있도록 물심양면으로 지원했다. 하지만 그가 언니에게 돌려준 것은 수천만 원의 빚과 다른 여자에게서 옮겨온 성병이었다. 이 때문에 언니는 몇 달을 앓았다.

"처음엔 그의 거짓말에 너무 화가 나서 수년간 그를 용서할 수 없었어. 그가 좀 더 솔직했더라면 우린 더 빨리 헤어졌을 테고, 그에게 그 많은 돈을 쓰지도 않았을 테니까. 하지만 분노가 가라앉고 나니 내 앞에선 늘 너무 작고 부족했기에 방황했던 그의 처지도 이해할 수 있었어. 내가 힘들 때마다 아무 말 없이 나를 꼭 안아준 그

여러 사람을 동시에 사랑할 수 있을까? 글로리아
와 조는 그렇게 믿고 있었다.

사람에게 고맙기도 하고. 덕분에 사랑받는 게 어떤 건지 알았으니까."

그렇게 두 남자와 건강의 위기를 거쳐 남은 것은 1억이 넘는 빚이었다. 딸과 더 많은 시간을 보내고 싶어 로펌에 들어가지 않고 개인 변호사로 일하기 때문이기도 하다.

산책을 마치고 집으로 돌아오자 언니의 남자 친구인 조가 와 있었다. 수리공인 그는 유부남이었다. 12년 전, 그녀는 조를 만나 사랑에 빠졌다. 언니와 마찬가지로 다자간 연애주의자인 조는 결혼을 믿지 않았지만, 애인 중 한 명인 인도인 여자 친구가 보수적인 부모님의 결혼 압력으로 힘들어하자 그녀를 돕기 위해 결혼을 했다. 언니는 이에 충격을 받고 그와 헤어졌다.

시간이 흘러 언니가 두 번째 남자 친구와 헤어져 힘들어하고, 그 역시 잘못된 선택을 후회할 무렵 두 사람은 다시 만나 사랑에 빠졌다. 하지만 그의 아내는 아들에 대한 책임과 두 사람이 함께 시작한 공동주택 건립 프로젝트를 내세워 이혼을 해주지 않고 그를 부려먹으며 괴롭혔다.

"왜 그렇게 살아요? 그냥 그 집 나와서 언니랑 살면 안 돼요?"

"조는 어린 시절 아버지에게 학대당한 경험이 있어서 험악한 성격의 그녀와 적대적으로 대립하는 것을 두려워해. 이미 15년을 투자한 공동주택 건립 프로젝트를 포기하기도 어렵고, 이혼 소송을 하자니 아이에게 악영향을 미칠까 걱정도 되고. 이 상황을 지켜보는 나도 답답하고 주변 사람들도 우리 관계를 한심하게 쳐다보니 괴롭지만 어쩌겠니."

갑자기 현기증이 났다. 조의 상황도 이해가 안 가지만, 나보다 훨씬 더 똑똑하고 현명한 글로리아 언니가 왜 이런 가시밭길을 걷는지 더 이해가 안 갔다. 나는 단도직입적으로 조에게 따져 물었다.

"사랑하는 여자가 주변 사람들에게 손가락질을 받는데, 마음이 편해요?"

그는 어쩔 줄 몰라 하며 얼버무렸다. 조가 듣고 있었지만 나는 언니에게 대놓고 물었다.

"언니, 그냥 다른 사람 만나면 안 돼요? 왜 그렇게 힘든 사랑을 해요? 언니는 훨씬 더 멋진 사람과 행복한 사랑을 할 자격이 있어요."

"그래서 중간에 헤어지기도 했고 다른 남자를 만나려고도 해봤어. 그런데 우리 둘은 서로 사랑하고 있고 함께 있을 때 즐겁고 행복해. 그는 내게 영감을 주고 내 이야기를 경청해주고 날 있는 그대로 받아줘. 물론 무기력한 그에게 두려움과 모순도 많지만 지난 몇 년간 점점 자기 목소리를 내기 시작했어. 최근엔 그녀에게 법적 부부관계를 청산하자고도 요구했는걸."

참 신기한 일이었다. 글로리아 언니도 나도 상처를 드러내는 것만으로도 치유되고 있었으니.

사랑하는 사람의 상황이 너덜너덜하다고 해서 휴지통에 휴지 버리듯 쉽게 버릴 수 없겠지만, 난 도무지 이해할 수 없었다. 왜 그 사람이어야 하는가. 지구의 절반이 남자이고, 언니 수준에 맞는 훌륭한 남자들도 많을 텐데. 왜, 왜, 왜……. 하지만 언니를 알게 된 지 겨우 며칠에 불과한 내가 이미 10년 넘게 사랑해온 사람에 대해 함부로 말할 수는 없었다.

한 사람을 안다는 것은, 그 사람의 인생을 받아들인다는 것은 하나의 우주를 포용하는 것이 아닐까? 사람이 살면서 수십 년간 겪어온 아픔과 상처와 행복과 꿈이 몸과 영혼, 의식과 무의식 속에 어우러지는 자신만의 우주를 형성한다. 그 사람 곁에 머물러 있다 해도, 우리는 그 안에 있는 우주의 티끌밖에 보지 못하는 것일지도 모른다. 그러므로 내가 할 수 있는 것은 그저 그 우주의 무게를 지탱하는 사람의 어깨를 가만히 어루만져 주는 것뿐.

샌프란시스코를 떠나고 얼마 후 글로리아 언니에게 이메일이 왔다.

수영! 지난 며칠간 함께 지내며 너에게 내 이야기를 털어놓고 응원받을 수 있었던 건 정말 감사한 일이었어. 수영이 너 역시 참 용감하고 대단한 사람이지만, 결국 너도나도 모든 걸 내려놓고 누군가에게 위로받고 싶은 나약한 인간에 불과하지. 그러니 너의 눈물과 기쁨을 나눌 사람이 필요하면 언제든지 내게 연락해줘. 네가 내게 영감과 감동을 준 것처럼 나도 너에게 그런 사람이 되고 싶구나.

사랑과 감사, 존경을 담아. 글로리아.

언니도 나도 마음속 그늘에 숨겨둔 상처들을 햇살 아래 꺼내놓은 것만으로도 훨씬 덜 아프게 된 걸까. 나만 사랑 앞에서 바보 같고 부족하다고 생각했는데, 다들 자신만의 상처와 문제를 안고 살아간다는 사실을 알게 된 것만으로도 나는 치유되고 있었다.

참 신기한 일이었다. 내가 앞만 바라보고 달릴 때는 다른 사람들의 이야기가 귀에 잘 들어오지 않았다. 그저 백번이고 들이대고, 안 되면 되게 하라는 게 내 지론이었다. 실연을 겪으며 마음이 미어지게 아플 때마다 "난 수많은 장벽을 넘고 고통을 이겨낸 사람이야. 왜 남자 하나 때문에 울고 그래! 그깟 게 뭐라고 젠장!"하면서 나 자신에게 소리 지르기도 했다. 하지만 그건 세상에는 많은 형태의 아픔과 상처가 존재한다는 것을 몰랐기 때문이었다.

몸의 아픔에는 뼈가 부러지는 듯한 충격도 있고, 베인 살갗에 피가 흘러나오는 쓰라림도 있고, 숨이 멎는 듯한 공포도 있고, 혈관에 산소가 줄어들어 서서히 숨이 잦아드는 답답함도 있다. 마찬가지로 마음에 다가오는 고통과 충격도 그 형태와 종류가 다양하다. 아무리 노력해도 끝나지 않는 가난에 대한 막막함, 무능한 부모님을 향한 분노, 갑작스러운 암 선고로 인한 충격, 언제 죽을지 모른다는 불안과 두려움 등을 겪었다고 사랑을 잃은 상실감과 믿었던 사람에게 당한 배신감이 아프지 않은 게 아니었다. 그저 아픔의 부위가 다를 뿐, 무엇이 더 아프고 덜 아픈 게 아닌 것이다.

차라리 분노 에너지라도 남아 있으면 독기를 품고 백번이라도 도전해서 장벽을 뛰어넘을 수 있겠지만 어찌할 수 없는 무력감에 주저앉아버린 상태에서는 아무것도 할 수가 없다. 다친 축구선수에게는 훈련보다 치료와 요양이 먼저인 것처럼, 마음이 피투성이인 사람에게는 할 수 있다는 다그침보다는 치유가 우선이라는 사실 역시 그제야 깨달았다. 내 마음이 아파보고 나니 다른 이들의 아픔도 볼 수 있게 된 것이다.

로스앤젤레스로 넘어와 예정된 영화제작 코스를 밟으며 1달 동안 다섯 편의 단편영화를 만들었다. 그 과정에서 나는 아픈 경험을 바탕으로 창작을 하며 치유를 받았다. 그러고 보니 사랑은 인류의 근원적인 존재 이유이자 영원한 화두였다. 세상의 모든 예술이 사랑을 담고 있고, 사랑 때문에 인류의 역사는 끊임없이 바뀐 것이 아닌가.

1달 동안 작품을 만들며 정신없이 지내다 보니 어느덧 로스앤젤레스에서의 마지막 밤이었다. 짐을 싸면서 지난 몇 달간 미국에서 만난 사람들을 한 명 한 명 떠올렸다. 외롭고 슬펐던 나에게 따뜻한 위로와 친절을 베풀어준 고마운 사람들.

"이 세상 사람들은 어떻게 사랑하며 살고 있을까?" LA에서 영화 공부를 마치고 난 뒤 나는 본격적으로 전 세계의 사랑을 수집해보기로 했다.

특히 한 사람에게 생각이 멈추며 미소가 떠올랐다. 시애틀에서 신세졌던 지인의 아파트 로비에서 멍하니 벽난로만 바라보던 내게 커피를 내밀어주신 할아버지. 따뜻한 커피 때문이었을까, 할아버지의 인자한 표정 때문이었을까. 이런저런 이야기를 하다 실연 이야기까지 꺼내 버렸다.

"할아버지도 사랑 때문에 아파해 본 적 있으세요?"

"당연히 있죠. 아주 오래전 일이긴 하지만……. 무척 아팠어요."

"그렇게 아픈데 사람들은 왜 사랑에 빠지는 걸까요? 왜 그런 바보 같은 짓을 할까요?"

"심장은 뇌만큼 똑똑하지 않으니까요."

멍청한 심장을 부여잡고 훌쩍이는 나를 토닥이며 할아버지는 이렇게 말했다.

"사랑은 한 마리 새와 같아요. 그 새가 푸른 하늘을 훨훨 날 수 있도록 놓아주세요. 그도 당신을 사랑한다면 언젠가 돌아오겠죠. 그렇지 않다고 해도 어쩔 수 없고요. 대신 또 다른 새가 당신의 둥지로 날아오면 그 새를 사랑해주면 되는 거예요. 나를 사랑하지 않는 사람 때문에 아파하기에는 인생이 너무 짧지 않소."

이토록 힘든 시간 누군가의 따뜻한 말 한마디는 얼마나 큰 힘이 되는가. 자신의 삶을 공유해주는 것은 또 얼마나 감사한 일인가. 이를 계기로 나 역시 타인의 아픔을 공감하고 이를 어루만져 줄 수 있는 사람이 되고 싶다는 생각이 들었다.

예전의 나는 "사랑하는 사람이 생겨도 계속 꿈에 도전할 수 있겠어요?"라는 질문을 받으면 '왜 저런 질문을 하지?' 싶어 의아한 표정을 하고 "제 꿈을 응원해주는 사람을 만나 사랑하면 되죠"라고 답하곤 했다. 그러다 J를 만난 후 처음으로 '도대체 무엇을 위해 이렇게 열심히 살아야 하지? 이렇게 사랑하는 사람과 함께 있는 것만으로도 충분히 행복하지 않을까?'라는 생각을 하게 되었다. 그를 위해 인생 계획을 수정해볼 수도 있다는 생각까지 했었다. 그리고 미국에서 만난 사람들은 프로젝트의 테마를 꿈에서 사랑으로 바꾸는 데 결정적인 영감을 주었다.

꿈이 한 사람의 미래를 결정짓는다면, 사랑은 그 사람의 과거에서 현재를 거쳐 미래까지 관통하는 근원적인 존재 이유가 아닐까. 한 존재를 다른 어떤 존재에게 대체 불가능하게 만드는 이 사랑이란 미스터리는 과연 무엇일까. 이 세상 사람들은 어떻게 사랑하며 살아가고 있을까. 내가 전 세계의 러브스토리들을 한번 모아보면 어떨까? 그렇게 지구 곳곳의 사랑들을 모아 잇다 보면 이 우주의 진리를 조금이나마 깨달을 수 있지 않을까? 결국, 이 인류를 지속시키는 것은 사랑이니까.

나는 전 세계 곳곳의 러브스토리를 수집하는 러브 파노라마 프로젝트를 진행하기로, 그리고 다시 사랑을 찾기로 결단을 내렸다.

아바나의
사랑불능자

♥

Dos gardenias para ti

당신에게 바치는 치자꽃 두 송이

con ellas quiero decir

이 꽃들에 내 마음을 전하고 싶어요

te quiero, te adoro, mi vida

당신을 사랑한다고, 당신을 사모한다고

Ponles toda tu atencion

그러니 잘 돌봐주세요

porque son tu corazon y el mio

이 꽃들은 당신과 나의 마음이니까요

(중략)

Pero si un atardecer

쿠바를 와야 했던 이유는 단 하나. 세상에서 가장 감미롭게 사랑을 노래하는 부에나 비스타 클럽의 노래 때문이었다.

하지만 어느 늦은 오후

las gardenias de mi amor se mueren

치자꽃들이 죽어버린다면

es porque han adivinado

그건 그 꽃들도 알아차렸기 때문일 것입니다

que tu amor me ha traicionado porque existe otro querer

다른 연인 때문에 당신의 나를 향한 사랑이 식어버렸다는 것을

Dos Gardenias

체 게바라, 혁명, 피델 카스트로, 시가, 모히토, 올드카, 아바나

리브레…… 수많은 수식어를 가졌지만 1959년 혁명 이후 시간이 멈춰버린, 여전히 미지의 세계인 그곳, 쿠바.

내가 아바나를 와야만 했던 이유는 단 한 가지, 이보다 감미롭게 '당신을 사랑합니다te quiero'라고 부르는 노래를 들어본 적이 없었기 때문이다. 그래서일까. 아바나로 향하는 비행기 안, 부에나 비스타 소셜 클럽의 '치자꽃 두 송이Dos Gardenias'를 수도 없이 반복해 들었다. 이 노래로 일흔 살이 넘은 나이에 세계적인 명성을 얻었던 이브라힘 페레르는 이미 세상을 떠났지만, 왠지 모르게 아바나의 공기에서 달콤한 치자꽃 향이 느껴지는 것 같았다.

아바나에 도착하자마자 기타를 배우고 매일 재즈페스티벌에 다녔다. 뉴욕이나 런던이었다면 10만 원도 넘었을 공연이 단돈 천 원이었다! 그러다 부에나 비스타 소셜 클럽의 디바 오마라 포르투온도를 만나는 행운을 얻었고, 음악을 좋아하는 현지인과 여행자 친구들도 많이 사귀게 되었다. 사랑스러운 흑백 게이 커플 미국인 나다니엘과 쿠바노 유리를 만난 것도 이 재즈페스티벌에서였다.

바람이 많이 불던 어느 날, 말레콘의 언덕에서 나다니엘은 조곤조곤한 목소리로 자신의 이야기를 들려주었다. 와이오밍의 작은 마을에서 아메리칸 인디언들과 함께 자란 그는 70%에 가까운 실업률, 전기와 수도도 나오지 않을 정도로 가난하게 사는 그들을 보며 자본주의의 모순에 분노했다. 세상을 바꾸고 싶었던 그는 열여섯에 집을 떠나 다른 무정부주의자 펑크족들과 어울리며 히치하이크로 미국 곳곳을 다녔다.

스물두 살이었던 나다니엘은 당시 멕시코 칸쿤에서 열린 WTO 각료회의를 반대하는 시위에 참여하러 갔다 첫사랑 아베시토를 만났다. 두 사람은 다른 사람들과 함께 낮에는 경찰의 바리케이드에 돌을 던지고, 밤에는 WTO 반대 현수막을 걸거나 벽에 그라피티를 그리며 지냈다.

그들은 반정부 혁명단체인 사파티스타 민족해방군에게 전할 의료용품을 봉고차에 싣고 치아파스로 가게 되었다. 덜컹거리는 차안, 테킬라 한 병을 나눠 마시다 누구랄 것도 없이 첫 키스를 하게 되었고, 다른 이들이 함께 있다는 것 따위는 신경 쓰지 않고 둘은 사랑을 나눴다.

사파티스타 미션을 완료한 두 사람은 과테말라를 향해 돈 한 푼 없이 무작정 치아파스의 해변을 따라 걸었다. 배가 고프면 조개나 물고기를 잡아먹고, 때로는 일을 해서 마을 사람들에게 밥을 얻어먹기도 했다.

어느 날 밤, 플랑크톤이 바다를 형광으로 물들였다. 파도를 따라 녹색의 빛이 철썩였고, 물에 손을 담그면 플랑크톤이 밝게 빛을 냈다. 아베시토와 그는 밤새도록 수영하고 서로에게 물을 끼얹으며 형광 바다에 물들어갔다. 바닷물에 젖은 모래사장은 마치 은하수처럼 반짝였다. 그들을 둘러싼 세상이 모두 반짝이는 순간들이었다.

"배고프고 힘들었지만 내 인생에서 가장 아름다운 나날들이었어요. 언젠가 세상을 떠나는 순간, 내 눈앞에 가장 선명하게 떠오를 순간들이죠."

그의 눈동자에 형광으로 물든 밤바다가 출렁였다.

마지막으로 남은 옷가지마저 해진 두 사람은 나체로 며칠이고 걸었다. 그렇게 걷고 수영하고 사랑을 나누고 서로에게 노래를 불러주고 모래사장에서 잠들며 반년을 보냈다. 두 사람 외에 아무도 없는 그들만의 별에서 사는 것 같았다.

하지만 서로를 향한 마음이 깊어질수록 나다니엘은 두려워졌다. 아베시토에게 마음을 다 줘버린 후 혹시라도 그가 떠나버리면 어떡하나. 그래서 그가 먼저 떠나기로 했다. 상처받지 않으려고, 자신의 마음을 지키려고. 나다니엘이 떠나겠다고 하자 아베시토는 그저 알겠다고 했다.

물론 둘 다 헤어지고 싶은 마음은 없었다. 마지막 밤, 흔들리는 오일램프에서 번져가는 불빛 아래서 서로를 물끄러미 바라보며 나다니엘은 아베시토가 자신을 잡아주기를 간절히 바랐다. 하지만 두 사람은 아무 말도 없었다. 촛불처럼 가냘픈 두 어린 영혼을 떠올린 나 역시 아무 말도 할 수 없었다.

"보통 연인들 사이에선 덜 사랑하는 사람이 더 사랑하는 사람을 마음대로 휘두르잖아요. 우리는 그걸 본능적으로 알고 있었고 둘다 그 역할을 하고 싶지 않았던 거예요. 지금 생각하면 너무 웃기죠. 난 떠나고 싶지 않았고 그도 내가 떠나지 않길 바랐지만, 나는 떠나고 있었으니까요."

다음 날, 그는 혼자 길 위에 섰다. 마치 영혼이 휩쓸려간 느낌이었다. 히치하이크로 미국 국경까지 가는 길에 그는 수차례 죽을 뻔한 위기를 겪었고 이 모든 게 아베시토에게 돌아가라는 신호 같 았다.

간절한 그리움이 서로의 마음에 닿은 걸까. 몇 달 후 두 사람은 우연히 미국 오리건의 한 거리에서 마주쳤다. 그 길로 둘은 6개월 간 미국과 멕시코 곳곳을 여행했고, 한번은 기차에 몰래 숨어 타다 걸려 며칠간 감옥에 구금되기도 했다. 하지만 같은 방에 있었기에 그곳이 감옥이라도 행복했다.

그렇게 몇 번씩 만났다 헤어졌다를 반복한 후 아베시토는 캘리 포니아로, 나다니엘은 캐나다로 향하며 두 번째 이별을 했다. 또다 시 마술처럼 만날 거라고 믿었기에 이번엔 좀 더 가벼운 마음으로 헤어졌다. 하지만 누나의 결혼식 때문에 하와이에 다녀온다던 아 베시토는 돌아오지 않았고, 그렇게 잠깐의 헤어짐은 영원한 이별 이 되었다.

나다니엘이 꿈을 꿀 때마다 아베시토가 나타났고, 그런 날이면 온몸이 아팠다. 두 사람은 지금도 가끔 연락을 주고받지만, 서로를 향한 감정에 대해서는 아무 말도 하지 않는다. 만지면 깨어질까 봐 손이 닿지 않는 곳에 두고 바라보기만 하는 애처로운 도자기 인형 처럼.

상처받을 것이 두려워 사랑을 거부하다 더 큰 상처를 남긴 그들. 사랑하는 이에게 꽃을 바치면서도 당신의 마음이 식으면 그 꽃도 시들 거라는 노랫말처럼, 사랑이 끝났을 때를 대비해 자신의 마음 을 온전히 주지 못하는 사랑불능자들.

낮에 인터뷰를 시작했는데 어느덧 해가 지고 있었다. 추억에 빠진 나다니엘과 상념에 빠진 나는 한참을 말없이 앉아 있었다.

밤하늘에 별이 떠오르기 시작할 무렵, 퇴근한 유리가 우리를 찾아왔다. 옆에 앉은 유리가 손을 잡아주자 나다니엘의 얼굴에 평화가 감돌았다. 이제 이야기는 유리와 나다니엘의 만남으로 이어졌다.

긴 방황을 마친 나다니엘은 평생 그렇게 경찰한테 돌만 던지며 살 수는 없다 결론을 내리고 5년 전 아바나로 와서 의대에 진학했다. 그리고 4년 전, 우연히 길을 걷다 유리와 눈이 마주치며 만남이 시작되었다.

하지만 당시 유리에게는 스페인 남자 친구가 있었다. 나다니엘과 유리는 함께 즐겁게 지내다가도 남자 친구가 오면 알아서 피해주는, 아무런 책임도 의무도 없는 그야말로 '엔조이' 상대였다. 이런 만남이 2년쯤 되었을 때 유리가 나다니엘에게 스페인에 간다고 했다. "우와 축하해. 너 외국에 처음 가는 거잖아!" 하는 나다니엘에게 유리는 그 스페인 남자 친구로부터 청혼을 받았다고 말했다.

"그 말을 듣고 난 매일 밤 울었어요. 살면서 그렇게 울어본 적이 없죠. 아베시토와 내가 나눈 감정이 바다처럼 깊었어도, 우린 어떤 속 깊은 이야기도 나눈 적이 없었어요. 그런데 유리는 정말 모든 이야기를 나눌 수 있는 베스트 프렌드이자 애인이라는 걸 그제야 깨달은 거죠. 하지만 그를 잡을 수는 없었어요. 쿠바인인 그가 스

상처받을 것이 두려워 사랑을 거부하다
더 큰 상처를 남긴 그들.
사랑하는 이에게 꽃을 바치면서도
당신이 마음이 식으면 그 꽃도 시들 거라는 노랫말처럼,
사랑이 끝났을 때를 대비해 자신의 마음을
온전히 주지 못하는 사랑불능자들.

쿠바의 재즈퍼스티벌에서 만난 동성 커플 나다니엘과 유리. 그들은 사랑이란 나 자신만큼 상대방을
아끼고 돌보는 것이라고 적었다.

페인에 가서 산다는 건 평생 한 번 올까 말까 한 기회잖아요. 쿠바
사람들 모두가 꿈꾸는 기회인데 그걸 나 때문에 놓치게 할 수는 없
었어요."

1달 후 유리는 떠났고, 유리 역시 스페인에 가고 나서야 나다니
엘을 향한 마음이 얼마나 컸는지를 깨달았다. 하지만 5유로짜리
전화카드를 사서 공중전화로 쿠바에 전화를 걸면 그들에게 허락된
시간은 딱 3분뿐이었다.

결국, 3달 후 유리는 이혼했다. 돈이 없던 유리는 컴퓨터니 뭐니
가진 걸 모두 팔아 겨우 쿠바행 항공권을 끊었고, 두 사람은 그때부
터 함께 살기 시작했다. 그때부터였다. 아베시토를 생각해도 더는

아프지 않게 된 것이. 이제 두 사람은 같은 미래를 바라보고 있다.

"아베시토를 만났을 때만 해도 전 경찰차에 돌이나 던지면서 세상을 바꿀 수 있다고 생각했던 어린애였죠. 하지만 이제는 의대에 다니고 병원에서 환자를 돌보며 훨씬 더 책임감 있는 삶을 살고 있어요. 태어나서 처음으로 집이라는 것도 갖게 되었고, 유리와는 성숙한 어른의 사랑을 하고 있죠. 때가 되면 유리와 함께 미국에 가서 살려고요. 이곳에선 아직 게이 커플에 대한 사회적인 편견이 많거든요."

며칠 후 두 사람은 친구들을 집으로 초대해 4주년 기념 파티를 벌였다. 나 역시 기쁜 마음으로 그 자리에 함께했다. 그 후로 몇 주가 지나도 나다니엘의 이야기는 내 머릿속에 맴돌았다. 바다를 따라 무한정 걷는 나체의 두 펑크족 소년이 물을 첨벙대며 밤바다를 형광으로 물들이는 모습, 바다 건너 낯선 도시에서 밤마다 공중전화를 붙잡고 뒤늦게 깨달은 사랑을 고백하는 다른 한 남자, 그리고 모든 것을 포기하고 돌아오는 비행기 안에서 유리가 떠올렸을 상념들.

누군가를 사랑한다는 것은 마치 심장의 한쪽을 그 사람에게 이식해주는 것과 같지 않을까. 그 순간엔 마치 두 사람이 한 몸이 된 것 같지만, 그렇다고 한 몸은 아닌. 그 사람이 떠나버리면 그 사람이 가져간 내 심장의 몫만큼 빈 공간이 생기고, 그 부재가 통증으로 남고, 새살이 돋아나 더 이상 아프지 않게 되더라도 사랑의 기억이 흉터 하나쯤은 남기는……. 그러다 또 새로운 사랑이 다가와 심장의 다른 공간을 채워주겠지.

　그렇게 이 사람 저 사람에게 받은 조각들로 메워지며 단단해진 심장으로 살아가는 게 사랑 아닐까. 어차피 평생에 걸쳐 완전해질 수 없는 심장이라면, 두려워하지 말고 그 심장의 한쪽을 내어주는 게 낫지 않을까.

Chapter 2

콜롬비아 + 파나마 + 에콰도르

사랑을 묻다

사랑이 사람을 특별하게 만드는 건 사실이지만,

사랑하는 마음으로 바라보면

이 세상에 특별하지 않은 사람이 있을까.

마음 깊은 곳에서부터 차오르는 행복감에

나도 모르게 눈물이 났다.

나는 이제 진정한 사랑을 할 준비가 되었다.

사랑, 그리고
불공정거래

♥

음악으로 가득했던 아바나에서의 시간을 마치고, 나는 예전에 터키 여행 때 만난 콜롬비아 친구 마리아의 초대로 콜롬비아의 제 2 도시, 메데인으로 왔다. '꽃과 미녀들의 도시'라는 별명만큼 따뜻한 봄 날씨와 곳곳에 흐드러지게 피어난 꽃들이 나를 반겨주었다.

온 세상에 사랑이 충만한 크리스마스, 나는 마리아와 그녀의 십 년지기 친구 디에고와 함께 이야기꽃을 피우다 터키에서 함께 지낼 때 화상통화를 하던 남자 친구의 안부를 물었다. 눈물이 그렁그렁해진 마리아가 그와 만남에 관해 털어놓았다.

마리아가 피에르를 만난 건 한 클럽에서였다. 멀리서 봐도 한눈에 들어올 정도로 잘생긴 그 프랑스 남자는 영화배우가 되려고 콜롬비아에 왔다고 자신을 소개하며, 프랑스어와 스페인어로 언어교환을 하자며 연락처를 물어왔다. 마리아는 영화배우인 그와 공무원인 자신이 어울릴까 싶었지만, 그의 자유로운 영혼은 금세 그녀를 매료시켰다.

"그는 무척 특별했어. 그전에 만난 남자들과는 레스토랑이나 극장에 가는 뻔한 데이트를 했는데 피에르와는 골목 뒤에 숨어 있는 허름한 식당을 찾아가고, 주말에는 아무 버스나 잡아타고 무작정 보고타 교외의 전혀 모르는 동네에 갔다 오는 색다른 데이트를 했어. 전형적인 중산층 가정에서 모범생으로 자라 공무원으로 일하는 내게 그와의 데이트는 신선한 경험과 모험의 연속이었지."

두 사람의 관계는 깊어졌지만, 상황은 여의치 않았다. 근근이 들어오는 모델 일로 생활해오던 피에르는 단역 일조차 구하기 힘들었고, 일하고 돈을 못 받기도 해서 늘 경제적으로도 힘들었다. 어떻게든 그를 돕고 싶은 마리아가 사돈의 팔촌까지 동원해 연예계 관계자들을 소개해주었지만, 휴대전화의 노예가 되고 싶지 않다는 그가 전화를 받지 않아 일거리를 놓치기도 수차례였다.

피에르는 데이트 약속을 앞두고 갑자기 취소하거나 아예 약속 장소에 나타나지 않기도 하고, 며칠간 연락을 끊기도 했다. 하루는 그가 몸이 안 좋다고 데이트를 취소했는데, 마리아가 친구들과 함께 클럽에 갔다가 거기서 춤추고 있는 피에르를 발견했다. 황당해하는 그녀에게 그는 지병인 관절염 이야기를 꺼냈다.

"10년 넘게 관절염을 앓았는데 통증이 심해지면 휴대전화조차 쥘 수 없어서 나한테 연락을 못 했다는 거야. 몸을 움직일 수조차 없을 땐 너무 고통스럽고 우울해서 통증이 없어지면 바로 어디든

나가 움직여야 살 거 같아 클럽에 간 거라고······. 그런데 이제껏 내가 걱정할까 봐 말을 못 하고 있었다고 했어."

골형성부전증으로 평생 휠체어에서 살아온 남동생을 둔 마리아는 그런 피에르가 안쓰러워 그를 더욱 보살폈다.

첫해만 해도 버스를 타고 여기저기 다니는 것만으로 마냥 행복했었던 두 사람의 관계는 2년 차부터 점점 악화되었다. 어린 시절 부모님의 이혼으로 입은 마음의 상처와 지병으로 인한 고통에 경제적 불안까지 겹친 피에르는 매사에 방어적이었다. 그를 걱정해 주는 그녀의 말을 비꼬아 해석해 말다툼이 끊이지 않았고, 그럴 때마다 그가 며칠간 연락을 끊고 사라지면 그녀의 속은 타들어 갔다. 거금을 들여 심리 상담도 받았지만 달라진 건 없었다.

"그와 만나는 동안 사랑받고 있다고 느꼈니?"

"잘 모르겠어. 때로는 세상에서 가장 사랑받는 여자였고, 때로는 세상에서 가장 외로운 여자였으니까. 늘 이랬다저랬다 하는 그의 태도 때문에 종종 헷갈렸어. 피에르는 페이스북에 우리 사진을 올리지도 않았어. 하루는 다른 여자가 메시지를 남긴 걸 보고 누구냐고 물었더니 나와 페이스북 친구를 아예 끊어버렸어. 그래도 내가 헤어지자고 하면 결혼하자, 같이 살자, 나 닮은 아이를 갖고 싶다 그랬는데······."

마리아와 피에르가 헤어진 계기는 처음 그를 특별하게 느끼게 했던, 바로 그 무작정 떠나는 버스 여행이었다. 비는 주룩주룩 오는데 낯선 곳에서 길을 잃고 고생을 하자 그의 무계획적이고 무책

임한 태도에 지쳐버린 마리아가 드디어 폭발했다.

"내일 회사에 가야 하는데 보고타로 돌아갈 버스도 없는 이곳까지 와서 어쩌란 말이야! 더는 못 하겠어!"

그녀가 소리를 지르자 그는 버스에 그녀를 내버려 두고 어디론가 가버렸다. 그리고 2주간 전화도 받지 않고 그녀가 남긴 수많은 메시지에도 답하지 않았다. 지치다 못해 싸울 힘도 남지 않은 그녀는 자신의 집에 있던 그의 물건들을 상자에 담아 '이젠 정말 끝이야'라는 쪽지와 함께 그의 집으로 보냈다.

며칠 후 그는 찰리 채플린 복장을 하고 그녀의 회사로 찾아와 그녀 앞에서 사랑의 노래를 불렀다. 엄연히 근무 중인 자신에 대한 배려라곤 눈곱만큼도 없는 그의 모습에 그녀는 그저 허탈한 웃음만 나올 뿐이었다.

몇 번 더 선물과 꽃을 들고 찾아와 아무 일도 없었던 것처럼 행동하는 그에게 지친 마리아는 다른 남자가 생겼다고 거짓말을 했다. 그러자 그는 자신도 세 명의 여자가 대기 중이라며 다시는 만나지 말자고 화를 내면서 떠나갔다. 그렇게 두 사람의 관계는 종지부를 찍었다.

그는 헤어지는 순간까지 상대방에 대한 배려보다는 자신의 감정 상태나 욕구대로 행동하는 나르시스트였다. 이런 나쁜 남자들에게는 자신만큼은 그를 바꿀 수 있다 믿는 평강공주 유형의 여자들이나 버림받는 것을 두려워하는 자존감 낮은 여자들이 주로 끌리는데, 마리아는 왜 그 덫에 빠진 걸까.

"헤어지길 잘했어"라고 백번 말해주고 싶었지만, 눈물을 글썽이는 그녀에게 차마 말할 수 없었다. 그런데 이제까지 가만히 듣고 있던 디에고가 갑자기 입을 열었다.

"그동안은 네가 피에르를 너무 좋아하는 거 같아 말을 못 했는데, 이젠 남자 입장에서 솔직하게 다 말해줄게. 왜 페이스북에 사진을 올리지 않느냐고? 그가 바람둥이거나 잠재적인 바람둥이이기 때문이야. 커플 사진을 올리면 딴 여자들을 만날 수가 없잖아. 페이스북 친구를 끊어버린 건 더 말할 것도 없지. 왜 주변 사람들에게 두 사람의 관계를 알리지 않느냐고? 너와의 미래를 확신하지 못하기 때문이야. 왜 연락도 안 하고 약속에 늦냐고? 이 여자가 내 거라는 확신이 드는 순간 방심하지. 그러니 처음엔 그토록 정성을 다하던 남자가 긴장을 푸는 거야. 왜? 자기가 늦어도 기다려줄 걸 아니까. 잔소리 한번 들어주면 되는데 왜 그 재미있는 술자리에서 일찍 일어나?"

"그런데 왜 헤어지자니까 매달리는 거야?"

"그건 자존심 문제야. 내 전리품을 다른 사냥꾼에게 뺏긴다고? 수컷의 자존심으로 그걸 어떻게 참아. 내가 전 여자 친구한테 그랬어. 처음 3년은 정말 사랑했는데 4년쯤 되니 너무 지겨운 거야. 그래서 몰래 한눈도 팔았지. 그런데 나중엔 여자 친구 눈치 보는 것도 귀찮아서 헤어지자고 했어.

그런데 3개월 후 그녀에게 남자 친구가 생기니까 완전히 미쳐버리겠는 거야. 내 여자가 다른 남자와 키스하고 섹스하는 상상을 하니 피가 거꾸로 솟더라고. 그녀에게 돌아와달라고 수도 없이 무릎 꿇고 빌었어. 심지어 반지를 사서 청혼까지 했지만, 그녀는 받아주지 않았지. 그 후 2년 동안 미친 사람처럼 지냈어. 5년이 지난 지금에야 돌이켜 보니 그건 사랑이 아니라 내 소유물을 잃은 데 대한 집착이자 못된 자존심이었더라고."

"피에르는 너랑 달라. 걔는 너보다 마음의 상처도 훨씬 더 깊고 복잡한 애라고."

"남자는 다 똑같아. 내 말이 심한 것 같지만 이게 사실이야. 남자가 여자를 진짜 사랑하면 변명이 필요 없어. 죽지 않은 이상 연락 꼬박꼬박하고 아무리 바빠도 약속 시각에 나타나. 친구들에게 자랑스럽게 소개하고 페이스북에 사진도 백 장씩 올릴 수 있어. 그녀가 없으면 내 인생이 존재하지 않는데 무엇인들 못 하겠어?"

디에고의 솔직한 이야기에 마리아와 나는 잠시 멍해 있었다. 돌이켜 보니 날 진심으로 사랑해준 남자들을 만났을 때는 그들의 사랑을 의심하거나 불안해하지 않았다. 남자든 여자든 대부분 마음이 있으면 꼬박꼬박 연락하고, 관심을 표현하고, 걱정해주고, 특별한 날을 챙기고, 오해가 있으면 풀려고 노력한다. 그만큼 상대방이 내게 중요하기 때문이다. 어지간히 둔한 사람이라도 상대방의 눈빛, 행동, 말투에서 애정을 충분히 느낄 수 있다.

내가 상대에게 보낸 애정만큼 반응이 오지 않는다면 냉정하게 말해 그건 그만큼 나에게 마음이 없다는 것이다. 하지만 '이 사람이 아니면 안 돼'라는 간절함은 상대방의 말 한마디, 행동 하나에 너무 많은 의미를 부여하게 한다. '이래서 이럴 거야, 저래서 저럴 거야' 하고 그 사람 대신 스스로 애써 변명을 한다. 그리고 상대방이 자신을 함부로 대하는 걸 참아가며 일방적인 헌신에 기반한 불공정거래를 한다. 자신의 사랑에 그 사람 마음이 움직일 거라 믿으면서.

상대방이 주는 만큼의 사랑을 돌려줄 생각이 없는 사람은 다음 두 가지 중 하나의 행동을 선택한다. 솔직하게 자신의 감정을 이야기하고 선을 그어 상대방이 더 이상 희망을 품지 않게 하는 것과 속칭 '어장 관리' 또는 '희망 고문', '더 괜찮은 사람이 나타날 때까지 보험 삼아 머무르기' 등과 같이 상대의 애정을 담보로 한 불공정거래를 받아들이는 것. 이는 한 사람만의 잘못이 아닌 두 사람의 합작품으로, 특별한 악의 없이 그런 상황이 자연스럽게 전개되기도 한다.

나 역시 불공정거래를 여러 번 했다. 극도로 외롭고 힘겨운 시간, 상대방의 마음을 알면서도 이를 못 본 체하고 기댄 적도 있었다. 내가 그에게 가진 감정은 명백히 사랑은 아니었지만, 누구라도 붙잡지 않으면 쓰러져 버릴지도 모른다는 이기적인 두려움 때문에 그렇게 했다.

마찬가지로 J는 전 여자 친구가 떠난 후 텅 빈 마음을 내가 주는 사랑으로 채우려고 했다. "우리 왜 만나?"라는 나의 불안한 질문에 그는 "좋으니까 만나지. 안 좋아하면 왜 만나겠어?"라고 답하며 사랑이란 단어를 피하곤 했다(비슷한 표현으로 '그런 걸 꼭 말로 해

콜롬비아에서 만난 친구 마리아.
불공정거래였던 지난 사랑에 대해 이야기하며
2시간 동안 눈물을 훔치던 그녀는
사랑은 '열정, 배움, 행복'이라고 적었다.

야만 알아?'도 있다). 사랑받지 못해 불안한 여자와 자기 마음을 모르는 남자의 전형적인 대화였다. 하지만 그건 그만의 잘못은 아니었다. 내가 가진 모든 것을 줘서라도 이 사람을 붙잡고 싶었던 내 절박감이 더 컸으니.

우물에 담긴 물은 한정되어 있는데 계속 퍼주다 보면 어느덧 바닥이 말라버리는 것처럼 불공정거래가 길어지면 영혼이 말라버린다. 스스로 사랑과 행복이 넘쳐날 때는 다른 사람에게도 그 사랑을 나눠줄 수 있지만, 부족한 우물을 다 퍼주다 보면 바닥이 쩍쩍 갈라진 흙투성이 구덩이만 남는다. 그리고 그 사람은 다른 우물을 찾아 떠난다.

지금 곁에 있는 사람이 당신을 진짜 사랑하는지, 당신의 영혼의 물만 얻어 마시고 있는지 당신은 이미 알고 있을 것이다. 혹시 불공정거래를 하고 있다면 이제 멈추고, 누구보다 스스로가 자기 자신을 소중히 여기고 사랑했으면 좋겠다.

나는 마리아와 내 마음속 우물을 다시 채워달라고, 새해에는 두려움 없이 사랑할 수 있게 해달라고 아기 예수님께 빌었다. '사랑'이라는 한 단어 때문에 너무나 많이 울고 웃었던 2013년이 그렇게 저물어가고 있었다.

사랑 후에 남는 것들

♥

"우리 엄마는 내가 어렸을 때 수도 없이 나를 때리고 괴롭혔어. 아무 이유도 없이 이렇게……. 여기를 때리고……. 머리를 잡아당기고……. 주먹으로 눈을 때리고……."

메데인에서 친해진 친구 프랑크의 엄마인 엘사와 이야기를 나누던 중 가족사진을 가리키며 "어머니 인상이 좋으셨네요"라고 말했다가 깜짝 놀랐다. 손으로 때리는 시늉을 하는 엘사의 모습은 예순여섯의 할머니가 아니라 아직도 엄마에게 맞은 것이 억울한 어린아이의 모습 같았으니까.

엘사의 아버지는 쉴 새 없이 바람을 피우다 엘사의 어머니가 임신 중일 때 가정을 버렸다. 그로 인해 고통 속에 살았던 어머니는 화를 참지 못하고 곧잘 아이들을 때리곤 했다. 새아버지에게 차마 아버지라는 말이 나오지 않아 삼촌이라고 불렀다가 엄마에게 얼마나 사정없이 맞았는지를 마치 어제 일처럼 상세하게 묘사하는 엘사의 모습이 짠했다. 50년이 지나 자식 넷을 키워내고 손자를 돌보는 할머니가 되었어도 지워지지 않는 상처들이 있다니…….

그런 집을 하루빨리 벗어나고 싶었던 그녀는 스무 살에 한 남자와 결혼해 프랑크와 그의 형을 낳았다. 하지만 가부장적인 남편과 불행한 나날이 계속되었고, 자식 둘을 생각해서라도 참고 살려 했던 그녀에게 바람난 남편이 이혼을 요구했다.

혼자서 아이들을 키우는 것이 벅찼던 그녀는 그토록 싫어했던 엄마 집으로 들어가 살다 열 살 연하의 두 번째 남편을 만나 두 딸을 낳았다. 하지만 질투가 심한 그는 그녀의 전남편이 아들들을 보러 가끔 오는 것도 견디지 못했다. 결국, 아들들을 할머니 집으로 멀리 떠나보낸 그녀는 수년간 눈물로 밤을 지새웠다.

두 번째 남편은 종종 술에 취한 채 집에 들어와 그녀를 때렸다. 다림질하지 않았다고 다리미로 머리를 때리기도 했고, 심하게 취해 거리에서 행패를 부리는 그를 말리는 그녀의 입술을 찢어놓기도 했다. 자신이 맞는 것은 견딜 수 있었지만, 그가 딸들까지 때리자 그녀는 심한 공포와 무력감을 느꼈다. 그리고 언젠가부터 칭얼대는 딸들의 얼굴에 물건을 던지고 있는 자신의 모습을 보고 화들짝 놀란 그녀는, 더 이상 이렇게 살면 안 되겠다 싶어 20년의 결혼생활을 끝냈다.

"돌이켜 보면 가장 이해가 안 되는 건 나 자신이야. 내가 직업이나 돈이 없어 남편에게 경제적으로 기대야만 했던 것도 아니고, 그런 대접을 받을 이유가 없었는데도 왜 20년이나 참고 살았던 걸까.

아마 두 번째 결혼도 실패했다는 사실을 인정하고 싶지 않아서였던 것 같아. 밖에선 웃고 다니고 집에 와서 우는 이중생활을 했거든."

그녀처럼 불행한 가정환경에서 자랐거나 고통스러운 어린 시절을 보낸 아이는 어른이 되어 자기 부모와 같은 길을 걷는 경우가 많다. 특히 어린 시절 학대를 받고 성장한 여자들은 어른이 되어서도 자신을 때리던 부모와 비슷한 행동 패턴을 보이는 남자에게 끌린다. 부모처럼 살지 않겠다는 결심에도 불구하고 자신도 모르게 익숙한 상황을 반복하려는 상반된 무의식적 욕구의 덫에 빠지는 것이다.

"제일 걱정되는 건 내가 이 불행의 씨앗을 우리 자식들에게 물려주고 있다는 거야. 우리 딸은 임신 4개월 때 애 아빠가 다른 여자를 만나고 있다는 사실을 알게 돼서 싱글맘이 되었고, 막내딸 남자 친구도 내 딸한테 함부로 대해. 걔가 얼마나 예쁘고 재능이 많은데, 나쁜 놈……. 프랭크가 나이가 다 찼는데 여자가 없는 것도 그래. 빨리 정착했으면 좋겠는데 내 불행한 결혼생활을 보고 자라서 가정을 꾸리는 걸 두려워하는 건 아닌지 걱정돼. 하긴 내가 잘못했지. 이 못난 어미가 자식들에게 평생 못 할 짓을 했어."

엘사는 꺼이꺼이 통곡을 했다. 충분히 울고 나자 그녀는 이제 속이 좀 시원하다 했다.

"살면서 이런 얘기를 누구한테도 해본 적이 없는데, 하고 나니 맺힌 한이 좀 풀린 것 같아. 고마워 수영."

"전 그냥 듣기만 했는데요. 중요한 건 무슨 일을 겪었든 간에 엘

불행한 사랑의 씨앗을 대물림해주고 싶지 않았던
예순여섯의 할머니 엘사는 사랑이란
상대방과 모든 것을 함께 나누는 것이라 적었다.
그녀는 자신의 자식들은 행복한 사랑을 하기를 바랐다.

사는 존재 자체만으로 소중한 사람이라는 거예요. 무엇보다 네 명의 아이를 잉태하고 키워냈다는 게 얼마나 훌륭한 일인데요."

나는 그녀를 꼭 안아주었다.

남미를 돌아다니면서 내가 놀란 것은 싱글맘이 많고 이혼과 재혼이 너무 쉽다는 것이었다. 어린 나이부터 성 경험에 노출되어 있음에도 불구하고 피임을 금하는 천주교의 가르침(정확히는 혼전 섹스 자체를 금기시하는 것인데 이 부분은 건너뛰는 듯하다)과 미흡한 성교육, 낙태가 불법인 상황 등 때문에 10대 때 아이를 낳는 일이 흔하다.

그나마 대가족 단위의 가족애가 워낙 끈끈하다 보니 할머니 할아버지가 아이를 돌봐줘서 아이 엄마나 아빠가 사회생활을 하는 것은 상대적으로 제약이 덜한 편이다. 또 이혼 남녀가 워낙 많아서 다시 누군가를 만나 결혼하는 게 그리 어렵지 않아 여러 번 재혼과 이혼을 반복하고, 아이가 세 명이면 세 아이의 아빠가 모두 다른 경우도 흔했다. 가족 형태가 어떠하든 아이들 입장에선 충분히 사랑받고 자랄 수만 있다면 큰 문제는 없다. 하지만 문제는 남미 특유의 마초 문화의 부작용으로 외도가 흔하고 가정폭력도 빈번하다는 것. 물론 이런 문제가 남미에만 있는 건 아니다.

내 메일함을 가득 채운 수많은 이메일이 떠올랐다. 부모의 불화, 학대, 외도, 폭력, 도박, 알코올 중독에 관한 고통을 호소하는 수많은 사연. 얼마나 많은 사람이 가장 가까운 가족으로부터 가장 큰 상처를 받으며 살아가고 있는 걸까?

그런 면에서 메데인의 한 보육원을 운영하는 에니스의 인생은 그야말로 경이로웠다. 시골 농부가 낳은 열한 명의 자식 중 하나인 에니스는, 신앙심이 깊었던 그녀의 어머니가 아프고 버림받은 아이들을 데려오면 돌보는 생활을 어릴 때부터 해왔다.

에니스가 열네 살이었던 어느 날, 그녀의 방에 갑자기 알 수 없는 빛이 들더니 어떤 씨앗이 바닥에 떨어졌다. 그 씨앗은 순식간에 나무로 자라났고 그 나무 밑에 빛으로 '희망Esperanza'이라는 글씨가 쓰였다. 이 기적 같은 일을 겪고 나서 그녀는 사람들에게 희망을 주는 것을 삶의 목표로 삼았다.

대학 때부터 봉사 활동을 시작한 그녀는 보고타와 메데인의 뒷골목에서 22년을 보냈다. 소매치기나 구걸을 하며 살아가는 아이들은 돌에 맞거나 다치는 경우가 많았다. 그녀는 초콜릿과 빵 등을 얻어 천여 명이 넘는 거리의 아이들을 먹이고 치료하며 보살폈고 그들의 병원비나 밥값을 마련하기 위해 수도 없이 발품을 팔았다.

위험한 순간도 많았다. 하루는 다친 아이들을 돌보고 있는데 패싸움이 벌어졌다. 공교롭게도 에니스는 3~40명이 싸우는 한가운데에 있었다. 바닥에 엎드린 그녀의 몸 위로 수많은 칼과 돌과 방망이가 날아다녔다. 그녀가 준비해 간 약이며 음식이며 모두 산산조각이 났고 그녀 역시 파편에 맞아 팔목을 다쳤다. 싸움은 경찰이 도착해 최루탄을 쏜 후에야 진압되었다. 그 와중에도 에니스는 그곳에 있는 다친 아이들을 모두 치료해주었다.

게릴라의 손에 죽을 뻔한 고비를 넘기기도 했다. 1960년대부터 시작된 콜롬비아 내전은 좌익 게릴라 단체, 우익 민병대, 마약밀매 조직이 뒤얽혀 50년을 넘긴 지금까지 계속되고 있다. 특히 콜롬비아 무장 혁명군FARC을 비롯한 게릴라 단체가 일부 정글 지역을 장악하여 사람들을 납치하고 암살하기도 한다. 2002년에는 대통령 후보가 선거운동 중 게릴라들에게 납치되어 6년간 억류된 일도 있었다.

게릴라들이 통치하고 있는 어느 정글 지역의 주민들이 고통받고 있다는 소식에 에니스와 일행은 8시간이나 걸려 그 정글로 들어갔다. 그런데 다음 날 저녁, 마을 주민이 다급히 그녀를 찾았다.

"지금 우리 집에서 게릴라들이 회의 중인데 당신을 죽이겠대요. 빨리 여길 떠나요."

하지만 그 정글에서 도시로 나가는 버스는 하루에 한 대뿐이었다. 두려움에 온몸을 떨며 기다리다 버스에 타려는 순간, 이마와 옆구리에 차가운 총구가 느껴졌다. 그녀는 무장한 두 명의 게릴라에게 끌려갔다. 수많은 사람이 죽임을 당한 바로 그 강으로.

처음엔 공포로 제대로 걷지도 못했던 그녀는 이렇게 벌벌 떨다 죽고 싶지 않다고, 최대한 기품을 갖춰 죽겠다고 생각했다. 심호흡하자 온몸의 공포가 땅으로 꺼지며 발끝에서 머리끝까지 평화가 올라왔다. 강에 도착하자 50여 명의 게릴라가 총을 들고 서 있었다. 그녀는 여유 있게 농담을 했다.

게릴라에 의해 고아가 된 아이들을 거둔 에니스(가장 오른쪽). 이 '처녀 엄마'에게 사랑은 점점 커지는 현재진행형이다.

"아니, 여자 한 명 죽이겠다고 이 많은 남자가 대기하고 있는 건가요?"

그 말에 우두머리는 그녀에게 이런저런 질문을 던졌다.

"우리 게릴라들에 대해 어떻게 생각합니까?"

"당신 같은 사람들이 저와 함께 사랑으로 세상을 바꾸고 어려운 사람들을 도울 수 있다면 좋겠어요. 당신들은 정글의 열악한 환경, 무더운 날씨, 뜨거운 기후, 뱀, 말라리아와 풍토병 따위에도 눈 하나 깜짝 않는 강한 사람들이잖아요."

30분간 대화가 이어졌다. 그녀는 용기를 내서 마지막 말을 던졌다.

"죽기 전에 하느님은 당신들을 사랑한다는 것을 알려주고 싶어요. 당신들이 사람을 죽이고 나쁜 짓을 했다 하더라도 회개한다면 하느님은 당신을 받아주실 거예요. 자, 이제 전 준비가 되었으니 원하는 대로 하시죠."

우두머리는 누군가를 부르더니 그녀를 차에 태워 보냈다. 말을 걸어도 대답도 하지 않던 운전사는 2시간 후 다른 마을에 도착해서야 입을 열었다. "게릴라들에게 잡혀가서 살아나온 사람은 당신이 처음이에요." 이후에도 에니스는 콜롬비아 북서부 지역에 원주민들을 치료하러 갔다 납치당해 6일을 갇혀 있다가 기적적으로 탈출하는 등 위험한 고비를 여러 번 넘겼다.

"이제는 이렇게 이야기할 수 있게 됐지만, 예전엔 이 경험들을 떠올리는 것 자체가 고통스러웠어요. 하지만 난 죽을 때까지 이 일을 계속할 거예요."

그 많은 위험을 겪고도 그녀는 계속 음식과 약품을 가지고 정글을 찾아갔다. 거기서 부모가 없는 아픈 아이들을 한두 명씩 도시로 데려와 치료해주다 보니 어느덧 그녀의 집은 보육시설이 되었고, 그렇게 20여 년간 730명을 거두었다. 지금은 50명 정도의 아이들이 그녀의 집에서 살고 있는데, 대부분 게릴라에 의해 부모를 잃은 아이들이다.

특히 부모가 게릴라에 의해 죽임을 당하거나 집이 불타는 것을 자기 눈으로 직접 본 아이들은 트라우마를 극복하기가 쉽지 않다. 우울증, 슬픔, 분노를 이기지 못한 채 폭력성을 보이기도 하고, 복수를 위해 고향으로 돌아가려 하기도 한다.

"워낙 상처가 깊은 아이들을 많이 키워내다 보니 이젠 어느 정도 노하우가 생겼어요. 처음 아이가 도착하면, 먼저 심리치료를 통해 아이들의 상처를 치유하고 윤리의식을 심어주죠. 두 번째로 아이의 재능을 파악하고 이를 발전시켜요. 세 번째로 앞으로 어떻게 살아야 할지 스스로 진로를 설정하고 길을 닦을 수 있도록 해요. 적어도 길거리나 자신이 온 비극적인 삶으로 돌아가지 않도록 말이에요. 아이들이 잘 성장해서 대학을 가거나 자기 직업을 찾아 어른 역할을 하는 걸 보면 얼마나 뿌듯한데요."

에니스는 여러 사진을 보여주며 아이들 자랑을 이어갔다.

"여기 이 잘생긴 아이를 보세요. 열두 살에 이곳에 온 조나단인데, 그때까지 글도 못 읽었어요. 한 봉사자가 헌신적으로 이 아이를 붙잡고 공부시킨 끝에 지금은 장학금을 받고 엘살바도르에서 대학을 다니고 있죠. 이 아이는 루이스인데 극빈층 부모가 포기해 영양실조 상태로 이곳에 왔지만, 지금은 의대에 다니고 있고요."

세상엔 자기가 힘들다고 다른 이들에게 상처를 주고, 누군가의 삶을 파괴하고, 다른 이의 생명을 담보로 목적을 달성하려는 사람이 있는 반면 이렇게 타인의 상처를 치유하고 새로운 삶의 희망을 만들어나가는 사람도 있다. 이것이 인간의 사랑과 신의 사랑의 차이인 것일까.

한편 수도 없이 죽을 고비를 넘기면서도 모든 이들에게 사랑을 베풀고 있는 이 '처녀 엄마'가 여자로서의 삶을 꿈꾼 적은 없는지 궁금해졌다.

"에니스, 정말 귀하고 훌륭한 일을 하지만 다른 여자들처럼 편하게 살고 싶지 않아요?"

"열네 살 때 '희망'이라는 단어를 본 순간 평생 이렇게 살 거라는 걸 알고 있었기에 예쁜 옷 따위는 중요하지 않아요. 세상에는 너무나 많은 비극이 존재하고 내가 하는 일은 사막의 작은 물줄기에 불과하죠. 하지만 적어도 난 내가 할 수 있는 역할을 해내고 싶어요."

"사랑하는 사람과 알콩달콩 사는 그런 소박한 삶을 꿈꿔본 적도 없어요?"

"물론 나도 사랑하고 싶죠. 그래서 하느님께 그 사람을 찾게 해달라고 기도해요. 내가 행복해지고 싶어서가 아니라, 50명의 아이에게 아버지가 생겼으면 해서요. 그에게 많은 걸 바라지 않아요. 운전만 할 줄 알아도 함께 미션을 수행할 수 있잖아요."

흐뭇한 표정으로 대화를 하다가 어떻게 시설을 운영하느냐는 질문에 그녀의 표정이 잠깐 어두워졌다.

"그게 가장 힘든 부분이에요. 딱히 수입원이 있는 것도 아니고 정부 지원도 전혀 없는데 열 명의 직원들에게 임금도 줘야 하고 렌트비도 내야 하니까요. 그나마 큰 집을 구할 형편이 안 돼서 작은 집 세 곳에 아이들이 흩어져 있고, 저 역시 직원 세 명과 함께 방을 써요. 차량도 없어 아이들을 8~10시간씩 버스에 태워 데려오고요. 버스로 비포장도로를 수없이 다녔더니 전 디스크에 걸렸죠. 사실 당장 먹을 것이 없는 날도 많았어요.

하지만 기도의 힘인지 신기하게도 매일 여기저기서 도움을 받아요. 온종일 굶은 날 밤에 누군가 와서 돈이나 음식을 주고 가기도 하고, 최근에는 누가 낡은 집을 선물해줬어요. 많은 분의 기부와 기적 같은 도움으로 지금 그 집을 부수고 1층은 남자아이들, 2층은 여자아이들, 3층은 스태프들이 묵을 집을 짓고 있어요. 아직도 건축을 마치기까지 많은 돈이 부족하지만, 하느님의 뜻대로 완공될 거라 믿어 의심치 않아요."

나는 즉시 작은 결단을 내렸다.

"에니스, 사실 오늘 1월 10일은 제 생일인데요, 아주 적은 금액이지만 보육원 건립에 천 달러를 보탤게요."

"세상에……."

그녀는 말을 잇지 못했다.

"이건 기부가 아니라 나 자신에게 주는 선물이니까 고마워할 필요는 없어요. 제가 이렇게 건강하고 행복하게 살아 있고 누군가에게 조금이나마 나눌 수 있다는 것만으로도 축복이고 행복이니까요."

우리는 한참 동안 포옹을 했다. 몇 달 후 그녀는 보육원이 완공되었다며 사진을 보내왔다. 아이들의 환한 표정이 무척이나 행복해 보였다. 얼마나 많은 귀한 마음이 이 아이들의 보금자리를 만들어준 것일까 생각하니 가슴이 따뜻해졌다.

삼대에 걸쳐 반복되는 비극을 이제는 끝내고 싶다는 엘사와 상처받은 영혼들을 거둬들여 새로운 삶으로 바꾸어가는 에니스를 보며 나는 깨달았다. 사랑이 시한부의 열정이라면, 그 사랑의 결과로 남는 가정, 자녀, 그리고 그들이 함께 나누는 인생은 평생 진행형이라는 것을. 사랑에는 크나큰 책임이 따르기에 내 이기적인 욕구만을 채우기 위해 누군가를 만나는 것은 위험하다. 나도 당신도, 스쳐 지나가는 한 사람 한 사람 모두가 사랑으로 태어나 사랑받기 위해 살아가는 소중한 존재이니까.

그녀는 한 송이
꽃이었어요

♥

제목: 사랑에 빠져본 적이 있나요?

안녕하세요, 저는 전 세계를 여행하며 사랑 이야기를 수집하는 한국인 작가입니다.

사랑에 빠져본 적이 있나요?

그 사랑 때문에 인생이 바뀌었나요?

사랑 때문에 여러 난관을 극복해본 적이 있나요?

사랑에 실패한 이후 인간적으로 성장했나요?

아니면 평생 잊지 못할 사연을 가지고 있나요?

혹시 이 중 하나라도 해당한다면, 그 이야기를 저와 함께 나눠보

시면 어떨까요? 당신의 소중한 경험은 더 많은 사람이 더 행복하게 사랑할 수 있도록 영감을 줄 것입니다.

인터뷰는 영어 또는 스페인어로 가능하며 평균 1~2시간 정도 걸립니다. 원하시면 익명으로 하거나 개인정보를 보호해드립니다. 관심 있으신 분은 연락해주세요. 감사합니다.

김수영 드림

본격적으로 사랑에 관해 인터뷰해야겠다 결심했지만, 누구를 인터뷰해야 할지 막막했다. 꿈을 인터뷰할 때만 해도 길거리를 지나는 사람을 붙잡아서도 했지만, 사랑처럼 개인적이고 내밀한 이야기를 아무나 붙잡고 해달라고 할 수도 없고, 주변에 수소문해도 사적인 부분이라 다들 모르겠다고만 했다. 그래서 자발적으로 이야기를 해줄 사람을 찾고자 여러 인터넷 커뮤니티에 글을 올렸다.

인터뷰이를 찾을 수 있을까 조마조마했는데 생각보다 많은 이들에게 연락이 와서 다양한 이야기를 들을 수 있었다. 그들은 카메라 앞에서 눈물을 흘리며 가슴에 묻어둔 이야기들을 풀어놓았다. 그러면서 마치 정신과 의사에게 상담을 받은 것처럼 가슴이 후련하다고 했다.

"내 이름은 맥스예요. 난 사랑에 빠졌었죠. 아니, 아직도 그 사랑에서 벗어나질 못하고 있어요."

오늘은 보디빌더 같은 덩치 큰 근육질의 남자가 나를 만나자마자 눈물이 그렁그렁한 채로 손을 바들바들 떨고 있다. 에콰도르계 미국인인 맥스는 워싱턴의 부동산 회사에서 일하던 평범한 회사원이었다. 그는 회사를 그만두고 남미를 여행하다 3년 전 메데인에 도착해 살 집을 구하던 중 데비를 만났다.

데비가 맥스에게 아파트를 보여주러 언덕에 오르는데, 맥스의 눈에는 마치 태양이 데비만을 비추는 것 같았다. 이야기를 나누다 보니 에콰도르에 둘 다 아는 친구가 있었다. 맥스는 당장 그 친구에게 전화했고, 며칠 후 그 친구가 콜롬비아로 놀러 와 셋이 함께 어울리며 친해졌다.

얼마 후 그 친구는 데비가 갈라파고스의 한 바에서 일하고 있다고 귀띔해주었다. 맥스는 보트 투어를 하는 친구가 초대했다는 핑계로 갈라파고스에 갔는데 운명의 장난인지 그 친구가 다쳐서 병원에 입원하게 되었고, 데비는 에콰도르 정부의 일시적인 술 판매 금지로 일자리를 잃었다. 그래서 두 사람은 친구의 보트를 타고 갈라파고스섬 곳곳을 돌아다녔다.

"갈라파고스는 정말 세상에 하나밖에 없는 특별한 곳이에요. 그 풍경, 자연, 바다, 그리고 수많은 야생동물...... 우리는 사람의 발길이 닿지 않아 아직 태고의 아름다움을 간직하고 있는 곳들을 찾아다녔어요. 해변에 보트를 정박하고 벌거벗은 채 마냥 걷기도 하고 펭귄과 바다사자를 쓰다듬으며 물속에서 함께 수영했죠.

당신의 사랑은 무엇입니까

맥스의 이야기를 들은 나는 갈라파고스로 떠났다.
야생동물의 천국인 이곳에서 나는
자연 그대로의 평화와 행복을 느낄 수 있었고
다시 사랑할 수 있는 힘을 채울 수 있었다.

우리가 해변에서 사랑을 나누면 잠자고 있던 이구아나가 깨어나고 새들이 우리를 둘러싸고 지켜보기도 했어요. 마치 이 세상에 우리 둘만 존재하는 것 같았죠. 완벽한 평화와 행복을 맛본 천국 같은 45일이었어요."

그의 표정은 천국을 담고 있었다.

"그녀는 어떤 사람인가요?"

"하레 크리슈나를 믿는 히피이자 자유영혼이죠. 돈이나 커리어 따위에는 관심이 없고 사람들의 시선에도 신경 쓰지 않는, 그냥 매 순간순간을 사는 게 가장 중요한 사람이었어요. 나이는 나보다 한참 어렸지만, 훨씬 성숙했고요. 화장하지 않아도 그녀의 구릿빛 피부는 늘 햇빛에 반사되어 매끄럽게 빛났고 할머니의 오래된 옷을 대충 수선해서 입어도 눈부시게 아름다웠죠. 그리고 그녀의 아름다운 긴 웨이브 머리……. 그녀가 머리를 감은 후 빗질도 안 하고 그냥 물기만 툭툭 털어내도 완벽한 웨이브가 생겨요. 매일 아침 그녀가 '올라, 부에노스 디아스(좋은 아침)' 하며 환하게 인사할 때마다 난 살아 있다고 느꼈죠. 매일 아침 일어나 내 곁에 잠들어 있는 그녀를 보면서 이 꿈 같은 현실을 믿을 수가 없었어요."

컴퓨터를 도난당해서 그녀의 사진이 많이 없다며 안타까워하던 그는 아쉬운 대로 휴대전화에 몇 장 남지 않은 사진을 보여주겠다더니 수백 장을 보여준다. 데비는 사진으로만 봐도 긍정적인 에너지와 건강미가 넘치는 매력적인 미인이었다.

갈라파고스 여행 후 몇 번의 엇갈림 끝에 6개월 후에야 다시 만난 두 사람은 콜롬비아, 베네수엘라, 브라질 곳곳을 여행하며 크고 작은 모험을 함께했다. 그렇게 5개월간 24시간을 함께 보내며 모든 것을 공유했다.

"우린 아무 말 없이도 서로의 마음을 읽었어요. 그냥 내가 미소를 짓고, 그녀가 가만히 미소를 짓고, 그러다 서로의 마음을 읽은 것처럼 머릿속에 있는 이야기를 하는 거예요. 참 신기한 일이죠."

그토록 완벽하게 통했던 두 사람에게 한 가지 차이가 있었다. 바로 식성. 채식주의자인 데비를 위해 육식주의자인 맥스는 채식을 시도했지만 16일 이상 버티지 못하고 그녀 몰래 고기를 먹었다.

그런데 아무리 그가 샤워와 양치질을 철저하게 해도 그녀는 그의 몸에서 동물의 에너지가 느껴지고 키스할 때 혀에서 고기 맛이 난다며 바로 알아차렸다. 특히 대부분 메뉴에 고기가 들어가는 브라질에서 상황은 더 악화되었다. 그녀는 스테이크나 치킨을 볼 때마다 눈을 떼지 못하는 그에게 실망했다. 이런 싸움들이 이어지며 완벽했던 관계에 균열이 생기는 것을 참을 수 없었던 두 사람은 결국 헤어졌다.

사랑하는 사람보다 먹는 것이 우선인 것은 인간의 본성인 걸까. 아니면 그 차이를 극복할 수 있을 정도까지는 사랑하지 않았던 걸까. 한 아르헨티나 남자는 사랑하는 여자 때문에 이스라엘 텔아비브까지 갔다. 언어와 문화가 익숙하지 않았던 첫해에는 그녀의 도움을 받으며 히브리어를 배웠고, 두 번째 해에 다행히 그가 취업해서 삶의 기반을 꾸릴 수 있게 되었다.

그런데 어느 정도 살 만해지자 두 사람의 라이프스타일이 발목을 잡았다. 저녁을 6시에 먹어야 하는 여자와 밤 10시에 먹어야 하는 남자는 이 문제로 계속 다퉜고, 이런저런 오해가 쌓이며 '우리는 안 맞는 것 같다'는 결론을 내리고 헤어졌다. 이렇듯 세상에서 가장 어려운 역경도 극복케 하는 사랑은 때로는 가장 사소한 차이에서 무너지기도 한다.

맥스와 데비가 헤어진 지도 벌써 1년 반. 하지만 그는 지금까지 매일 그녀를 생각한다.

"갈라파고스에 있을 때 그녀는 아침에 제일 처음 보이는 꽃을 꺾어 머리에 꽂았어요. 난 그때마다 '그녀가 더 아름다운 꽃인데' 하고 생각했었죠. 난 이제 그녀가 그리워서 미칠 때마다 나가서 꽃을 사 와요. 그럼 그녀가 마치 내 곁에 있는 것 같아요. 그녀는 여전히 내 마음속 매일 피어나는 한 송이 꽃이에요."

데비를 보낸 후 여러 여자를 만난 맥스의 현재 여자 친구는 미스 콜롬비아 출신의 모델이다. 하지만 그는 매일 아침 눈을 뜨기 전 지금 옆에 잠들어 있는 여자가 데비였으면 좋겠다는 생각이 든단다. 현재 여자 친구에게도 마음을 주려고 노력하지만 그게 잘 안된다고.

'사랑이 다른 사랑으로 잊혀지네'라는 노래 제목처럼 사람들은 이별의 아픔을 잊기 위해 다른 이성을 만나는 것만큼 효과적인 방법은 없다고 말한다. 하지만 헤어진 연인에 대한 마음 정리가 완전히 되지 않은 상태에서는 다른 사람을 만나봤자 상대방에게 완전히 몰입할 수 없다. 머리로는 새로운 사람이 여러 면에서 좋다고 생각해도 가슴에서 밀어내기 때문이다. 최악의 경우 다른 누군가에게 또다시 상처를 줄 수도 있다.

맥스는 자신과 데비는 끝난 게 아니고, 다시 만날 운명이라며 그녀가 보낸 이메일을 하나하나 읽어주었다. 휴대전화를 붙들고 눈물을 참지 못하던 그가 단호하게 말했다.

"우리는 곧 다시 만날 거예요. 이제 내가 그녀를 찾아 나서야죠. 그녀를 다시 만나면 종교도 식습관도 미련 없이 바꿀 거예요."

"맥스, 사랑이 뭐라고 생각해요?"

그의 목소리가 가라앉는다.

"사랑은 설명할 수 없어요. 그냥 느끼는 거죠. 수영 씨가 말해줄래요? 사랑이 무엇인지?"

마치 엄마를 잃은 아이처럼 부들부들 떨고 있는 그에게 나는 더해 줄 말이 없었다.

"저도 아직 모르겠어요. 그래서 이렇게 사랑을 수집하고 다니는 거겠죠."

메데인에서의 일정을 마치고 카리브해 연안에 있는 카르타헤나로 날아갔다. 어느덧 콜롬비아에서의 마지막 밤. 아름다운 밤바다를 걸으니 새삼 혼자라는 사실에 가슴이 허전했다. 아무리 아름다운 곳을 가고 맛있는 음식을 먹어도, 혼자는 재미가 없다. 바다가 내다보이는 테이블에 앉아 촛불을 켜놓고 저녁을 먹고, 누군가와

한 송이 꽃과 같았던 그녀를 잊지 못하는 맥스는
사랑을 정의해 달라고 하자 이렇게 되물었다.
"사랑은 설명이 불가능해요.
수영 씨가 말해줄래요? 사랑이 무엇인지?"

손잡고 이 푹신한 모래밭을 걷고 싶은데……. 이런 생각에 빠져 있는데 휴대전화에서 이메일 알람이 울렸다. 갑자기 인터뷰가 잡혀 서둘러 약속 장소인 레스토랑에 도착한 순간, 앗, 이게 꿈인가 생시인가. 이제까지 콜롬비아에서, 아니 이번 여행에서 본 남자 중 가장 잘 생긴 남자가 나를 기다리고 있는 게 아닌가. 큰 키에 검은 머리와 검은 눈동자, 굵은 저음의 목소리, 넓은 어깨와 근육질의 몸매가 드러나는 얇은 셔츠에 정장 바지를 입은 하비에르. 보고타 출신으로 나보다 두 살 어린 그는 막 카르타헤나로 이직을 한 변호사였다.

"카르타헤나로 온 지 3주 만에 처음으로 밖에서 먹는 저녁 식사네요. 아는 사람이라곤 회사 동료뿐이라 매일 회사, 헬스, 집만 왔다 갔다 했거든요. 이 도시에서 누군가와 함께하는 첫 번째 저녁 식사를 이런 미인과 하게 되어 영광입니다."

나야말로 이런 훈남과 저녁을 함께 먹다니, 그를 고용해서 카르타헤나까지 오게 해주신 매니저님께 감사 인사를 보내고 싶을 정도였다.

아직 내 스페인어는 미숙하건만 그와는 왜 이렇게 이야기가 잘 통하는 걸까? 4남매 중에 둘째라는 것도, 엄마가 독실한 천주교도라는 것도, 휴대전화기 모델과 색까지 우린 공통점이 많았다. 농담으로 엄마가 천주교 믿는 남자를 만나라고 재촉한다고 하자 당장 우리 엄마를 만나러 가겠단다. 레스토랑이 너무 시끄러워서 우리는 저녁을 먹은 후 루프탑 라운지에서 인터뷰하기로 했다. 카리브해에서 불어오는 시원한 바람, 밤하늘에 빛나는 별과 달, 그리고 아름다운 밤바다가 내다보이는, 완벽하게 로맨틱한 곳이었다. 이 사람의 과거 이야기를 듣는 게 좋을까 잠시 고민했지만, 이미 이야기는 시작되었다.

그녀의 이름은 실비아. 5년 전, 막 공부를 마친 스물 일곱살의 풋내기 변호사였던 그는 다섯 살 연상의 대학강사인 그녀에게 미친 듯이 빠져들었다. 하지만 그녀의 마음은 그렇게 깊어 보이지 않았다. 두 살 된 딸이 있는 이혼녀인 그녀는 그가 너무 어리다고, 그래서 뭘 모른다고 말하며 거리를 두었다. 불안한 그가 더 사랑해달라고 요구하다 말다툼이 이어졌고 그녀는 헤어지자 말했다.

수없이 매달린 끝에 그녀가 만나주기로 한 날, 그는 보고타의 한 고급호텔을 빌려 촛불을 켜서 로맨틱한 분위기를 조성하고 두 사람의 관계를 새로 시작하자 했지만, 그녀의 답변은 예상과 달랐다.

"미안하지만 난 너와 더 이상 진지한 관계를 유지할 생각이 없어. 하지만 네가 정 원한다면 섹스파트너로는 만나줄 수 있어."

충격에 그의 영혼이 갈기갈기 찢겨나가는 느낌이었다. 심지어 자살까지 생각했던 그는 2년 동안 주말마다 술에 취해 애꿎은 친구들에게 술주정을 부렸다. 5개월의 그 짧은 만남은 5년이 지난 지금까지도 그를 붙잡고 있다.

"매일 고통, 분노, 그리움이 섞인 복잡한 감정으로 하루하루를 보냈지만 내가 왜 그렇게 그녀에게 빠져버렸는지 모르겠어요. 여러 이유를 추측해봤지만 사랑은 머리로 하는 게 아닌 것 같아요.

그냥 내 마음이 미쳐버린 거죠. 아직도 수많은 의문이 내 가슴을 떠나질 않아요. 그녀는 왜 그런 제안을 한 걸까요? 나는 왜 아직도 그녀에 대한 미련을 끊지 못할까요?"

전형적인 엄친아인 하비에르는 살면서 실패한 경험이 그리 많지 않았을 것이다. 특히 자기 좋다는 여자들은 수도 없이 만났겠지만, 그런 그가 처음으로 깊게 마음을 준 여자는 그녀가 처음인지라 안절부절못했겠지. 한편 이미 결혼과 이혼, 출산과 양육을 모두 겪은 성숙한 그녀에게 그의 미숙한 태도와 불안정한 심리 상태는 인생의 반려자로서는 부족하다 여겨졌을 터이다. 물론 하비에르에게 내가 모르는 다른 상처들도 있을 수도 있지만, 평범한 남자들이 살아오면서 숱하게 겪었을 거절의 경험이 그에게는 너무나 강한 트라우마를 남긴 것 같았다.

이 프로젝트를 진행하면서 놀란 것 중 하나는 남자들이 여자들보다 훨씬 더 실연의 상처에서 벗어나기 힘들어한다는 것이었다. 물론 세상에서 가장 가까웠던 사람과 남남이 된다는 것은 남녀노소 모두에게 고통스러운 일이다. 하지만 여자들은 남자한테 문제가 있어 헤어졌다 생각하는 반면, 남자들은 자기 잘못으로 헤어졌다 생각하며 자신을 원망하고 미련을 떨치지 못하는 경우가 많았다.

미국에서 2달 안에 여자에게 차인 남자 114명을 대상으로 조사해본 결과, 실험 대상의 40%는 의학적으로 우울증에 해당하는 증상을 보였고, 12%는 당장 정신과 치료가 필요한 상태로 판정받았다. 또 일방적으로 이별을 통보받은 남자의 경우 심각하게 자살을 생각하는 비율이 여자보다 3~4배나 높았다.

이별의 고통을 벗어나기 위한 남자들의 대표적인 몸부림이 술과 다른 여자를 만나는 것이다. 하비에르 역시 첫 2년은 술로, 그다음 3년은 여자들로 그녀를 잊어보려 했다.

"실비아를 잊기 위해 수많은 여자와 만나고 헤어졌지만, 그녀들에게는 '난 널 원해te quiero'라고만 말했지 실비아에게 그랬던 것처럼 '난 널 사랑해te amo'라고 말한 적은 한 번도 없어요. 그녀들과 헤어지고 나면 하루 만에 잊히는데 실비아는 아직도 그 자리에 있어요."

헤어진 연인을 잊지 못하는 남자들에게 여자는 '진짜 사랑했던 여자'와 '거쳐 가는 여자' 두 부류로 나눠지는 건 아닐까. 전자가 그들 마음속에 불멸의 여신으로 남는다면, 후자는 그들에게 지금의 허전한 마음을 채워주는 수단일 뿐이다. 후자가 실제로 어떤 여자인지는 상관없다. 그저 남자의 마음 상태 때문에 그녀들은 자신의 가치보다 낮은 대접을 받고, 그래서 이유도 모른 채 상처받고 자존감이 무너진다.

물론 여자들도 깊이 사랑했던 사람과 헤어지고 극복하기가 쉽지 않다. 하지만 여자들은 좋아하는 사람이 생기면 새로운 사람에게 에너지를 쏟지만 남자들은 새로운 사람을 만나도 새 연인에게서 예전 연인의 모습을 찾으려는 공허한 몸부림을 계속한다.

그래서 누군가 그랬다. 여자의 마음엔 의자가 하나 있어 지금 앉

누군가 그랬다.
여자의 마음엔 의자가 하나 있어
지금 함께 있는 사람이 모든 마음을 독차지하지만.
남자의 마음속엔 사랑했던 사람들 수만큼 의자가 있어
스쳐 지나간 여인들 모두가 마음 한구석씩 차지하고 있다고.

아 있는 사람이 모든 마음을 독차지하지만, 남자의 마음속엔 사랑했던 사람들 수만큼 의자가 있어 스쳐 지나간 여인들 모두가 마음 한구석씩 차지하고 있다고.

이야기를 끝낸 하비에르는 후련하다는 듯 나를 바라보며 내 어깨에 팔을 둘렀다.

"아, 이제 좀 가슴이 시원해요. 오늘 밤 나와 함께 시간을 더 보내는 건 어때요? 이 특별한 순간을 지속하고 싶어서 그래요. 이대로 수영 씨를 보내면 평생 후회할 것 같아요."

난 허탈한 웃음이 났다. 처음 만났을 때 하비에르에게 호감을 가진 건 사실이지만 실비아의 이야기를 듣고 나니 이미 이 사람과 연애를 한번 했다 끝낸 느낌이었다. 연애를 시작할 때의 설렘과 불타오르는 열정, 그리고 헤어짐의 아픔과 몇 년의 집착까지 모든 감정을 1시간 동안 압축해서 느끼다 보니 이성으로서의 설렘은 이미 공중에 흩어져버린 것이다.

설령 설렘이 남아 있다 하더라도 그의 마음속에서 여신이 된 실비아를 내가 이길 리는 없고 그의 수많은 '거쳐 가는 여자들'의 목록에 한 줄 더 추가될 뿐이겠지.

나는 내 어깨에 놓인 그의 팔을 얌전히 내려놓고 정중히 제안을 거절했다. 택시를 타고 숙소로 돌아오는 길, 씁쓸한 웃음이 났다. 흑심을 품었으면 인터뷰를 포기하던가, 인터뷰할 거면 가슴 설레지 말았어야 했는데. 콜롬비아에서의 마지막 밤이 그렇게 저물어가고 있었다.

내가 그의
이상형이 되려면

♥

365개의 산호섬으로 이루어진 산블라스 제도. 에메랄드빛 바닷물이 출렁이는 이곳에 오게 된 것은 카르타헤나의 항구에 정박한 수많은 요트를 바라보다 즉흥적으로 내린 선택이었다. 이 여행을 막 시작했을 때만 해도 아무 의욕도 없었는데 다시 모험심이 발동한 것이다.

설레는 마음으로 콜롬비아에서 파나마까지 5박 6일간 항해하는 50피트의 모노헐 요트에 승선했다. 가격이 저렴해 반신반의했는데, 역시나 자동조종장치가 고장 나서 하루 늦게 출발한단다. 다음 날 새벽 몸이 흔들린다 싶더니 배가 항구를 떠나고 있었다. 끝내 자동조종장치를 못 고친 모양인지 선원인 리카르도가 담요로 온몸을 칭칭 감고 손으로 직접 항해를 했다.

첫 이틀간은 파도가 너무 높아 배가 좌우 45도 정도 움직이는 것 같았다. 너무 심하게 흔들려 '아, 이렇게 죽는 건 아닐까' 하는 공포에 사로잡힐 정도였다. 웬만해선 뱃멀미를 하지 않는 나지만 머리가 아프고 구토가 났다. 배가 너무 흔들려서 가만히 앉아 있어도 몸이 여기저기 부딪히니 이틀 내내 계속 누워 있어야만 했다.

이틀간의 거친 항해 끝에 하얀 모래밭에 야자수가 섬을 빙 둘러싼 케이크 같은 모양의 첫 번째 섬이 보였다. 에메랄드빛 바다를 수영해 섬에 도착하니 불가사리와 게와 소라가 천국에 온 것을 환영한다고 말해주는 듯했다.

밤이 되자 천국은 더욱 눈부셨다. 슈퍼문의 빛이 출렁이는 바다에 반사되어 환하게 빛났고, 나다니엘이 얘기해준 플랑크톤의 생체 발광현상으로 바다는 형광으로 물들었다. 밤하늘에 반짝이는 별빛과 시원한 바람, 철썩이는 파도. 이 로맨틱한 곳에 나 혼자 있다는 게 아쉬울 뿐이었다. 특별한 한 사람과 바닷속으로 들어가 달빛을 온몸으로 맞고 싶다. 입술까지 차오르며 넘실대는 파도에 몸을 맡기고.

내가 이렇게 바다의 아름다움을 즐기고 있는 동안 배 안에선 여러 번 소동이 벌어졌다. 엔진이 몇 번이나 말을 안 듣더니 급기야 자욱한 연기를 내뿜으며 타버렸고, 닻을 내렸는데도 배가 표류해 다른 배와 부딪칠 뻔했다. 다시 닻을 내려야 하는데 바닥이 고운 모래라서 고정은 잘 안 되고, 1시간 동안 밑바닥을 여기저기 헤집고 나서야 겨우 닻을 내리고 배를 고정할 수 있었다.

이렇게 위기가 닥칠 때마다 문제를 해결한 건 선장이 아닌 선원리카르도였다. 전형적인 바다 사나이인 그는 웃통을 벗고 담배 한 대 입에 물고 기름때 묻혀가며 배의 엔진을 고치거나 모터보트를 타고 바다 물살을 가로질렀다. 그러다가도 여유가 생길라치면 맛있는 바닷가재를 요리해 짜잔 하고 나타났다. 그가 손재주가 좋은 데는 이유가 있었다.

"열일곱 살 때부터 히치하이크로 남미 전역을 여행했어요. 그다음엔 런던으로 건너가 온갖 궂은일을 하며 돈을 벌고 영어를 공부한 후 유럽 곳곳을 여행했죠. 보고타로 돌아와서는 사진작가로 일했는데 어느 날 소매치기를 당해 카메라를 포함한 모든 장비를 잃고 말았어요. 사진작가가 카메라를 잃는다는 건……. 끝이죠. 뭐.

그래서 바다로 와서 새로운 삶을 시작했어요. 거친 파도와 싸우고, 보다시피 이렇게 말 안 듣는 엔진을 고쳐가면서 24시간 일을 해야 하니 힘들기야 하죠. 하지만 매일매일 한계에 도전하면서 살아 있다는 느낌을 받아요. 그리고 무엇보다 난 꿈이 있거든요. 사랑하는 여자와 나의 보금자리가 될 보트를 사서 이 바다를 집 삼아 같이 오손도손 사는 거요. 집이 좀 작으면 어때요, 세상에서 가장 큰 수영장이 있는데."

"멋져요. 사랑하는 분은 어떤 분이에요?"

"스위스에 사는 변호사예요. 오늘 아침에 그녀는 눈이 소복한 거리 사진을 보내며 법원에 가는 길이라 하더군요. 그래서 전 카리브해의 사진을 보냈죠. 우린 사는 곳도, 사는 방법도 무척 다르지만 서로 사랑하고 있어요."

이틀 간의 거친 항해 끝에 365개의 산호섬으로 이루어진 환상의 목적지 파나마령 산블라스 제도에 도착했다.

"그렇게 멀리 떨어져 있으니 힘들겠어요."

"힘들죠. 보고 싶다고 해서 바로 볼 수 있는 게 아니니. 마음 같아선 하루빨리 그녀와 함께 있고 싶지만, 아직 미래도 불확실하고요. 그래도 너무 그 생각에만 몰두하면 내 주변에 있는 행복을 놓칠 수 있으니, 지금 이 순간을 즐기는데 충실해야죠."

리카르도의 말에 정신이 번쩍 들었다. 나야말로 수많은 꿈을 이루고 오랜 시간 꿈꿔왔던 여행을 하고 있는데, 한 사람의 마음을 못 가졌다고, 사랑하는 사람을 아직 못 만났다고, 지난 반년간 마치 무언가를 상실한 사람처럼 살아왔지 않은가.

무엇이든 할 수 있는 건강과 자유가 있고, 매일 내가 하고 싶은 걸 하는 만큼 나 자신의 행복을 스스로 결정할 수 있었는데······.

사랑이 중요한 건 틀림없지만, 사랑 외에도 중요한 99가지를 가지고도 그 한 가지가 없다고 슬퍼하면서 순간순간을 충실히 살지 않았다니.

세일링을 마치고 파나마시티의 한 부티크 호텔에 짐을 풀었다. 물론 이런 호텔에 묵는 건 자주 있는 일은 아니지만 며칠간 좁은 배에서 거친 항해를 감내한 나 자신에게 주는 선물이다. 지난 6일간 샤워도 제대로 못 해 바닷소금에 절어 있는 몸을 거품을 가득 채운 욕조에 담갔다. 10여 년 전만 해도 열 명이 같이 자는 도미토리나 야간버스 외에는 선택할 수 있는 숙소가 없었는데, 이런 여유를 가질 수 있다는 사실에 감사했다. 그동안 열심히 살아온 증거인 것 같아 가슴이 뿌듯했다.

사랑 외에도 중요한 99가지가 있을 수 있음을 알려준
바다 사나이 리카르도에게
사랑이란 지구를 움직이는 것

하지만 넓디넓은 방을 바라보자 다시 한숨이 나왔다. 이 좋은 곳에 또 나 혼자네. 적극적으로 사람들을 만나고 다녀도 부족할 판인데 이번 여행에선 유난히 혼자만의 시간을 많이 보냈다. 물론 여행 중에 새로운 것들을 접하며 마음이 열려 있을 때는 누군가를 만나기가 쉽다. 낯선 곳에서 낯선 사람과 함께일 때, 모든 감각이 고도로 예민해지며 소소한 일상도 특별하게 여겨진다. 시간이 한정되어 있기에 모든 것이 운명적으로 느껴지는 홀리데이 로맨스는 매혹적이지만, 곧 떠날 사람에게 마음을 깊게 주기는 쉽지 않다. 설령 그렇다 해도, 두 사람의 물리적 거리는 곧 멀어질 테고, 거리가 멀어지면 마음도……

욕조에서 이런저런 생각을 하다가 잠이 들어버렸다. 차갑게 식어버린 물에서 온몸을 덜덜 떨면서 일어나 샴페인까지 준비된 호화로운 아침을 먹다가 문득 이런 생각이 들었다.

'이 멋진 여행과 행복한 인생을 함께할 그 사람도 어디에선가 나를 찾고 있지 않을까? 그래, 그 사람을 좀 더 적극적으로 찾아보자. 모임도 많이 나가고, 사람들에게 부탁해 소개팅도 해보는 거야.'

에콰도르 키토에 도착한 나는 친구들이 주선한 소개팅도 하고, 매일 이런저런 모임에 나가 다양한 사람들도 만났다. 덕분에 오토바이 마니아라는 그래픽 디자이너와 한 번도 사랑해본 적이 없다는 프로그래머와 데이트를 했지만 둘 다 영 재미가 없었다. 연달아 시간 낭비를 하고 나니 허탈했다. 터프가이와 모범생, 너무 다른 스타일의 두 남자를 만난 걸 보니 내가 어떤 기준도 없이 아무나 만나면서 시간과 에너지를 낭비하고 있는 건 아닐까?

아무나.

바로 그거였다. 내가 아직 짝을 못 찾은 이유! 어떤 사람을 만나서 어떻게 사랑을 하고 싶은지에 대한 아무런 기준도 없이 어디선가 운명의 남자가 나타나길 기다리고만 있었던 것이다. 누가 나에게 이상형을 물어보면 뭐라고 대답했더라?

"턱시도를 입어도 멋있고 등산복을 입어도 멋있는 남자요."

막연히 외모만 강조하는 이 기준은 무엇인가. 기준이 없다 보니 일관성 없이 사람을 대해왔다. 여러 명에게 대시를 받아 우쭐해 있을 때는 정말 인품이 훌륭한 사람을 만나도 외모가 부족하다는 이유로 무시했고, 외롭고 절박할 때는 내게 관심을 보이는 아무나 붙잡았다.

꿈에 대해서는 사소한 것까지 적어 목록을 만들고 그 목록에 있는 목표 하나하나 끊임없이 도전해온 내가, 왜 사랑할 사람에 대해서는 한 번도 제대로 생각해본 적이 없었던 걸까? 인생에서 최악의 선택은 아무것도 바라지 않는 것이라고, 아무 생각 없이 살다 보면 어느덧 원치 않는 삶에 휘둘리게 된다고 누누이 강조하던 내가 아니었던가.

그럼 내가 사랑할 당신은 어떤 사람일까? 그 사람의 어떤 면들이 중요할까? 소위 '조건'이라 부르는, 일반적으로 사람들이 따지는 키, 나이, 학벌, 직업, 재력 따위는 글쎄……. 키는 158cm인 나보다만 크면 되고, 법적 나이보다는 정신연령이 너무 차이 나지 않

| 이상형의 덕목별 중요도 |

분류	특징	설명	중요도
성품	긍정적 태도	늘 긍정적으로 생각하고 주어진 상황에서 최선의 방법을 찾는 사람	5
	감사	지금 이 순간의 소중함을 알고 매사에 감사하며 현재진행형으로 사는 사람	5
	성숙함	실수와 실패를 통해 성장했으며 내면의 깊이가 있는 사람	4
	자존감	자기자신을 사랑하고 주변 상황에 휘둘리지 않는 중심이 확고한 사람	4
	공감능력	다른 사람의 아픔을 이해하고 헤아리며 배려할 줄 아는 사람	3
	겸손과 여유	늘 겸손하고 예상치 못한 상황에서도 여유와 유머를 잃지 않는 사람	3
	가정적	가족을 우선으로 놓고 가족의 행복을 위해 노력하는 사람	2
외모 및 건강	건강	몸과 마음이 건강한 사람	4
	환한 미소	늘 밝게 웃고 당당한 모습이 매력적인 사람	3
능력	꿈	명확한 꿈들을 가지고 있고 그것에 열정적으로 도전하며 사는 사람	5
	소통능력	자신의 생각과 감정을 편안하게 표현하고, 갈등 상황에서도 침착하게 소통할 수 있는 사람	4
	지식	직간접적 경험을 통해 폭넓은 지식을 갖추고 호기심이 많은 사람	2
라이프 스타일	내면을 중시	휴식과 비움의 중요성을 알며 명상 등을 통해 꾸준히 내면을 들여다보고 가꾸는 사람	3
	자유로운 삶	시간과 장소에 있어 유연하며 언제든지 배낭을 싸서 함께 떠날 수 있는 사람	2
	활동적	춤, 등산, 스쿠버다이빙, 세일링, 요가 등 다양한 액티비티를 즐기는 사람	1

으면 된다. 학벌? 학교보다는 경험을 통해 쌓은 지혜가 더 중요하지 않을까. 재력? 빚만 없으면 되지. 이혼남도 상관없다. 전 부인과 면담(?)을 해볼 수만 있다면.

그보다 훨씬 더 중요한 것은 그 사람의 꿈, 건강한 몸과 건전한 정신, 그리고 늘 감사해 하고 긍정적으로 생각하는 성품 아닐까? 고민 끝에 나는 만나고 싶은 이상형의 덕목들을 최대한 자유롭게 적고 항목별로 중요도를 점수로 정리해보았다(5가 가장 중요하고 1이 가장 덜 중요한 것).

목록을 다 만들고 나니 왜 남자를 못 만났는지 알겠다. 내가 원하는 남자는 지금 어딘가에서 자신의 꿈을 위해 도전하고 있거나 운동을 하거나 외국어를 공부하고 있거나 등산을 하고 있는데, 난 엄한 파티에서 술을 마시면서 이런 남자를 찾고 있었던 것이다. 이상형을 정리하고 나니 어느 책에서 본 수피의 일화가 생각났다.

"자네는 어떻게 한 번도 결혼하지 않게 되었나, 나스루딘?"
"글쎄. 사실을 말하자면, 나는 일생동안 완전한 여성을 찾아다녔지. 이 여자 저 여자를 만나면서 바로 이 사람이다 싶으면, 늘 무엇인가 부족한 게 있었어. 그러던 어느 날 드디어 찾던 여성을 만났다네. 그 여자는 아름다웠고 지적이었으며 포용력이 있고 친절하여 우리 두 사람은 모든 면에서 공통점을 갖고 있는 듯이 보였어. 실제로, 그 여자는 완벽했지."
"그렇다면 무슨 일이 있었나? 왜 그 여성과 결혼하지 않았나?"

"사실을 말하면, 불운하게도, 그 여자 또한 완전한 남성을 찾고 있었다네."

내 목록의 남자가 실제로 존재한다면 그는 나뿐만 아니라 다른 모든 여자들에게도 이상형일 것이다. 나로서야 내가 세상에 하나뿐인 가장 특별한 존재지만 그 사람 입장에서 나는 지구의 절반 중 한 명이니 좀 더 객관적일 필요가 있다. 내 이상형의 남자에게 나 역시 이상형의 여자가 되려면 어떤 노력을 해야 할까?

| 이런 짝을 만나기 위해 나는…… |

- 상대방에게 바라는 모든 것을 내가 먼저 갖춘다. 특히 꾸준한 운동, 미소, 긍정적 태도, 순간을 즐기는 자세, 겸손함, 상대방에 대한 배려 등을 발전시킨다.
- 완벽한 사람은 없다는 사실을 인식하고 만나는 사람마다 장점을 먼저 본다.
- 이상형 항목 중 3개 이상 해당한다면 그 사람을 긍정적으로 검토해 본다.

그렇다. 나 혼자 마냥 방바닥에 누워 컴퓨터나 들여다보며 이상형의 남자를 기다릴 게 아니라, 운동을 좋아하는 남자를 만나려면 나도 열심히 운동하고, 인생을 즐길 줄 아는 남자를 만나려면 나도 내 방식대로 인생을 즐기면 되는 것이다. 그래야 그 남자가 나타났을 때 당당히 만날 수 있지 않겠는가? 그렇다면 그 사람을 만났을 때, 어떻게 사랑할 것인가에 대해서도 미리 생각해보기로 했다.

- 서로 다른 배경에서 수십 년간 자라온 다른 인격체이자 사회적 존재라는 사실을 인정한다.
- 각자의 시간과 공간을 존중하되 함께 있을 때는 100% 서로에게 집중한다.
- 함께 꿈 목록을 만들고 서로의 꿈을 이해하고 지원한다.
- 사랑을 받기보다는 주는 데서 행복을 느낀다.
- 이 아름다운 지구를 함께 탐험하며 인생의 소중한 순간들을 함께 나눈다.
- 소소한 일상에서부터 인생의 중요한 결정까지 늘 소통하고 공유한다.
- 힘든 일이 있을 때일수록 옆에서 위로해주고 함께 헤쳐나간다.
- 의견이 대립하더라도 차분한 목소리로 서로를 존중하며 대화하고, 갈등은 그날 안에 푼다.

이렇게 이상형과 그를 만나기 위해 내가 할 노력, 그리고 그를 만나 어떻게 사랑할 것인지까지 정리하고 나니 모든 것이 명확해졌다. 이제 남은 것은 나 역시 준비된 사람이 되기 위해 노력하고, 그런 사람을 만났을 때 알아볼 수 있는 혜안을 갖추고, 두려움 없이 마음껏 사랑하는 것이다.

불교에는 '시절인연'이라는 말이 있다. 사람, 일, 소유물, 깨달음 등 유형과 무형 일체의 만남에는 모두 때가 있다는 가르침이다. 아무리 만나고 싶어도 시절인연이 무르익지 않으면 지천에 두고도 못 만나고, 아무리 만나기 싫다고 발버둥을 쳐도 때를 만나면 기어코 만날 수밖에 없다는 것이다.

그러니 조급해하지 말고 나의 내면을 성숙시켜나가야지. '혼자라서 외롭다'고 생각할 게 아니라 '혼자서도 충분히 행복하다. 이 넘치는 행복을 다른 누군가에게도 나눠주고 싶다'라고 생각하면서 말이다.

아우렐리우스의 《명상록》에서도 그러지 않았던가. "네 마음은 네가 자주 떠올리는 생각과 같아질 것이다. 영혼은 생각에 의해 물들기 때문이다." 때가 되면 그를 만날 터인데 지금 당장 그가 내 곁에 없다고 행복하지 않을 이유가 없다. 난 혼자서도 행복하고 그를 만나서도 행복할 것이다.

사랑의 카르마

♥

"인도 사람이 어떻게 에콰도르까지 왔어요?"

중절모를 푹 눌러쓴 신사는 침묵했다. 그리고 두 눈에 눈물이 고였다.

"나는 인도와 태국 사이 안다만해의 니코르바 제도 중에서도 트링켓섬 출신이에요. 전기도, 수도도 없는 그곳에서 물고기를 잡아먹고 코코넛과 파인애플을 따 먹고 사는 원시 부족이었죠. 안다만해를 덮친 쓰나미로 우리 부족이 모두 사라졌고, 내가 유일한 생존자예요. 난 더 이상 인도에 돌아갈 곳이 없어요."

나는 할 말을 잃었다. 쓰나미가 인도를 비롯해 태국, 인도네시아, 스리랑카 등 안다만해 연안국을 강타하고 20만 명의 목숨을 빼앗았던 2004년 12월 26일, 존도 그날 가족들을 잃은 것이다.

1980년 7월 10일, 그의 기억은 아내를 처음 만난 날로 거슬러 올라갔다. 그는 부족 중 처음으로 본토에 가서 공부하게 된 학생이었다.

개강 첫날, 존은 책을 들고 복도를 걷다가 야생 고양이처럼 마구 뛰어가던 한 여학생과 부딪쳤다. 그녀 손에 있던 책이 얼굴로 날아와 그는 코피가 터졌다. "죄송해요. 수업에 늦어서 급하게 가다 보니……"라고 말하는 그녀의 얼굴이 참 예뻐 보였다. 그가 코피를 닦으며 "저 코피 나게 하셨으니 커피 한잔은 사주실 거죠?" 하고 묻자 그녀는 고개를 끄덕였다. 그 첫 데이트 이후 두 사람의 인연은 24년간 지속되었다.

"그녀는 무척 아름다웠어요. 평생 그녀 같은 사람을 만난 적이 없죠. 그녀는 내가 말하지 않아도 내 마음을 읽었고, 무엇이 날 행복하게 하는지 알았어요. 물론 여느 커플처럼 싸울 때도 있었지만 혹시나 싸우게 되면, 그날 잠들기 전까지는 꼭 화해했죠. 그래서 어떤 날은 밤새 화해를 하고 새벽에 잠이 들었어요."

대학을 졸업한 존은 인도 공군에 입대해 조종사가 되었고 세 번의 전쟁에 참전했다. 1987년 분리독립을 요구하는 타밀 타이거와 스리랑카 정부의 내전에 평화유지군으로 보내진 존은 다섯 명을 죽였고 자신도 총알을 맞아 코뼈가 내려앉았다. 1988년 몰디브에 쿠데타가 일어나 테러리스트들이 국회의원들을 납치해 인질로 삼았을 때는 인질 구조 작전에 투입되었다. 1999년엔 파키스탄군이 인도 잠무카슈미르주 카르길 지역을 불법 점령하면서 발발한 전쟁에 참전했을 때는 다리뼈가 총알에 완전히 으깨져서 5년간 다리에 철심을 넣고 다녀야 했다.

한편 인류학 박사 과정을 시작한 그녀는 정부의 지원을 받아 원시 부족의 사회적 교류와 문명 개발을 연구하기로 했다. 그녀는 원시 부족이 셋이나 있고, 근처 섬까지 하면 일고여덟 개 부족을 연구할 수 있는 그의 고향 트링켓섬을 연구 대상지로 선정했다.

"트링켓섬에 그녀를 처음 데려간 날이 아직도 눈에 선해요. 그녀는 태어나서 바다를 본 것도, 배를 탄 것도 그날이 처음이라 했어요. 섬에 전화나 우편 같은 현대적인 인프라가 전혀 없다는 사실에 걱정이 많던 그녀가 트링켓섬 해변에 발을 내딛는 순간 얼굴이 환해졌어요. 세상에 둘도 없는 곱고 하얀 모래사장이 우리를 기다리고 있었으니까요."

두 사람은 트링켓섬과 본토를 왔다 갔다 하며 결혼생활을 했다. 그의 할아버지가 남겨준 땅에는 코코넛 나무와 파인애플 나무가 자라고 있었고, 두 사람은 난초를 심으며 이곳에 리조트를 지으면 어떨까 구상하며 행복해했다. 아들도 이 섬에서 태어나 자랐다.

2004년 12월, 아내의 생일이기도 했던 크리스마스에 존의 가족은 배를 타고 근처 코모르타섬에 가서 저녁 식사를 했다. 그는 가족들을 트링켓섬에 내려준 후 26일 새벽 5시 헬리콥터를 타고 니코르바섬의 포트 블레어로 돌아왔다. 잠시 후 6시 20분에 9.3리히터의 첫 번째 지진이 있었고, 15분 후 10m 높이의 쓰나미가 덮친 트링켓섬은 바다 밑으로 열흘간 잠겨 있다 떠올랐다. 그의 가족뿐 아니라 트링켓섬에 살던 모든 사람이 사라졌다.

그날부터 존은 3년간 인도, 태국, 인도네시아, 스리랑카, 싱가포르, 말레이시아의 병원 영안실과 화장터 등 쓰나미 희생자가 있는 곳을 다 찾아다니며 시신이라도 찾으려 했지만, 아무것도 발견할 수 없었다.

그 후 5년간 사는 게 사는 것이 아니었다. 그러다 일본에 건너가 3개월간 히로시마의 평화공원에서 정원의 잡초를 뽑는 봉사 활동을 한 것이 그의 삶의 터닝 포인트가 되었다.

"손가락이나 발가락 등이 없는 생존자들은 내게 많은 것을 가르쳐주었어요. 자신의 몸을 이렇게 만든 미국을 미워할 만도 한데 그들은 전혀 그러지 않았죠. 오히려 일본이 저지른 악행 때문이라고 받아들이는 그들을 보며 나도 언제까지 이렇게 눈물 속에서 비참하게 살 수는 없다고 결심했어요. 질병과 기형을 가지고 태어난 그들은 한 번도 사랑할 기회가 없었지만, 난 사랑할 수 있었으니까요. 적어도 사랑했다 잃은 것이 한 번도 사랑하지 못한 것보다는 감사한 일이잖아요. 그래서 새로운 삶을 살기로 했어요."

일본에서 돌아온 그는 공항에서 일을 시작했지만 슬픈 기억으로 가득한 인도에 더 이상 있을 수가 없었다. 그래서 유럽계 석유회사의 항공유 자문으로 일자리 제의를 받자 인사팀에게 인도에서 가장 먼 곳으로 보내 달라고 요청했고, 에콰도르의 수도 키토로 오게 된 것이다.

한편 쓰나미로 잃은 가족을 미친 듯 찾아 헤매고 다니던 당시 존은 몸에 이상을 느껴 병원에 갔다가 중증 외상 후 스트레스 장애 PTSD라는 진단을 받았다. 약간의 위험이 감지되거나 조그만 일에도

"사랑했다 잃은 것이 한 번도 사랑하지 못한 것보다는 감사한 일이잖아요. 그래서 새로운 삶을 살기로 했어요."

정상인보다 10배 이상의 아드레날린이 분비되어 심장에 과도한 자극이 왔다. 의사는 그가 15년 후부터는 증세가 거의 통제 불가능한 상태가 될 것이며, 그 이상은 살기 힘들 것이라고 했다. 그게 10년 전이니 앞으로 살날이 5년 남았다고 존은 담담하게 말했다.

　유독 심각한 그의 증세를 완치할 치료 방법은 없고 그나마 진정제 종류의 약물치료가 임시방편이라고 한다. 말 그대로 임시로 증세를 완화하는 것일 뿐이라, 그는 시한폭탄 같은 몸을 지니고 살고 있다. 사랑하는 아내와 아들, 친척까지 잃고 시한부 인생이 되다니⋯⋯. 어떻게 이 모든 일이 한꺼번에 일어날 수 있는 것인가.

나는 카르마에 대해 생각해본다. 카르마는 불교에서 말하는 업
業과 같은 말로, 인도에서는 카르마를 우주가 진행되는 근원적인
원리로 여긴다. 사랑에도 카르마가 있다는 사실을 이 프로젝트 중
에도 몇 번이나 확인할 수 있었다. 일례로 친구의 여자 친구를 빼
앗았던 한 남자는 그녀가 자신의 또 다른 친구와 눈이 맞아 떠난
후에야 자신이 친구에게 평생 용서받지 못할 죄를 저질렀다는 것
을 깨달았다.

매 순간 선택에 의해 삶이 결정되고 우리는 그 행위의 결과가 돌
고 도는 윤회의 수레바퀴 아래 놓여 있다. 군인이었던 존은 자신의
판단이 아닌 국가의 명령에 따라 주어진 역할을 한 것이고 그가 살
려낸 사람도 분명히 있지만, 그의 손에 죽은 사람들과 그로 인해
남겨진 사람들의 아픔이 그에게 벌로 돌아온 것은 아닐까.

에콰도르에 오기 전, 존은 속죄하는 마음으로 스리랑카로 가서
전쟁 당시 그의 총알에 맞아 죽은 다섯 명의 가족을 찾아냈다. 가
족들은 처음엔 존을 만나지 않으려 했지만, 한 NGO의 중재로 만
남이 성사될 수 있었다.

울고 있는 미망인들에게 그는 용서를 빌었다. 그가 그녀들의 남
편에게 적의가 있어 살해한 것은 아니라고, 먼저 총을 쏘지 않으
면 자신이 총을 맞을 상황이었고, 전쟁 중 군인으로서 어쩔 수 없
는 의무였다고, 하지만 당신들의 남편을 살해한 것은 정말 미안하
다고 거듭 사과를 했다. NGO의 도움으로 다섯 가족과 화해한 그
는 매달 월급의 절반을 그 가족들에게 보내고 있다. 아⋯⋯. 이제

그 다섯 가족의 마음도, 그의 몸도 정상으로 돌아왔으면……. 나는 여전히 중절모를 푹 눌러쓴 그에게 물었다.

"아직도 그녀를 생각하나요?"

"평생 그녀를 사랑하는 걸 멈출 수가 없을 것 같아요."

그는 다시 한번 손수건으로 눈물을 훔쳤다.

"많이 외로울 것 같아요."

"외롭죠. 나에겐 더 이상 가족도, 친척도 없고, 친구들도 지구 반대편에 있으니……. 퇴근하고 집에 돌아오면 할 게 없어요. 책을 읽거나 텔레비전을 보거나 하는 것 외에는요."

사랑하는 사람을 바다에 잃고 얼마 남지 않은 삶을 타지에서 외롭게 살아가는 존의 모진 운명은 무엇으로 설명할 수 있을까. 에콰도르에 머무는 동안만이라도 혼자인 그의 친구가 되어줄까 고민했다. 하지만 이토록 절박하게 외로운 사람에게는 잠깐 스쳐 가는 이의 친절조차도 오해의 소지가 있고, 내가 떠나고 나면 더 외로워질 사람은 그 사람이기에 관두기로 했다. 동정에 기반한 호의는 외로움보다 더 잔인한 것이기에.

당신의 사랑은 무엇입니까

첫사랑에서
마지막 사랑으로

♥

해발고도 2,850m. 볼리비아 라파스에 이어 세계에서 두 번째로 높은 수도, 에콰도르의 키토. 가벼운 고산 증세와 두통 때문에 이곳에서 사나흘만 머물려고 했는데 인터뷰와 갈라파고스 일정 때문에 열흘로 연장되었다.

다행히 내가 묵은 안나와 프란시스코의 게스트하우스는 안나의 아들 파비오와 그의 남자 친구, 손자 호아킨, 그리고 장기투숙 중인 외국인 유학생 세 명에 끊임없이 찾아오는 손님까지 늘 사람이 북적북적한 대가족 분위기의 집이라 심심하거나 외로울 틈이 없었다.

안나는 매일 새로운 요리를 먹어보라 권했고 프란시스코는 치안이 좋지 않다며 택시를 태워주거나 목적지까지 직접 데려다주기도 했다. 부모님처럼 푸근하게 날 반겨주는 안나와 프란시스코 커플 덕분에 나는 마음 편히 키토에서 지낼 수 있었다.

머리가 희끗희끗한 두 사람은 서로를 "내 사랑Mi amor", "내 인생Mi vida"이라 부르며 눈만 마주치면 입을 맞췄다. 알고 보니 두 사람은 10대 때 만났던 첫사랑으로, 우여곡절 끝에 40년 만에 사랑을 이룬 커플이었다.

안나는 열다섯 살 때 친오빠의 친구인 열여덟 살의 프란시스코를 만났다. 두 사람은 첫눈에 반해 2년 가까이 사귀었다. 하지만 늘 자기와 시간을 같이 보냈으면 하는 안나의 바람과는 달리 프란시스코가 운동장에서 대부분 시간을 보내는 문제로 종종 싸우다 결국 헤어졌다.

안나는 베네수엘라로 유학 가서 결혼해 딸 파울라와 아들 파비오를 낳고 10여 년을 살다가 에콰도르로 돌아왔고, 어느 모임에서 프란시스코와 우연히 만났다. 프란시스코 역시 가정을 꾸린 상태였다. 20년 만에 만난 두 사람은 친구로 다시 인연을 맺었고, 서로를 가족 모임에 초대하면서 몇 년간 친하게 지내다 연락이 끊겼다.

이후 프란시스코는 사업 실패로 한순간에 모든 것을 잃고 경제적인 문제로 아내와 다투다 이혼했고, 안나 역시 남편의 계속되는 외도로 수년간 고통받다 이혼했다. 혼자가 된 두 사람은 한 모임에서 우연히 재회했다. 둘 다 이혼했다는 사실을 알고 서로의 아픔을 다독여주던 그들은 아직 꺼지지 않은 서로에 대한 열정을 확인했다. 프란시스코는 상기된 표정으로 그 순간을 기억했다.

"어느덧 40대 후반이 된 우리였지만, 그녀가 웃을 때만큼은 내가 좋아했던 열다섯 소녀의 모습 그대로였어요. 순간 가슴이 뛰기 시작하면서 처음 만났을 때처럼 열정이 불붙었죠. 그날 우리는 밤새 키스를 멈출 수가 없었어요."

서로를 향한 열정을 확인했지만, 이혼 후 두 아이를 키우며 아등바등 살아가던 안나가 그에게 마음을 열기까지는 몇 달이 걸렸고, 두 사람이 함께 살기 시작한 이후에도 힘든 일은 계속 생겼다. 전도유망한 사이클 선수였던 프란시스코의 둘째 아들이 사고로 반신마비가 되어 프란시스코는 모든 걸 제치고 아들을 병간호해야 했다. 통통한 몸매가 불만이었던 안나의 딸 파울라는 살을 빼겠다며 마약을 시작했다. 거기다 아들 파비오가 게이라는 사실을 알게 되며 안나는 몇 년 사이 흰머리와 주름이 확 늘었다.

그러나 두 사람은 왜 이런 시련이 한꺼번에 오느냐고 한탄하기보다 서로 의지하는 길을 택했고, 그 과정에서 사랑은 더욱 깊어졌다. 둘 다 이미 젊은 시절에 충분히 실패를 경험했기에 서로의 아픔을 이해할 수 있었기 때문이리라.

크리스티안과 결혼한 파울라는 독한 약을 먹고 있으니 임신은 천천히 생각하라는 부모의 조언을 무시하고 결혼 1달 만에 임신해 호아킨을 낳았다. 호아킨이 두 살쯤 됐을 무렵, 파울라는 다시 마약을 시작하더니 집을 나가버렸다. 충격을 받은 남편 크리스티안 역시 종종 사라지곤 했다.

호아킨은 친가 조부모에게 맡겨졌지만 제대로 보살핌을 받지 못해 안나와 프란시스코가 호아킨을 데려와 키웠다. 다행히 지난 몇 년간 호아킨은 몰라보게 밝아졌고, 안정을 찾은 크리스티안도 이젠 매일 이곳을 찾아와 아빠 노릇을 한다. 하지만 파울라는 여전히 마음을 붙이지 못하고 호아킨을 핑계로 종종 찾아와 돈을 요구한다.

"나 역시 처음에는 난감했어요. 50대 중반에 어린아이를 키우는 건 내가 원했던 게 아니지만, 피 한 방울 섞이지 않은 아이에게 절대적인 사랑을 주면서, 사랑은 주는 것이란 걸 깨달았고 우리 두 사람의 사랑도 더욱 단단해졌죠. 무엇인가를 돌려받기를 기대한다면 그건 사랑이 아니라 거래예요. 파비오가 게이라는 사실 역시 받아들이기 힘들었지만 내가 사랑하는 여자의 아들인 그를 사랑하고, 그를 사랑하는 만큼 그의 남자 친구도 사랑하게 되었고요."

첫사랑과 마지막 사랑의 깊이는 이렇게 다른 걸까. 첫사랑, 그 시절의 사랑은 아름답지만 서투르다. 모든 게 낯설고 흥분되고 혼란스럽다. 그 사람의 말 한마디에 온 세상을 다 가진 것 같다가도 내 마음을 몰라주는 그 사람 때문에 서글퍼지고, 슬픈 이별을 떠올리며 비련의 주인공이 되는 상상을 하기도 한다. 이 사랑이 영원하기를 바라지만 그 기대가 하나둘 무너지며 사랑은 분노와 증오로 바뀌고, 고통의 시간이 시작된다. 그렇게 나는 누군가의 어설픈 첫사랑이었고, 당신은 나의 서툰 첫사랑이었다.

그런데 첫사랑은 왜 실패할까? 스위스의 심리학자 칼 융에 따르면 인간은 완전한 자아가 되는 과정에서 무의식적으로 자신의 결함을 외부 대상, 특히 이성을 통해 채우려는 경향이 있는데, 이때 남성의 무의식 속 여성성인 아니마anima와 여성 속의 남성성인 아니

나는 누군가의 어설픈 첫사랑이었고, 당신은 나의 서툰 첫사랑이었다.

무스 animus를 투사한 상대방을 자신의 이상형이라고 착각한단다.

하지만 무의식을 투사한 상대가 실제로 그런 이상적인 남자, 여자가 아니라면? 사랑의 감정은 식어버리고, 어떤 이들은 상대에게 분노하며 비난하기까지 한다. 이렇게 자신의 욕구를 충족시키기 위한 자아 중심적 행위로 첫사랑을 하니 실패할 확률이 높을 수밖에.

이 과정을 통해 자신의 부족한 면을 보완하고 상대방을 있는 그대로 받아들인다면 우리는 인간적으로 성숙해질 수 있다. 반대로 첫사랑의 실패에서 배우지 못하는 사람은 계속해서 이상형을 찾아 헤매며 여러 번의 첫사랑을 반복하게 되는 것이다.

프란시스코는 독한 브랜디를 입에 털어 넣으면서도 표정은 한없이 평온했다.

"내가 수영 씨 나이 때는 사랑이 무엇인지 몰랐어요. 살면서 수많은 여자와 사랑을 나눴지만 그건 순간순간 불붙는 열정을 사랑이라 착각했던 것뿐이었죠. 이제까지 만나온 여자들을 돌이켜 보니 알 것 같아요. 내가 즐거워지고 싶어서, 내 욕구를 채우고 싶어서 누군가를 만나는 건 그 사람을 사랑하는 게 아니라 욕심이라는 걸."

어쩌면 나 역시 이제까지 첫사랑만 해왔던 건 아닐까. 그 사람의 과거와 현재, 미래까지 오롯이 들여다보고 감싸주기보다는 내가 보고 싶은 그 사람의 일부만을 보고 그 사람이 내 환상을 충족시켜 주리라 제멋대로 기대하다 그 사람의 결함에 실망하고, 원하는 만큼 해주지 않는다고 원망하는 낮은 단계의 사랑. 왜 당신은 이런 사람이냐고, 왜 나를 위해 양보해주지 않느냐고 비난하기에 바빴지 정작 그를 위해 내가 무엇을 해줄 수 있을지 생각해본 적이 있었나.

"우리 나이의 사랑이라는 게 그래요. 이미 바람이니 성격 차이니 하는 것은 젊은 시절에 다 겪어봐서 의미 없다는 걸 알아요. 대신 우리는 진정한 친구예요. 서로 사랑한다고 말하지 않아도, 그저 곁에 있어 주는 것 자체가 사랑이라는 걸 알죠. 힘든 시간도 있지만 그건 지나가게 되어 있어요. 그보다는 이렇게 함께 즐겁게 지내는 행복한 순간들이 훨씬 더 오래오래 기억에 남는 거예요."

어린 시절 프란시스코가 자신이 원하는 만큼 시간을 함께 보내

상대를 있는 그대로 받아들이고 무조건 베푸는 것이 사랑이라고 말하는 프란시스코와 안나. 내 마지막 사랑도 저렇게 깊을 수 있다면.

주지 않는다며 떠났던 안나는 사랑이 뭐라 생각하느냐는 내 질문에 이런 답을 주었다. 인생이 내 뜻대로 흘러가는 것이 아니란 걸 알고 나니 자신의 수많은 결함만큼 상대의 결함을 끌어안을 수 있게 되었고, 그의 존재 자체에 감사할 수 있게 되었다고. 결혼, 출산, 양육, 이혼 등 인생의 굵직굵직한 사건들과 온갖 풍파가 그녀를 성장시켰을 것이다. 아, 내 사랑도 성숙해질 수 있겠지. 이제 첫사랑은 그만하자.

　젊은 시절 열정적 사랑에 탐닉했다가 지금은 헌신적 사랑을 하는 프란시스코처럼, 사람이 성장하면서 사랑도 성숙해진다. 자신과 아무 혈연관계도 없는 아이까지 보살필 수 있는 프란시스코는 그야말로 사랑의 궁극에 도달한 것이 아닐까. 자식이 좀 못났어도 부모가 자식을 버리지 않고 무조건 사랑해주는 것처럼, 아무런 기대 없이 자기 자신을 내어 맡기고 사랑을 주는 자체에서 기쁨을 느끼는 것이 진짜 사랑이겠지. 내 마지막 사랑도 저렇게 깊을 수 있다면······.

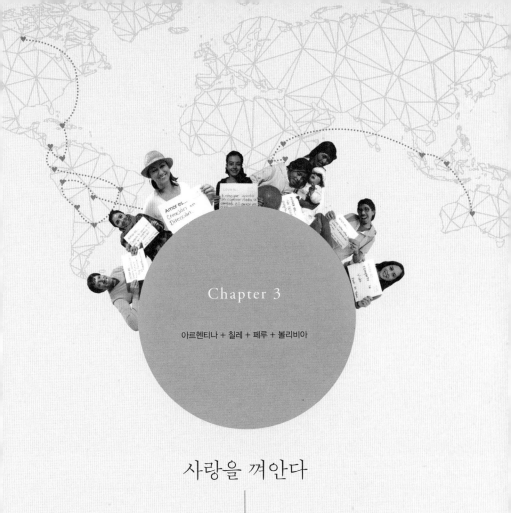

Chapter 3

아르헨티나 + 칠레 + 페루 + 볼리비아

사랑을 껴안다

내 무게중심을 잃지 않으면서
상대방의 움직임에 반응하는 것.
그렇게 같은 방향으로 걷는 것.
혹시나 스텝이 엉겨도 그냥
멈췄다 다시 시작하면 되는 것.
땅고는 그렇게 사랑을 닮았다.

사랑한다면
땅고처럼

♥

내 사랑, 나의 부에노스아이레스Mi Buenos Aires, querida!

6년 만인가? 2007년에 멕시코 여행 중에 만났던 마르코와 엠마 커플의 초대로 2008년에 부에노스아이레스에 왔었으니. 안타깝게 도 두 사람은 헤어졌지만, 두 사람 덕분에 따뜻한 기억이 많아서인 지 늘 돌아오고 싶었던 이곳.

2개월을 보낸 브라질과 아르헨티나는 여러모로 달랐다. 해변에 서 선탠하며 카이피리냐를 마시던 리우와는 달리 도시 곳곳 서점 의 카페 한구석에서 책을 보며 꼬르따도 도블레를 마시거나 노천 카페에서 말벡 와인을 마시는 이곳. 좋은 공기라는 이름의 도시, 부에노스아이레스의 신선한 공기는 가로수와 꽃이 흐드러진 팔레 르모에서 더욱 달콤했다.

내가 이곳에 온 이유는 바로 땅고를 집중적으로 배워보기 위해서! 배에 힘을 주고 똑바로 서서 춤을 추려니 온몸에 힘이 들어가고 팔이 뻐근하고 어깻죽지에서 목까지 쑤셨다. 하이힐을 신는 것도 익숙지 않은데 하루 몇 시간씩 땅고 슈즈를 신고 서 있으니 발과 다리가 퉁퉁 부을 수밖에.

살사는 2주 동안 하루 1시간 개인 강습으로 배운 것만으로도 어느 정도 췄던 것 같은데, 땅고는 하루 서너 시간씩 2주를 배워도 발전이 없었다. 수업에서 테크닉을 배운 것 같아도 막상 밀롱가(땅고 클럽)에 가면 파트너의 스텝을 제대로 따라가기 어려웠다.

나는 새로운 마음으로 새로운 땅고 선생님과 기본부터 다시 시작하기로 했다. 첫 수업에서 선생님은 "땅고가 뭐라고 생각하세요?"라고 물었다. 어안이 벙벙한 나를 두고 선생님은 설명을 시작했다.

"땅고는 아브라소와 까미나다, 즉 남녀가 안고 함께 걷는 거예요. 안는 것과 걷는 것, 둘 다 쉬운 것 같지만 생각만큼 쉽지 않은 일이죠. 땅고는 남자가 여자를 리드하는 춤이니 남자는 자신의 의도를 확실히 표현해야 해요. 갈 건지 안 갈 건지 옆으로 갈 건지 뒤로 갈 건지, 200% 확실하게 상체를 움직여서 온몸으로 신호를 보내야 여자가 100% 알아들어요. 어설프게 90% 전달하면 여자는 그 나머지 10% 때문에 헷갈리다가 스텝이 꼬여 둘 다 무너지죠.

남자가 신호를 보내면 여자는 그에 맞춰 잘 따라가 주는 게 중요해요. 한 동작 했다고 '그다음에 이런 동작을 하겠지? 그럼 이런 테크닉을 구사해야겠어' 따위의 생각을 하기 시작하면 그 사람을

내 무게중심을 잃지 않으면서 상대의 움직임에 반응하는 것. 그렇게 같은 방향으로 걷는 것. 혹시나 스텝이 엉켜도 그냥 멈췄다 다시 시작하면 되는 것. 땅고는 그렇게 사랑을 닮았다.

따를 수가 없어요. 머릿속을 비우고 남자의 작은 신호에 예민하게 반응하면서, 남자가 완전히 무게중심을 옮긴 후에 자신의 무게중심을 옮겨야 하죠. 여자가 너무 빨리 움직이다 무게중심을 잃으면 여자의 무게를 지탱해야 하는 남자가 힘들거든요.

땅고에서 가장 중요한 건 이 사람과 다시 춤추고 싶은 생각이 들게 만드는 거예요. 그러려면 서로에게 편하게 맞춰야 해요. 아무리 테크닉이 좋아도 두 사람의 호흡이 안 맞으면 소용없어요. 설령 상대방이 나보다 수준이 훨씬 낮아도 거기에 맞춰주고 실수하더라도 감싸줘야죠. 스텝이 꼬이면 잠깐 멈춰서 다시 무게중심을 바꾸고 호흡을 맞춘 후 새로운 박자에 시작하면 되고요."

아, 땅고만큼이나 사랑을 닮은 춤이 또 있을까. 두 사람이 서로에게 한 발짝 한 발짝 조심스레 맞춰 움직여야지 한 사람의 일방통행으로는 불가능한 것이 사랑 아니던가. 한 사람이 무게중심을 잃고 다른 한 사람에게 기대면 무거워서 춤을 출 수가 없다. 또 한 사람이 다른 사람을 억지로 밀고 당길 수도 없다.

내 무게중심을 잃지 않으면서 상대방의 움직임에 반응하는 것. 그렇게 같은 방향으로 걷는 것. 혹시나 스텝이 엉켜도 그냥 멈췄다 다시 시작하면 되는 것. 일단 춤을 추기 시작하면 상대가 젊든 늙든 예쁘든 못생겼든 날씬하든 뚱뚱하든 상관없다. 그보다 두 개의 심장이 블루투스로 연결된 것처럼 커넥션을 잃지 말아야 한다. 땅고는 그렇게 사랑을 닮았다.

3주 차에 접어들어 스스로 무게중심을 잡을 수 있게 되자 드디어 경직되었던 팔에 힘이 빠지고 스텝이 훨씬 가벼워지며 춤이 재미있어졌다. 남자의 리드로 내 몸이 100% 조종되는 데서 느껴지는 자유랄까. 상대방이 이끌어주는 대로 배우지도 않았던 스텝들을 밟기도 해 스스로 깜짝 놀랐다. 누군가에게 100% 집중하는 것은 굉장한 정신적인 에너지가 소모되는 일이었지만, 땅고를 추며 매일 몇 시간씩 안겨 있었더니 정서적으로 만족스러운 상태가 유지되었다.

아닌 게 아니라 포옹은 사랑의 화학물질인 옥시토신을 분비시켜 즐거움과 안정감을 주고 긴장과 두려움을 극복하게 해주며 근육을

누군가 그랬던가. 땅고는 네 개의 다리와 하나의 심장이 추는 춤이라고. 사랑도 이런 느낌일까.

튼튼하게 해준다. 거기에 욕구 불만과 불면증을 해소해준다니, 해도 해도 부족한 게 포옹이다. 그러니 우리, 더 많이 안아주자고요.

땅고를 추는 일종의 사교 클럽인 밀롱가는 부에노스아이레스에만 수십 군데가 있는데, 그곳에서는 매일 밤 다양한 파티가 열린다.

밀롱가에 자주 다니는 '밀롱게로'들은 주로 5~60대인데, 할머니뻘의 여성들이 몸매가 드러나는 드레스와 화려한 땅고 슈즈를 신고 멋들어지게 춤을 추는 모습은 얼마나 섹시한지……. 땅고를 추는 순간만큼은 '엄마'도 '할머니'도 아닌 천생 여자인 그녀들의 모습을 넋 놓고 바라보곤 했다. 어떤 밀롱가는 새벽 4시부터 크루 아상과 커피를 아침 식사로 판매하는데, 머리가 하얀 할아버지 할머니들이 그 시간까지 아침을 먹으며 춤을 추는 모습 역시 인상적이었다.

밀롱가에서 춤을 추기 위해서는 그곳만의 룰을 따라야 한다. 바로 딴다와 까베세오이다. 딴다는 춤을 추는 한 '타임'으로, 보통 네 곡으로 구성된 한 딴다 동안에는 한 사람과 춤을 추는 게 일반적이다. 까베세오는 남자가 춤추고 싶은 여자를 바라보다 그 여자와 눈이 마주쳤을 때 남자가 고개를 끄덕이면 여자도 고개를 끄덕이며 춤 신청에 응하고 두 사람이 무대에서 만나 춤을 춘다는 규칙이다.

매 딴다가 시작할 때마다 수십, 수백 명의 사람이 찰나의 순간 까베세오로 파트너를 찾는다. 나는 처음에 그 엄청난 탐색의 시선들이 불편했다. 누가 나를 쳐다보면 어찌할 바를 몰라 고개를 돌려버렸고, 이러면 안 되겠다 싶어 두리번대면 다들 내 시선을 피하는 듯했다.

중요한 건 두 사람의 눈이 마주쳐야 한다는 것. 아무리 세계 최고의 땅고 댄서가 나를 바라보고 있어도 내가 그의 눈을 보지 않으면 기회는 없다. 또 내가 아무리 누군가를 뚫어지게 쳐다보고 있어도 그 사람이 내게 시선을 주지 않는다면 역시 기회는 없다. 눈이 마주친다고 해도 고개를 끄덕이지 않고 시선을 돌려버리면 역시 실패. 그 판단 기준에 대해 한 밀롱게로는 이렇게 설명했다.

"여자가 춤추는 모습을 미리 보지 않은 이상 그 여자의 외모, 의

2004년 세계 탱고대회 살롱 부분 챔피언 코카와 오스발도 커플.
40년 넘게 탱고를 처온 두 사람의 춤은 늘 키스로 시작하고
키스로 마무리한다. 서로를 진심으로 사랑하는 모습이
탱고의 본질과 닮아 있기에 날고 기는 젊은 댄서들을 제친 것이 아닐까.
인터뷰 후 1년이 지난 2015년, 오스발도는 세상을 떠났다.

상, 신발 등으로 그녀가 얼마나 춤을 잘 출 것인지를 가늠하고 까베세오 여부를 결정하죠. 여자들의 반응에도 세 가지 종류가 있어요. 이제 막 밀롱가에 나오기 시작한 하수들은 아이 컨택을 어떻게 할지 몰라 부끄러워하거나 '제발 저 좀 간택해주세요' 하는 절박한 표정으로 바라보니 패스하죠. 중수들은 아이 컨택에 적절히 반응해요. 진정한 고수는 시선이 마주쳤을 때 '네가 날 선택하지 않고 배기겠어?' 하는 자신감 넘치는 여유로운 미소를 지어서 제가 까베세오를 할 수밖에 없게끔 유도하죠."

소위 '작업'도 마찬가지 아닐까. 누군가에게 호감을 얻기 위해서는 매력적이어야 하는 건 당연하지만 그만큼 중요한 것이 바로 '접근 가능성'이다. 아무리 매력적인 사람이라도 자신에게 전혀 관심을 보이지 않거나 다른 데 정신이 팔렸다면 쳐다보다가도 포기할 수밖에. 본인 스스로 철벽을 쌓아놓고 다른 사람이 그 철벽을 넘어와 주길 바라는 건 무리 아닐까.

반면 매력은 없으면서 접근만 가능하다면? 상대방이 나를 매력적으로 보질 않는다면, 늘 그 사람 주변에 머무르며 모든 일에 발 벗고 도와준다 해도 어디까지나 '좋은 사람'으로 남을 뿐이다. 그래서 남자들은 너무 도도해서 말도 걸기 힘든 미인보다 어느 정도 매력적이면서 나와 시선을 마주쳐주는 여자, 내 말에 잘 반응해주는 여자에게 접근한다. 왜냐하면, 남자가 가장 두려워하는 게 거절이니까.

까베세오를 받아들여도 딴다 내내 즐겁게 출 수 있는 사람이 있는가 하면 그 10분의 딴다가 불편하고 견디기 힘든 사람이 있다. 아직 내 실력이 부족해서이겠지만 대놓고 '수업에서 더 배운 후에 밀롱가에 오라'며 면박을 주는 사람과는 더 많은 실수를 하고 '미안합니다'만 연발하다 딴다를 마친다. 반면 실수를 해도 잘 춘다며 격려해주고 내가 할 수 있는 최선을 파악해 맞춰주는 사람과는 춤이 더 잘 춰진다. 그래서 땅고를 두 사람이 주고받는 몸의 대화라고 하나 보다. 마음이 열리는 만큼 몸도 열리는.

하지만 아무리 완벽한 파트너와의 딴다도 10분이면 끝나는 것처럼, 아무리 영원한 사랑을 맹세한다 해도 사랑도 언젠가 끝이 난다. 매 딴다마다 그 사람에게 100% 집중해 춤추는 것처럼, 사랑이 끝났을 때 그에 연연하지 말고 새로운 사랑에 또다시 100% 집중해야 하는 것. 이것이 땅고와 사랑과 인생의 공통점이자 묘미가 아닐까.

웃기는 남자,
웃어주는 여자

♥

부에노스아이레스라는 딴다가 끝나고 나는 토레스 델 파이네 트레킹을 위해 칠레 남부로 향했다. 파타고니아 국립공원 초입에 들어섰을 뿐인데도 카메라만 대면 작품이 되는 멋진 풍경이 곳곳에 펼쳐져 있었다. 언뜻 사슴을 닮았지만, 모가지가 더 길어 슬퍼 보이는 야생동물 과나코가 떼 지어 몰려다녔다. 이름조차 없는 흔한 호수들도 다들 수천 년의 비밀을 간직한 듯 고요히 반짝반짝 햇빛을 반사한다. 배를 타고 건너는 페오에 호수의 물빛은 어쩜 그리도 맑은 에메랄드빛인지.

본격적인 트레킹이 시작되고, 그리 어렵지 않은 루트임에도 새 등산화 때문에 발이 아픈 나는 그룹에서 점점 뒤처졌다. 다행히 가이드와 미국에서 온 50대 커플 데이비드와 테리의 도움으로 그날의 트레킹을 무사히 마칠 수 있었다.

수천 년의 비밀을 간직한 파타고니아의 호수.

그레이 빙하를 향해 가는 호수를 따라 걸으며 다른 커플들은 힘들다고 아무 말 없이 따로 가는 반면 데이비드와 테리 커플은 마치 10대 커플처럼 서로 꼭 붙어 있다. 데이비드는 예쁜 사진을 찍어주겠다고 테리에게 온갖 포즈를 요구하고 그녀는 웃으며 거기에 응해주었다. 그녀가 상큼한 리본 머리띠를 하고 왔기에 "그 머리띠 하시니까 정말 사랑스러워요" 했더니 데이비드가 한술 더 떴다.

"저 사람은 저런 거 없어도 늘 사랑스러워요."

따뜻한 햇볕을 만끽하며 이야기를 나누다가 테리에게 사랑 이야기를 해달라고 졸랐다. 두 사람이 만난 건 38년 전인 1976년. 당시 백화점에서 일하던 테리 밑으로 데이비드가 들어왔단다. 서로 호감이 있었지만 둘 다 만나는 사람이 있어 동료로만 지내다, 두 사람 다 각자의 연인과 헤어진 6개월 후 첫 데이트를 했다.

"첫 데이트first date 후에 뭐가 바뀌었나요?"라고 물으려던 나는 실수로 "첫날밤first night 후에 뭐가 바뀌었나요?"라고 물어버렸다. 그녀는 "그게 그거죠!" 하면서 한참을 웃더니 호쾌하게 답했다. "첫 데이트, 그러니까 첫날밤을 보내고 게임 끝났죠. 뭐. 난 다음 날 짐을 싸서 그의 집으로 들어가 살았어요."

2년 후 밸런타인데이에 데이비드가 반지를 내밀며 청혼했고 두 사람은 결혼했다. 테리가 항공사에서 일한 덕분에 저렴하게 비행기를 탈 수 있어 둘은 시간이 날 때마다 전 세계를 여행했다. 특히 다이빙을 좋아해서 세계 곳곳의 바다를 함께 탐험했다.

"지난 35년간 결혼생활은 어땠어요?"

"오르막 내리막의 연속이라는 점에서 산을 오르는 것과 똑같죠. 수도 없이 위기를 겪었고, 최악의 상황까지 갔을 때는 정말이지 포기하고 싶었어요. 하지만 더 이상 내려갈 수 없을 정도로 바닥을 치면 다시 올라갈 수밖에 없더군요. 그래서 다시 올라가서 그 바닥을 내려다보면 그제야 '아니, 저기서 포기하려 했다니 도대체 내가 무슨 생각을 한 거지?' 하고 정신이 번쩍 들죠. 그걸 몇 번 반복하다 보면 균형 감각이 생겨요."

두 사람은 세 번이나 이혼을 생각했다고 한다. 한번은 구체적으로 어떤 물건을 누가 가져갈 건지 리스트까지 만들었는데 지금은 그때 왜 이혼하려 했는지 기억도 안 난다고. 그 후로도 수도 없이

"지난 35년간 결혼생활은 산을 오르는 것처럼 오르막 내리막의 연속이었죠."

많이 싸웠지만 싸웠던 이유가 도무지 기억이 나지 않는단다.

"싸운 후에 각방을 쓴 적이 몇 번 있었는데 다음날 참 어색하더라고요. 그래서 화가 나도 같은 침대에서 자기로 했어요. 그러면 밤에 서로에게 잔뜩 화를 내고도 아침이 되면 '도대체 어젯밤에 내가 무슨 짓을 한 거지' 하고 정신이 돌아와요. 남자들은 너무 단순해서 생각 없이 말하는 반면에 여자들은 말 한마디 한마디에 혼자 소설을 쓰니까요. 그러니 조금 시간을 두고 열을 식힌 후 이야기하는 게 도움이 되었죠. 이성을 되찾고 나서 서로 사과하고 합리적인 해결책을 찾을 수 있으니까요."

다시 태어나도 그와 결혼하겠다는 그녀는 그가 첫 마라톤을 뛰었을 때를 가장 행복한 순간으로 꼽았다. 그가 얼마나 열심히 준비했는지 아는 만큼 진심으로 그를 응원해주고 싶어서 마라톤 구간을 계속 차로 따라다니며 구간 곳곳에서 치어리더 역할을 톡톡히 했단다.

이제 예순둘이 된 데이비드가 처음 만났을 때처럼 섹시해 보이거나, 온종일 그의 생각이 난다거나 하지는 않는다. 하지만 지난 38년간 가치관과 관심사를 공유하면서 두 사람만의 스토리를 써왔기에 이제는 이 사람이라면 언제든 기댈 수 있다고. 감탄하는 내게 그녀는 꼭 유머 감각이 있는 남자를 만나라고 조언했다.

"우리 두 사람이 지난 세월 수많은 굴곡을 이겨낼 수 있었던 건 그의 유머 감각 때문이었어요. 그는 스스로 망가지는 걸 두려워하지 않았고 그게 날 웃게 해요. 나 역시 내 부족한 모습을 감추려 하기보다는 솔직하게 있는 그대로 드러내고 도움을 청했고요. 결국, 우리 모두는 완벽하지 못한 인간이니까요."

데이비드에게도 이야기해달라고 졸랐다. 항공교통 관제사가 되고 싶었던 그는 공백 기간에 백화점에 들어가게 되었고 그곳에서 테리를 만났다. 2년 동안 동거하다 마침내 공항에 취직이 되어 청혼했단다(그녀는 밸런타인데이라는 낭만적인 날에 청혼했다고 기억하는 반면, 그는 직업적 안정을 찾은 후 청혼했다고 기억하는 것이 흥미로웠다). 하지만 몇 년 후 일자리를 잃고 힘든 시간을 보낼 무렵, 테리의 제안으로 서른이 넘은 나이에 대학에 같이 들어가 학위를 따고 IT 전문가로 커리어를 바꿨다.

둘은 집안일도 최대한 공평하게 하고 주말마다 수영, 등산, 다이

빙 등 스포츠를 함께 즐기며 많은 시간을 함께했다(내가 만난 수많은 행복한 커플들이 이렇게 스포츠와 취미 생활을 함께하고, 몸과 마음이 건강하다는 공통점이 있었다). 지난 35년의 세월에 대해서 그도 그녀와 마찬가지로 산에 비유했다.

"수도 없이 싸웠고 그로 인해 몇 번 헤어질 뻔도 했지만, 싸움의 95%는 별것 아닌 일에 대한 사소한 견해차가 싸움으로 변질된 경우였죠. 그렇지만 그런 거로 언성을 높이며 싸우기엔 우린 서로를 무척 사랑해요. 함께 즐겁고 행복한 시간을 많이 나눴는데 조금 안 좋은 시간이 있었다고 해서 헤어질 수는 없잖아요."

그는 그녀의 마흔다섯 살 생일을 가장 특별한 기억으로 꼽았다. 함께 찍은 사진과 영상, 가족과 친구들의 축하 메시지로 영상을 만들고 모든 이들과 함께 생일을 축하했더니 그녀가 놀라서 말도 못 했단다. 그녀도 그도 상대방이 자신에게 해준 것보다는 자신이 상대방을 기쁘게 해주었던 일을 가장 소중한 추억으로 기억하고 있다는 점이 인상적이었다.

"테리의 어떤 점이 그렇게 사랑스러워요?"

"그녀는 내 어설픈 유머에 늘 웃어줘요. 내성적인 나와는 달리 긍정적이고 발랄하고요. 그리고 그녀는 내 눈에 이 세상에서 제일 아름다운 여자예요. 그녀 나잇대 다른 여자 중에 그녀만큼 예쁜 여자를 못 봤어요."

"젊은 여자들은요?"

"하하하, 그녀들은 바라보기에만 좋지 나와는 아무 공통점이 없

웃기는 남자 데이비드와 웃어주는 여자 테리. 이보다 더 좋은 궁합이 있을까.

잖아요. 테리처럼 대화가 잘 통하고 유머코드도 맞는 사람이 세상에 또 있을까요?"

웃기는 남자와 웃어주는 여자, 이보다 더 좋은 궁합이 있을까? 뉴멕시코 대학의 제프리 밀러 교수에 따르면 여자들은 유머 감각이 뛰어난 남자가 지적으로 뛰어나고 사교적이며 뇌가 잘 작동하는 건강한 유전자를 지녔다고 판단하고, 남자는 유머 감각을 잘 판별하는 여자의 유전자를 훌륭한 유전자로 인식한다. 그래서 여자는 웃기는 남자에게, 남자는 잘 웃어주는 여자에게 끌린다니 데이비드와 테리는 천생연분인 셈이다.

"사실 두 분 모습이 비현실적으로 느껴져요. 저는 부부가 바람을 피우거나 돈 때문에 싸우는 경우를 너무 많이 봤거든요."

"그래요? 난 배우자를 진짜 사랑하면 바람피우는 것은 불가능하다고 생각해요. 우린 부유하진 않지만 한 번도 돈 때문에 싸워본 적도 없고요. 그리고 내 주변에는 행복한 결혼생활을 유지하는 커플들밖에 없는데……. 아무래도 행복한 사람들끼리 서로 끌어당기는 거 아닐까요? 불행한 사람들을 만나면 에너지 소모가 너무 많아 피하게 되더라고요. 그런 사람들과 어울리기에는 인생이 너무 짧아요."

맞다. 모든 인간관계는 상호 영향을 준다. 긍정적인 사람도 부정적인 에너지를 지닌 사람 곁에 있으면 영향을 받지 않을 수가 없다. 부정적인 에너지를 지닌 두 사람이 만나면 상황은 최악으로 치닫는다. 물론 늘 긍정적인 기운으로만 인생을 살기는 힘들지만, 될 수 있으면 좋은 것만 보고 생각하면 인생도 긍정적으로 변하지 않을까?

"다시 태어나도 그녀와 결혼할 거예요?"

"두 번 생각할 필요도 없죠. 그녀는 나의 소울 메이트예요. 친구들에게 못하는 이야기도 그녀에겐 말할 수 있죠. 그만큼 서로 신뢰하니까요."

심리학자 로버트 스턴버그의 사랑의 삼각형 이론에 따르면 사랑이란 친밀감, 열정, 헌신이란 세 가지 요소로 이루어진다. 그리고 이 세 가지 요소가 어떻게 균형을 이루고 있느냐에 따라 사랑의 모습도 달라진다. 내가 인터뷰한 사람 중 실연의 아픔으로 아파하는 상당수가 헌신은 결여되고 친밀감과 열정만이 우세한 '낭만적 사랑'을 했고, 한 사람에게 미친 듯이 열정을 쏟으며 헌신한 이들이 한 사랑은 소위 헌신하다 헌신짝 된 '얼빠진 사랑'에 가까웠다. 그리고 많은 부부가 열정은 시든 채 친밀감과 헌신에만 바탕을 둔 '우애적 사랑'으로 살아가고 있었다. 그래서 친밀감, 열정, 헌신 어느하나 부족하지 않게 균형 잡힌 삼각형을 이루는 '완전한 사랑'은 영화 속에나 등장하는 거라 생각했는데, 그게 현실에 존재한다니.

그런데 문득 궁금한 게 생겼다.

"실례가 안 된다면 첫 번째 부인과는 왜 이혼을 했는지 여쭤봐도 될까요?"

"열여덟 살 때 당시 여자친구가 임신했어요. 1970년대에는 이런 상황에서 결혼 외에 책임질 방법이 없어 열아홉 살에 결혼을 했죠. 고등학교에 다니면서 아이를 키웠고 졸업파티 때도 집에 와서 기저귀를 갈았어요. 그리고 4년 후 이혼을 했어요. 힘든 결정이었지만 아이 때문에 불행한 결혼생활을 지속할 수는 없었으니까요.

이후 양육비도 꼬박꼬박 보내고 나중에는 테리와 함께 정기적으로 아들을 만나러 갔지만, 그게 아들에게는 더 큰 상처가 되었어요. 아이 엄마는 경제적으로 힘들었고 새아버지는 아이에게 잘해주지 못했거든요. 반면에 나와 테리가 행복하게 지내는 모습이 아이에게 불공평하다고 느꼈나 봐요. 난 최선을 다했지만 우린 정상적인 부자 관계가 될 수 없었어요. 40년의 세월이 흐르고 아들도 두 아이의 아빠가 되었지만, 여전히 나를 향한 분노가 남아 있어

멋진 사랑을 꿈꾼다면 오늘은 사랑하는 사람 앞에서 망가져보는 게 어떨까.

마음이 많이 아파요. 그래서 나와 테리는 아이를 갖지 않기로 했어요. 서로에게 더 집중하고 더 행복해질 수 있도록 말이에요."

상상하기 힘든 일이다. 테리에게는 완벽한 소울 메이트인 그가 누군가에게는 실패한 사랑이자 원망스러운 아빠라니……

사람과의 관계는 상대적이라 내게는 평생 욕을 해도 시원찮을 나쁜 사람이 누군가에게는 평생 잊지 못할 고마운 사람일 수도 있다. 반대로 내가 그토록 노력해도 가질 수 없어 몇 년간 가슴 아파했던 그 사람 역시 누군가의 마음을 얻지 못해 고통의 눈물을 쏟기도 한다. 그런 면에서 사랑은 절대적인 역할도, 관계의 우위도 정해져 있지 않은 공평한 게임인 것 같다. 영화나 드라마에서처럼 고

정된 역할이 있는 게 아니라 만나는 사람마다 새로운 역학이 형성되고 다른 역할을 맡을 수 있으니까.

데이비드는 전 부인의 남편이라는, 자신에게 맞지 않는 역할의 시행착오를 거쳐 테리의 남자라는 딱 맞는 역할을 찾았다. 물론 실패의 아픔을 겪고 성숙해진 후 테리를 만나 그 사랑을 완성하려고 더욱 노력했기 때문일 수도 있고.

데이비드와 테리 커플처럼 완전한 사랑을 하려면 내게 잘 맞는 짝을 찾아 함께 행복하고 즐거운 스토리를 만들어가는 것이 중요하겠지. 로맨틱 코미디 영화 같은 멋진 사랑을 꿈꾼다면 오늘 사랑하는 사람 앞에서 한번 망가져 보는 건 어떨까?

사랑중독자들

♥

'총체적 난국.'

미안하지만 칠레의 수도 산티아고에서 만난 스물여섯 살의 파울라 이야기를 들으면서 내가 떠올린 단어였다. 파울라는 열여덟에 학교 선배의 아이를 낳았다. 하지만 아이 아빠는 직업도 없이 마약과 파티에 절어 살며 네 명의 여자에게서 네 명의 아이를 낳고 양육비도 전혀 보태주지 않았다. 혼자 아이를 키워야 하는 삶의 무게와 외로움을 견디기 힘들었던 스무 살, 거식증으로 힘든 시간을 보내던 그녀는 한 웹사이트를 통해 베네수엘라에 사는 마누엘을 만나게 되었다.

마누엘은 자신을 소개하며 수구水球하는 사진을 보내주었는데, 사진 속 그의 외모는 완벽했다. 파울라는 자신을 아껴주는 그에게 감명을 받았지만 어찌 된 일인지 2년간 그는 영상통화를 피하며 음성통화만을 고집했다. 꺼림칙했던 그녀가 그에게 더 이상 연락하지 말자고 했더니 그는 자신의 여자친구가 되어달라며 국제택배로 선물을 보내왔고, 그녀는 그 제안을 받아들였다.

파울라가 베네수엘라로 그를 만나러 가겠다고 하자 그는 사실 사진 속 그 남자도, 스물세 살도 아닌 그녀보다 서른 살 연상이라고 실토했다. 하지만 이미 그 없이 살 수 없었던 그녀는 그를 만나기 위해 아이를 데리고 베네수엘라로 찾아갔다가 또 충격을 받았다. 조카들을 데리고 살고 있다던 그는 사실 전 부인과의 사이에서 낳은 그녀 또래의 딸들과 살고 있었다(나중에 알고 보니 그가 보낸 사진은 그의 딸과 잠깐 사귀었던 브라질 수구 선수 사진이었다). 심지어 직업까지 속였다. 황당했지만 제발 곁에 머물러 달라는 그의 애원을 뿌리치지 못하고 그녀는 그의 집에서 같이 살기로 했다. 두 살이었던 아이는 그를 아빠라 불렀다.

"그래도 같이 있을 때는 나한테 잘해주니 좋았어요. 그의 집은 해변에서 가까웠고 그와 함께 베네수엘라 곳곳을 여행하기도 했고요. 그래서 한참 그에게 빠져 있을 때는 결혼까지도 생각했어요. 지금 생각해보면 미쳤던 거죠."

그녀는 최대한 그의 거짓말을 용서하려 했고, 그가 심리상담을 받도록 했다. 하지만 그의 메일을 몰래 뒤지다 그가 그녀뿐 아니라 아르헨티나, 콜롬비아 등 남미 곳곳의 여자들과 채팅을 해왔다는 것을 알게 되었다. 화가 머리끝까지 난 그녀는 칠레로 돌아가겠다고 짐을 챙겨 공항으로 갔다. 붙잡으려는 그와 실랑이를 하다 그의 가슴 정중앙을 가격했는데, 분노와 증오의 에너지가 실려서일

사랑이란 믿음, 애정, 그리고 상대방을 걱정해주는 것이라 정의한 파울라는 막장 드라마로 끝난 사랑의 롤러코스터에 여러 사람을 태우고 곤두박질쳤다.

까, 그는 3개월간 가슴 통증을 앓았고 그녀는 결국 칠레로 돌아가지 못했다.

어영부영 베네수엘라에서 2년 넘게 그와 살았지만 한번 깨진 신뢰는 다시 회복할 수 없었다. 그와 함께 있는 것이 편하면서도 그의 거짓말을 떠올리면 화가 치밀어 올랐고 그의 말들을 쉽사리 믿을 수가 없었다. 거기다 그의 딸들과도 사이가 좋지 않았고, 그에게 전 부인에게 주는 위자료를 반만 주라고 했다가 전 부인에게 고소까지 당했다. 그 와중에 파울라는 맨 처음 그가 보낸 사진 속 브라질 수구 선수의 연락처를 알아내 그와 영상통화를 하기 시작했다. 마누엘 역시 그녀의 이메일을 몰래 뒤져 이 사실을 알아내고 그녀가 바람피운다며 노발대발했다.

두 사람의 관계는 더 이상 회복 불가능했고, 결국 그녀는 아들을 데리고 칠레로 돌아왔다. 이후 이 사람 저 사람을 만나 데이트를 하고 심지어 브라질에 가서 그 수구 선수까지 만났지만, 그녀는 마누엘만큼 자기를 아껴주고 사랑해주는 남자를 찾을 수 없었다. 인연을 완전히 끊지 못한 두 사람은 매일 통화하면서도 싸운다. 그녀를 보러 오겠다고 그가 항공권을 끊어놨다가도 전날 밤 싸우면 다시 취소하고, 그렇게 1년간 버린 항공권만 여러 장. 그러다 그는 실업자가 되어 항공권을 살 돈마저 없게 되었다.

"이젠 정신 차리고 내 생활에 집중하려고 애써요. 일하랴 공부하랴 애 키우랴, 몸이 열 개라도 모자라지만 한 푼이라도 더 벌기 위해 마누엘과 무역업도 준비하고 있고요. 하지만 그와는 일 얘기만 하려고 해요. 우리 두 사람 얘기를 시작하면 짜증만 나니까. 앞으로 거짓말하는 인간은 절대 안 만날 거예요. 차라리 독수공방하고 말지……."

인터뷰하며 도무지 이해가 안 가는 사람이 몇 명 있었는데 그녀도 그중 한 명이었다. 물론 많은 사람이 사랑에 빠지면 사리 분별이 어려워지는 데다 부정적인 감정은 긍정적인 것보다 강렬하기 때문에 원치 않은 부정적인 감정에 휩싸이기 쉽다. 그런데 그녀는 거기에 한술 더 떠서 굳이 알려 하지 않으면 모를 일들도 들쑤셔 온갖 음모와 반전의 드라마를 만들어냈다. 분명 마누엘의 거짓말은 잘못된 것이었지만, 적당한 시점에 끊어버렸으면 그와 여러 사람을 자신이 만든 감정의 롤러코스터에 태워 막장으로 곤두박질치지는 않았을 것이다.

에콰도르의 안드레아 역시 그런 롤러코스터에 올라탔다가 추락한 후 아직도 극복하지 못하고 있었다. 남편의 외도로 이혼하고 일곱 살짜리 아이를 혼자 키우는 그녀는 감성적인 시인의 블로그에 코멘트를 단 것을 계기로 그와 교제를 시작했다. 두 사람은 만나자마자 강렬한 교감을 나눴고, 금방 죽고 못 사는 사이가 되어 열정을 불태웠다. 만난 지 얼마 되지 않아 서로의 가족과 친구들도 소개해줄 정도로 두 사람은 서로의 미래에 확신을 했다.

그렇게 사귄 지 1년쯤 됐을까. 그녀는 우연히 그의 휴대전화에서 다른 누군가와 사랑한다고 주고받은 메시지를 보고 당장 그 여자에게 전화를 걸었다. 수화기 너머의 그녀는 그와 사귄 지 3년 되었고 그의 아기를 임신 중이라고 했다. 양다리를 부정하던 그는 그 여자의 임신 사실을 알자 아이를 포기할 수 없다고 했다.

안드레아는 당장 헤어지자고 했지만, 그는 미친 듯이 매달리며 그녀를 붙잡았다. 하지만 그와 연락이 안 될 때마다 임신한 여자친구와 있는 건 아닌지 집착과 의심으로 정신을 차릴 수 없었던 그녀는 신경쇠약과 불면증으로 매일 밤 수면제를 먹어야 했다. 결국, 임신한 다른 여자친구는 낙태를 하고 그를 떠나갔다. 두 사람은 다시 만났지만, 문제가 해결된 것은 아니었다.

안드레아는 수시로 그가 어디서 무엇을 하는지 추궁했고, 이 문제로 수도 없이 싸웠다. 크리스마스에도 똑같은 이유로 싸우고 나서 걱정된 그녀가 그의 형에게 전화했더니 남자 친구는 술 마시고 뻗어 있다고 하더란다. 가족들을 뒤로하고 전속력으로 운전해서

스스로를 사랑하지 않기에 자신의 존재를 증명해줄 사람을
끊임없이 필요로 했던 사랑중독자와 2년간 만나며 만신창이가 되어버린
에콰도르의 안드레아. 그럼에도 불구하고 그녀는
사랑이란 '인간을 특별하게 만드는 것'이라 정의했다.

당신의 사랑은 무엇입니까

그의 집으로 찾아갔지만, 그녀의 눈에 들어온 것은 다른 여자와 침대에 누워 있는 그의 모습이었다. 그는 울면서 집을 뛰쳐나가는 그녀에게 또 매달렸다. 침대에 있던 여자를 먼저 버스에 태워 보낸 후에.

그렇게 못 볼 꼴을 숱하게 보고도 두 사람은 2년이나 만났다. 안드레아의 친구들은 다들 미쳤다고 했지만, 그와 함께 있는 순간만큼은 무척이나 달콤하고 짜릿했다. 무엇보다 그는 그녀를 필요로 했고, 그가 매달리는 순간은 마치 영화처럼 애절했다.

그러다 어느 순간 그녀는 정신을 차렸다. 두 사람이 아무리 괜찮은 척해도 괜찮지 않다는 것을, 이미 신뢰가 깨진 상황에서 더는 사랑을 유지할 수 없다는 것을 깨달은 것이다. 안드레아는 조용히 그를 떠났고 그는 곧바로 예전 여자친구 중 한 명과 일사천리로 결혼을 진행했다. 그 소식을 들은 안드레아는 허망할 따름이었다.

누가 봐도 그는 혼자 있는 걸 견디지 못하는 심각한 애정결핍을 앓고 있었다. 자기 자신을 있는 그대로 사랑하지 않기에, 자신의 존재를 증명해줄 여자가 끊임없이 필요했던 거다. 그래서 늘 양다리, 문어발다리를 걸치고 있으면서도 상대방이 떠나려고 하면 동정심에 호소해 간절히 매달렸다. 그러면 마음이 약한 여자들은 상대가 자신을 필요로 한다는 기분에 심취해 이런 파괴적인 연애를 지속하고, 그렇게 비련의 여주인공 코스프레는 계속된다.

이 프로젝트를 하면서 나는 이런 사랑중독자들을 많이 만났다.

그들은 분명 좋지 않다는 걸 알면서도 그 순간의 쾌락을 잊지 못해 몸과 영혼을 파괴하는 마약 같은 사랑을 한다. 앞의 두 사람처럼 심리적으로 문제가 있는 사람들만 그러는 게 아니다. 보통 사람들도 일시적으로 상황이 힘들거나 외로울 때는 누가 됐든 곁에 있는 사람으로 진통제 삼아 붙들고 싶어진다. 하지만 그런 상황에서는 좋은 사람을 만나기도 어렵고, 설령 좋은 사람을 만났다 해도 절박한 마음에 자꾸 기대다 보면 상대방이 부담스러워할 수밖에 없다.

콜롬비아에서 만난 요한나는 에콰도르 여행 중 우연히 만난 아르헨티나 남자와 사랑에 빠져 부에노스아이레스에 가서 그와 행복한 시간을 보내고 왔다. 이후 할머니의 죽음, 아버지의 병환, 직장에서의 해고 등으로 고통스러운 시간을 맞게 되자 그녀는 그에게 더욱 의존하게 되었다. 처음엔 전화와 채팅으로 그녀를 위로하던 그는 점점 연락이 뜸하다 싶더니 결국 이별을 통보했다.

그녀는 "어떻게 사랑이 변할 수가 있죠? 사랑한다면 내가 힘들 때일수록 옆에서 더 지켜줘야 하는 거 아닌가요?"라며 폭풍 눈물을 쏟았지만, 그로선 겨우 두 번 만난 그녀가 자신에게 전적으로 의존하려는 것이 많이 부담스러웠을 것이다. 물론 각종 어려운 일이 겹친 것이 그녀 잘못도 아니고 힘들 때 사랑하는 사람에게 기대고 싶은 건 당연한 심정이지만, 그럴 때일수록 자신의 힘으로 추스르는 것이 중요하다.

사랑이 그대를 속일지라도 슬퍼하거나 노여워하지 말라. 모든

"사랑한다면 힘든 때일수록 더 지켜줘야 하지 않을까?"라고 반문했던 요한나.

인간관계는 결국 작용-반작용의 상호작용이고, 연인이 온갖 문제를 일으켜 막장 드라마를 찍더라도 거기에 함께 출연한 나에게도 분명 책임이 있다. 그럴 때일수록 타인과의 연애를 잠시 그만두고 나 자신과 연애를 하면서 잘못된 사랑중독을 끊는 것도 방법이다.

뉴욕에서 뮤지컬 수업을 함께 들었던 스페인 출신의 친구 나탈리아가 그랬다. 빨리 결혼해서 아이를 가져야 한다는 강박관념을 갖고 있던 그녀는 만나자마자 "나 당신과 결혼할 것 같아"라고 말한 남자를 운명의 남자라 확신했다. 그녀는 고등학교를 중퇴하고 변변한 직업도 없는 그를 아빠 회사에 취업시켜주고 자신의 아파트에 데려와 먹여주고 재워주며 모든 생활비를 부담했다. 심지어 그의 빚도 갚아주고 라식수술도 시켜주고 자동차까지 사주었다.

우울해하던 그녀가 행복해하는 모습을 보며 그녀의 부모 역시 결혼을 수락했고, 그녀는 결혼식과 신혼여행 비용을 직접 결제했다. 하지만 정작 자격지심과 열등감에 사로잡힌 그는 결혼식 준비를 전혀 돕지 않았다. 오히려 다른 남자를 만나는 건 아닌지 의심하며 휴대전화를 뒤지고, 그녀가 친구들을 만나러 가는 것도 허락하지 않았다. 싸움이 계속되자 그는 결혼식 1달 전 짐을 싸서 나가버렸다.

"왜 그런 사람을 사랑했어요?"

"난 그를 사랑했던 게 아니라, 누가 됐든 사랑할 사람이 필요했던 것 같아요. 지난 10여 년을 내가 아닌 남들을 위해 살아왔거든요. 내 꿈도 포기하고 엄마를 수발하고, 가족들을 위해 헌신하고……. 누군가에게 기대지 않았다면 미쳐버렸을지도 모르죠. 그래서 열여덟 살 때부터 연애를 쉬어 본 적이 없었어요."

뮤지컬 배우의 꿈에 도전하기 위해 뉴욕으로 온 그녀는 연기 수업을 통해 잊고 있었던 상처들을 끄집어냈다. 어린 시절 툭하면 아빠에게 맞았던 기억, 열여섯 살 때 무장강도 사건을 겪은 후 무서워서 학교도 못 갈 정도로 그녀를 짓눌렀던 공포, 10여 년을 매일 으르렁거리며 싸웠던 부모님, 이혼 후 우울증 환자가 되어 스스로 식사와 샤워조차 할 수 없었던 어머니를 10년 넘게 수발한

당신의 사랑은 무엇입니까

일……. 그렇게 용기 내어 자신의 상처를 드러내고 눈물을 펑펑 흘린 그녀는 점점 밝아졌고, "태어나서 처음으로 날 사랑해보기로 했다"라며 웃었다.

사랑이라는 이름으로 상대방에게 집착하는 마약 같은 사랑도, 상대방에게 기대어 지금 당장 힘듦을 덜어내고픈 진통제 같은 사랑도 결국 자아를 피폐하게 하고 공허함만 남긴다. 대신 자신과 상대방의 상처를 꺼내어 치료하고 서로를 다독이는 상호보완적 관계라면, 설령 헤어진다 하더라도 자아가 한 뼘 더 자라는 보약이 될 수 있다.

단, 보약을 먹기 전엔 중독을 끊어야 한다. 물론 정서적 금단 현상이 나타나겠지만 이는 마음속 독소가 빠져나가는 과정이니 그 기간 나를 먼저 사랑하며 마음의 근육을 단련시키는 게 어떨까?

인생의 파도를
함께 타는 법

♥

"파도가 닥쳐오는 그 순간, 나와 바다가 하나가 돼. 그 순간만큼은 파도에 100% 집중하느라 다른 생각을 할 틈이 없어. 찰나의 명상이라고나 할까. 그 몰입의 중독에서 벗어나지 못해서 무거운 보드를 들고 바닷속으로 들어가 몇 시간씩 완벽한 파도를 기다리는 거야."

페루 리마는 서핑할 수 있는 전 세계 몇 안 되는 수도이다. 높은 언덕에 자리 잡은 미라플로레스에서 까마득한 절벽 아래를 보면 자기 키만 한 보드를 타고 파도를 즐기는 서퍼들 천지이다. 리마에 사는 친구 로베르토 역시 변호사이지만 서핑을 아주 좋아해서 오전에만 일하고 오후에는 서핑한다. 그를 통해 여러 서퍼들과 어울리게 되었는데, 그중에서도 온 가족이 서핑을 즐기는 리진카의 가족은 단연 인상적이었다.

바닷가 바로 앞에 사는 리진카네는 파도가 높은 날이면 현관문을 열고 바로 파도로 뛰어든다. 파도가 아주 높은 날이면 열다섯 살 난 둘째 아들 이첼은 아예 학교에 가지도 않는다. 서핑하려면 근력이 좋아야 해서 가족이 다 함께 운동을 하니 가족 모두가 모델 뺨치는 몸짱인 데다 열정과 활력이 넘치는데, 리진카 역시 마흔 살 두 아이의 엄마라는 사실이 믿기 힘들 정도였다.

리진카는 열일곱 때 스무 살의 라울을 만났다. 서퍼는 팔자 좋은 게으른 사람이라고 질색하던 당시 그녀에게, 종일 서핑 이야기만 하는 그는 무척 지루했다. 하지만 그의 따뜻한 마음을 알게 된 그녀는 사랑에 빠졌다. 첫사랑이었다.

그녀는 곧 임신했고, 너무 이르다는 주변의 만류에도 불구하고 결혼을 강행한 것이 벌써 22년 전이다. 무작정 결혼은 했지만 어린 부부는 살림살이 하나 없이 침대조차도 남에게 얻어야 했다. 라울은 콜센터에 취직하고 리진카는 애를 키우면서도 아르바이트로 광고 모델 일을 하며 근근이 살았다. 그런 상황에서도 라울은 서핑을 포기하지 않았다. 새 보드를 사는 날이면 침대에 놓고 몇 시간을 부둥켜안고 있기도 했다. 그녀가 싫은 기색이라도 보이면 그는 이렇게 말했다.

"난 당신보다 서프보드를 먼저 만났어. 서핑은 내 첫사랑이야."

주말마다 그가 서핑하러 바다에 나가면 그녀는 그늘도 없는 땡볕의 모래사장에서 애 기저귀 갈고 젖 주고 재우느라 아등바등했다. 수건으로 칭칭 감아놓고 바위 위에 재워둔 아이가 일어나 지겹

페루의 수도 리마의 미라 플로레스. 이곳은 파도를 즐기는 서퍼들로 가득했다.

다고 칭얼대는데 애 아빠는 바다에서 나올 생각을 안 했다. 그녀는 어떻게 하면 아이가 좀 더 오래 해변에서 버틸 수 있을까 고민하다 나중엔 아예 파라솔과 캠핑용 테이블, 의자, 아이스박스 등까지 챙겨 오는 경지에 이르렀다.

　라울은 페루의 해변뿐 아니라 서핑을 하기 좋은 곳이라면 어디든 찾아가고 싶어 했다. 하지만 돈이 없어 비행기가 아닌 장거리 버스를 타고 곳곳을 다녔다. 심지어 아이가 3개월일 때도 이 부부는 배낭에 짐을 바리바리 싸서 버스를 타고 에콰도르에 갔다. 20시간 내내 버스에서 젖을 먹이고 기저귀를 갈면서.

　"돈도 별로 없는데 그렇게 서핑만 하는 남편이 원망스럽지 않았어요?"

당신의 사랑은 무엇입니까

"돈이 없으면 없는 대로 머리를 쥐어짜서 해결책을 찾았죠. 돈 때문에 싸운 적은 한 번도 없어요. 화장실이 고장 나도 사람 부를 돈이 없으니 전기에 배관까지 배워서 직접 고쳤어요. 한번은 어설프게 수도를 고치려다 집안이 홍수가 나기도 했지만요. 그래도 그 상황에서 최대한 즐기며 살았는걸요. 오히려 그때 삶이 단순했는데, 나이가 들면서 돈이 생기니까 선택사항이 많아져 매사가 복잡해 머리가 아파요."

"한창 즐겁게 놀고 파티하고 다닐 나이에 애 낳고 키우는 게 억울하진 않았어요?"

"사람마다 시기가 있는 법이죠. 내가 애 기저귀 갈고 젖 먹일 때 술 마시고 파티 다니던 친구들은 이제 애 키우느라 정신없다며 나를 얼마나 부러워하는데요."

돈이 없어 불편한 상황이 많았지만, 그녀는 이를 긍정적으로 전환했다. 월세를 낼 돈이 없어 허덕이던 중 누가 공짜로 집을 빌려주겠다고 해서 당장 이사를 했다. 하지만 리마 시내에서 1시간 반 거리의 집이라 매일 출퇴근을 위해 3시간을 버스에서 보내야 했다.

당시 다섯 살이었던 아이는 버스에서 칭얼대기 일쑤여서 그녀는 숫자, 국가와 수도, 외국어 등 온갖 상식들을 동원해 퀴즈 게임을 했다. 매일 그렇게 3시간 동안 뇌를 자극해서인지 첫째 아들은 공부에서 1등을 놓치지 않았다. 지금은 장학생으로 독일에서 유학 중인데 모국어가 아닌 독일어로 공부하는데도 늘 수석을 놓치지 않는다고.

어린 시절 만나 사실상 함께 자라온 것과 마찬가지인 지난 22년, 리진카와 라울 부부를 둘러싼 환경도, 두 사람의 삶의 방향도 끊임없이 바뀌었다. 그녀는 남편이 회사 일로 스트레스를 받고 돌아와도 그의 고충을 전혀 이해하지 못하고 애가 밥을 안 먹고 토한다고 한탄만 했던 주부였다. 하지만 라울이 일자리를 잃자 그녀는 소득이 일정치 않은 모델 일을 관두고 회사에 리셉셔니스트로 취업을 했다. 점점 경력을 쌓고 야간대학 학위까지 딴 그녀는 직장 내에서 성장해 이제는 인사전문가로 일한다. 반면 라울은 일자리를 잃은 후 서핑 강사 겸 아웃도어 전문 가이드로 일하고 있는데, 일이 없을 땐 집에서 살림한다. 두 사람의 입장이 완전히 바뀐 것이다.

"지난 22년 동안 우리 두 사람 다 각자의 속도에 맞게 성장하고 성숙해졌어요. 아무리 우리가 커플이라지만 결국은 두 명의 다른 인격체인 만큼, 가족이라는 바탕 위에 각자의 삶의 역사를 쌓아온 거죠. 물론 그 성장의 속도가 같지 않았지만, 서로를 최대한 이해하며 상대방을 기다렸어요."

그렇게 삶의 파도는 끊임없이 오르내렸지만, 이 가족은 한결같이 주말이면 바다에서 함께 시간을 보냈다. 초반엔 그저 해변에 앉아 애를 보거나 그의 사진을 찍던 그녀도 서핑을 배우기 시작했고 아이들에게도 바다를 가르쳤다. 열심히 모은 돈으로 리마에서는 흔치 않은 바닷가 집도 장만했다.

몇 년 전부터 리진카와 이첼 모자는 스탠드업 패들보트(서프보드 위에서 노를 저어가며 타는 것)에 도전했는데, 이첼은 지금 페루 최고의 패들 보트 선수로 손꼽힌다. 최근 니카라과에서 열린 세계 패들 보트 선수권 대회에는 온 가족이 페루 국가대표로 참가하기도 했다.

주말에는 모자가 리마의 슬럼가 아이들에게 패들 보트를 가르치는 봉사 활동도 한다. 연인 또는 남매처럼 함께 아이들을 가르치는 다정한 모자를 보니 나도 모르게 미소가 지어졌다.

'가족이 있다는 건 이렇게 좋은 거구나. 인생의 소중한 순간들을 함께 공유할 수 있는 평생 친구가 있다는 거니까.'

그녀와 남편은 크고 작은 갈등을 겪어왔지만 두 사람은 여전히 서로의 첫사랑이자 베스트 프렌드로 남아 있다. 나는 그 비결을 물어보았다.

"우리는 서로를 남편, 아내가 아니라 남자 친구, 여자친구로 대하고 데이트를 해요. 연인이라 생각하면 상대가 내게 뭘 해줄까를 기대하지 않고 내가 상대에게 뭘 해줄 수 있을까를 고민하게 되거든요. 그렇다고 거창한 데이트를 하는 건 아니고, 집에서 밥을 먹더라도 촛불을 켜고 와인 한 병 놓는 정도? 무엇보다 대화를 많이 나눠요. 라울은 책을 많이 읽어서 그의 이야기를 듣는 것만으로 정말 많이 배울 수 있거든요. 단순한 열정이나 섹스를 뛰어넘어 이렇게 대화를 많이 나누고 아이를 함께 키운다는 것만으로도 우리 둘은 베스트 프렌드가 될 수밖에 없죠."

"22년간 결혼생활을 하며 깨달은 교훈이 있나요?"

"난 당신보다 서프
보드를 먼저 만났어.
서핑은 내 첫사랑이
야."서핑을 좋아하
는 남편을 따라 온
가족이 서핑을 즐기
게 된 리진카 가족.

174

"첫 번째로 비밀이 없어야 하고, 두 번째로 서로를 신뢰해야 해요. 마지막으로 견해차가 있어도 서로를 존중하고 있는 그대로 받아들여야 해요. 누구 한 사람이 다른 한 사람을 이겨야 할 필요가 없거든요. 사실 우린 성향이 많이 달라서, 서로 다른 점과 비슷한 점의 균형을 맞추려고 해요. 너무 비슷하면 재미없잖아요."

부부가 언쟁하는 모습의 첫 3분만 보아도 이혼 가능성을 94% 정확하게 예측할 수 있다는 존 고트먼 박사는 36년간 3천 쌍이 넘는 부부의 실제 생활 모습을 5년, 10년, 15년 간격으로 추적해 관찰하고 분석했다. 그는 폭력, 외도, 도박 등 아주 심각한 사유이든 치약 짜는 습관 같은 사소한 것이든 부부싸움의 '내용'과는 상관없이 대부분 싸우는 '방식' 때문에 이혼을 한다는 사실을 밝혀냈는데, 그중에서도 최악의 방식 4종 세트인 '비난, 방어, 경멸, 담쌓기'로 소통하는 부부들은 대개 이혼으로 끝난다고 한다.

그가 행복한 부부들의 비밀을 알아내는 데는 좀 더 오랜 시간이 걸렸다. 행복한 부부들은 불행한 부부들보다 일상의 사소한 일에서 '긍정성'을 훨씬 많이 찾는다고 한다. 이들은 긍정적인 상호작용을 부정적인 상호작용보다 20배 정도 더 많이 했는데, 심지어 갈등에 처하거나 다툴 때조차도 긍정적인 상호작용이 다섯 배나 더 많았다.

평소에 긍정성을 많이 쌓은 부부들은 갈등 상황에서도 부정적인 부부들에 비교해 관계의 회복 속도 또한 훨씬 빨랐다. 고트먼 박사는 '작은 일을 조금씩 자주 하라 Small things often'이며 아무리 작은 일이라도 상대에게 호감, 존중, 감사, 배려와 같은 긍정적인 말과 행동을 자주 하면 안정되고 행복한 관계의 달인이 될 수 있다고 조언했다.

그런 면에서 리진카는 패들 보트뿐만 아니라 관계에서도 국가대표감이다. 그녀를 소개해준 로베르토와 그 주변의 서퍼들은 다들 이혼을 했다. 주말마다, 휴가 때마다 바다에서만 시간을 보내는 그들을 견디지 못하고 부인들이 다 떠나버린 것이다.

반면 리진카는 "지금 애 우유 먹일 돈도 없는데 서핑할 기분이 들어?" 또는 "당신은 도대체 뭐가 더 중요해? 나야, 서핑이야?" 같은 말로 남편을 몰아세우거나, 너무 어린 나이에 결혼해 억울하다고 팔자타령을 하는 대신 같이 서핑을 하고 애를 키우며 자신의 커리어를 쌓았다. 또 남편이 실업자가 되었을 때는 하고 싶은 일을 하게끔 지지해주었다.

그러고 보면 누구나 경제적 어려움, 사랑하는 사람의 죽음, 질병, 믿었던 사람의 배신 등의 사건을 겪지만 결국은 그 상황을 어떻게 바라보느냐가 그 사람의 운명을 결정짓는 것 같다. 그럴 때 '왜 나한테만 이런 일이…….'하며 원망하고 좌절하기보다 힘을 합쳐 문제 해결에 집중하는 것이 최고의 방법이 아닐까.

인생이라는 바다에서는 잔잔한 파도가 철썩철썩 부딪힐 때도 있고 쓰나미처럼 거대한 파도가 밀려올 때도 있다. 초보 서퍼는 거대한 파도에 허우적대지만 노련한 서퍼는 파도와 한 몸이 된다. 그러기 위해선 평소에 크고 작은 파도들을 넘나드는 훈련이 필요할 터.
파도가 다가왔을 때 겁먹고 도망칠 것인가, 아니면 파도와 하나가
될 수 있도록 몰입할 것인가.

내 영혼의
씻김굿

♥

나는 죽은 사람의 페이스북을 뒤지고 있었다. 베로니카가 사랑했던 남자 댄. 세계 곳곳에서 찍은 그의 사진들은 그가 모험을 즐긴 자유로운 영혼이었다고 말해주는 듯했다. 무슨 생각이었을까, 난 그 사람에게 친구 신청을 했다. 묘한 기분이 들었다.

열일곱 살이었던 베로니카는 보고타에 갔다가 호스텔에서 중국계 미국인인 댄을 처음 만났다. 그는 스페인어를 잘 못 했고 그녀는 영어를 잘 못 했지만 두 사람은 마음의 언어로 소통할 수 있었다. 그와 이야기를 나눌수록 그녀는 마치 자기 영혼의 일부분과 대화를 나누는 것만 같았다.

얼마 후 그는 메데인으로 왔고, 두 사람은 메데인 곳곳을 구경하고 그녀의 가족과 함께 요리도 하며 1달간 함께 지냈다. 그는 종종 꽃다발을 들고 왔고 그녀가 아플 때 밤새 간호를 해주었다. 두 사람은 서로에게 특별한 감정을 느꼈다. 하지만 베로니카는 나이도, 배경도, 생김새도 너무 다른, 곧 떠날 사람인 그와 사랑에 빠지는 것이 두려워 그의 키스를 거부했다.

얼마 후 그는 서핑하러 콜롬비아 북동부에 있는 해양공원 타이로나에 간다며 그녀를 저녁 데이트에 초대했다. 로맨틱한 데이트를 마치고 헤어지는데 유난히 안녕이라는 말이 싸늘하게 느껴졌다. 그녀는 '앞으로 그를 또 만날 수 있을까'라는 막연한 두려움에 집에 돌아오자마자 주저앉아 울었다.

얼마 후, 그녀가 전혀 모르는 사람들로부터 그를 찾는 연락이 오기 시작했다. 보고타를 거쳐 미국으로 돌아왔어야 할 그가 비행기를 타지 않았다는 것이다. 그녀의 인생에서 가장 길었던 2주 후, 보고타의 미국 대사관에서 연락이 왔다. 그가 카약을 타다 익사했고 파도가 너무 세서 그의 시체를 찾는 데 2주나 걸렸다는 것이다.

"그의 누나에게 전화가 왔어요. 그의 다이어리를 발견했는데 날 정말 사랑한다고 적혀 있었다며……. 그날 얼마나 울었는지 몰라요. 영혼의 일부가 수천 조각으로 부서져 버린, 그래서 마음 한구석이 텅 비어버린 그런 느낌을 아세요? 아마 하느님만이 이 상실감을 이해할 수 있겠지요."

그가 죽은 후 좀비처럼 지내는 딸을 보다 못한 엄마는 그녀를 어느 명상 모임으로 끌고 갔다. 거기서 아주 깊은 명상에 빠져들었을 때 그녀의 눈앞에 댄이 서 있었다. 왜 떠나야 했느냐고 울며 묻는 베로니카에게 그는 "난 떠난 게 아니라 당신의 일부가 되어 존재하는 거야"라고 대답했다.

"그는 타이로나에 가면 내 영혼이 치유될 거라고 했어요. 하지만 난 그가 세상을 떠난 그곳에 갈 용기가 없었죠. 바다는커녕 수영장만 봐도 너무 힘들었으니까요. 하지만 종종 꿈에서 그가 날 물속으로 데려가기에 결국 타이로나에 갔어요. 그곳은 천국처럼 아름답더군요. 용기를 내서 물속으로 들어갔고 바닷속에서 나는 마치 다시 태어나는 것 같았어요.

그때 내 안에 있는 그를 느꼈어요. 수줍고 소심한 소녀는 사라졌죠. 그 후로 난 그가 여행했던 나라들을 다니고 모험하면서 진짜 살아 있다는 것의 의미를 알게 되었어요. 제 방엔 아직도 그의 사진이 있고 5년이 지난 지금도 매일 아침 그와 대화를 나눠요. 그는 늘 내 곁에서 나를 축복해줘요."

"언제까지 그를 붙들고 있을 수만은 없잖아요. 이제 새로운 사랑을 하는 게 어떨까요?"

"때가 되면 또 다른 사람을 만나 사랑하겠지만, 댄은 내 영원한 소울메이트이자 수호천사예요."

인연법에 따르면 알 수 없는 세월 속 어떤 상대와 인연을 맺으면 그와의 인연 고리가 완전히 끝나기 전 언젠가는 다시 만나게 된다고 한다. 이 두 사람은 전생에 무슨 인연이 있어 만나게 된 걸까. 소울메이트라는 말처럼 영혼이 통하는 사람끼리 연결된 걸까. 사랑에 빠져서 오감과 직관이 발달하게 된 걸까. 아니면 그를 무척이나 간절히 원했던 그녀의 무의식이 만들어낸 망상에 불과한 걸까?

세상을 떠난 그는 베로니카에게 속삭였다.
"난 당신의 일부가 되어 존재하고 있어."

181
사랑을 껴안다

그렇다면 나의 이 기묘한 경험은 어떻게 풀어내야 할지 모르겠다.

오리아나를 만난 것은 티티카카 호수에서 쿠스코로 가는 버스에서였다. 코카잎을 건네던 그녀의 눈을 본 순간, 그 눈동자 속 반짝이는 은하수가 내 우주와 연결된 것 같은 느낌을 받았다. 멕시코 출신의 그녀는 원래 예술가였지만 인생 자체가 예술 아니겠냐며, 자신이 '성스러운 계곡'에 위치한 작은 동네 우루밤바에 영적 치유를 하는 작은 공동체를 운영한다면서 나를 그곳으로 초대했다.

그녀의 이야기에 호기심도 생겼지만, 이번 여행에선 사람들을 애써 만나려 하지 않았기에 그냥 건성으로 흘려들었다. 하지만 마추픽추에서 떠오르는 태양의 에너지를 온몸에 가득 채운 나는 어떤 신비로운 힘에 이끌려 계곡을 굽이굽이 돌아 그녀가 있는 곳으로 향했다.

페루 사람들뿐만 아니라 아르헨티나, 스위스 사람들도 있는 그곳에 도착하자마자 아마존 출신의 힐러가 반가워하며 다른 사람들에게 이렇게 말했다.

"내가 며칠 전에 말했지? 멀리서 손님이 올 거라고. 다들 인사해."

밤이 오고 의례가 시작되었다. 어두컴컴한 방, 힐러는 온갖 악기와 도구로 바람 소리, 풀잎 소리, 폭포 소리 등 여러 소리를 만들어냈다. 어둠과 침묵 속에 신성한 분위기가 감돌았고, 약초 태우는 향이 방을 가득 채우며 파차마마(어머니 대지)를 찬미하는 노래가

마추픽추에서 태양의 에너지를 받은 나는 과거의 나를 만나는 시간을 가졌다.

시작되었다.

잠시 후 일종의 최면 상태에서 색색의 새, 나무, 꽃으로 가득한 정글이 보이기 시작하더니 이어 이집트, 잉카, 중세 유럽 등 수많은 문명이 눈앞에 스쳐 갔다. 여러 전쟁을 거쳐 현대에 이르기까지 이미지가 4차원으로 변해갔다. 이 과정에서 눈물 콧물이 흐르고 토하기도 했다.

네다섯 시간 동안 수많은 이미지가 나를 스쳐 지나갔지만 그중 딱 하나의 이미지는 기억에 뚜렷이 남았다. 그것은 바로 벽에 걸려 있는 갑옷이었다. 십자군 전쟁 때나 입을 법한 은색 금속으로 된 갑옷과 방패, 투구를 보자 직감적으로 알았다. 나는 전사였고 저

옷이 내 옷이었음을. 나보다 먼저 깨어난 이들이 노래를 부르고 있다는 걸 깨달을 즈음 주술이 잦아들었고 정신이 맑아졌다. 설명하기 힘든 행복감과 안도감, 감사의 느낌이 찾아들었다.

두 번째 의식이 시작됐다. 처음과는 달리 이번의 경험은 훨씬 더 격렬했다. 계속해서 한숨을 쉬었다가 신음을 했다가 트림을 했다가 눈물을 흘리고 소리를 질렀다. 과거의 수많은 기억이 눈앞에 나타나고 사라졌다. 4개 국어로 몇 시간을 떠들어댄 내가 가장 많이 말한 단어는 '사랑'이었다.

"날 사랑해줘. 사랑해주란 말이야."

"제발, 제발……. 제발, 날 혼자 두지 마. 날 떠나지 마."

"왜 이렇게 날 아프게 해. 왜!"

"이유를……. 이유를……. 말해줘야 할 거 아니야."

발작에 가까운 격한 반응을 하는 내게 오리아나가 다가와 물을 마시게 하고 전신을 주물러주었다. "수영, 네가 얼마나 특별한지 아니?"라며 날 위로하는 그녀에게 나는 "그런데 왜 날 사랑하지 않는 거야?" 하고 화를 내며 소리를 질렀다. 아직 내면에 이토록 많은 상처가, 분노가 남아 있다는 사실에 새삼 놀라면서.

기억을 왔다 갔다 하는 내 말투는 점점 어린아이가 되어갔다. 나는 어느새 기억조차 하지 못하는 아주 어린 시절의 어느 날로 돌아가 있었다.

"엄마, 엄마, 엄마……."

한참을 울었지만, 엄마는 보이지 않았고 나는 두려웠다.

"엄마, 엄마…… 엄마 어딨어. 엄마가 없으니까…… 엉엉……."

한참을 서럽게 울었다. 엄마의 모습은 보이지 않았지만 난 느낄수 있었다. 엄마도 사랑받지 못해 외로웠고 슬펐고 고통스러웠다는 걸. 난 엄마를 위로하기 시작했다.

"엄마……. 괜찮아……. 다 괜찮아. 내가 미안해. 엄마 사랑해. 난 엄마가 세상에서 제일 좋아……."

얼마나 눈물을 흘렸을까. 주술은 잦아들었고 나는 화장실에 가서 몸속에 있는 모든 것을 게워냈다. 마치 온몸에 있던 감정의 앙금들이, 내가 기억조차 못 했던 트라우마들이 내 몸속을 빠져나간 듯했다. 그리고 한참을 멍하니 있다 깨달았다.

그랬구나. 그렇게 어린 시절 사랑받지 못했던 내 모습을 숨긴 채갑옷을 입고 세상과 싸우러 나갔구나. 사랑받고 싶었던 그 아이는 갑옷을 입고 어찌할 바를 몰라 방패로 다른 사람들의 마음을 튕겨내고 상처를 주었다. 가끔 누군가에게 갑옷을 벗은 어린 내 마음을 들키면 그 사람을 붙잡고 칭얼댔다. 더 사랑해달라고, 왜 날 사랑하지 않느냐고.

그렇게 어린 시절 채워지지 않은 애정을 그들에게 달라고 보챘다. 그렇지만 그들이 내가 원하는 만큼 날 사랑해주지 않으면 분노하면서 마구 칼을 휘둘렀다. 내가 미처 몰랐던 나의 처참하고도 초라한 순간들……. 나는 두려움에 떨고 있던 무기력한 그 아이를 다독여주었다.

나중에 엄마에게 내가 태어났을 때 어땠냐고 묻자 엄마는 나를

사랑을 꺽안다

낳자마자 딸인 걸 알고 대성통곡했다고 한다. 아들을 바라는 시어머니와 남편의 압력에도 불구하고 태어난 첫딸이 난 지 하루 만에 죽었고, 그다음에 언니가 태어났는데, 나까지 딸이라니……. 아이를 더 이상 낳지 않겠다는 엄마의 선언에 할머니와 아빠는 아들을 낳지 않으면 이혼을 하거나 첩을 구하겠다고 으름장을 놨다. 아이를 막 낳은 자신에게 또 아들을 낳으라는 말에 분노한 엄마는 단식 투쟁을 강행, 모유가 끊기기까지 했다. 아, 엄마는 도대체 얼마나 큰 고통을 겪은 것일까. 아주 어린 아이였던 나마저도 엄마가 슬프다는 것을 감지했을 정도니.

정신분석학자들은 우리가 어머니의 몸속에 있을 때와 생후 3년 사이에 상상을 초월하는 속도로 뇌가 발달한다고 한다. 이때 우리가 경험하는 자극과 사람과의 관계가 뇌에 저장되고, 이렇게 형성된 무의식은 우리에게 평생 영향을 끼친다.

이 기간에 양육자(대개 엄마)와 맺은 애착 관계는 그 사람의 정서적 안정감을 좌우하는데, 성인이 되어 사랑하는 사람과 친밀감을 주고받는 방식에도 영향을 미친다. 애착 관계가 잘 형성된 아이들은 자라서도 자연스럽게 친밀감을 나누는 안정형 애착을 보인다. 하지만 아이의 요구에 세심하게 반응하지 않는 양육자에게서 자란 아이는 지나친 친밀함을 부담스러워하는 회피형으로, 비일관적인 태도로 반응하는 양육자에게서 자란 아이는 상대방과 친밀함을 수시로 확인하지 않으면 안절부절못하는 불안형의 인간이 될 확률이 높다. 나 역시 당시 극도로 힘들어했던 엄마 때문에 사랑을 두려워하는 회피형으로 자라면서도 마음 깊이 애정을 갈구해 왔던 것은 아닐까.

둘째 날 밤, 나는 엄마의 영혼을 치유해주고 싶어 힐러에게 도움을 청해 엄마에 빙의했다. 의례가 시작되자마자 나는 자지러지게 웃었다. 아주 예쁜 아기가 보였기 때문이다. 한참을 그렇게 천진난만한 웃음을 짓다가 갑자기 몸을 웅크리고 춥다고 마구 소리를 질렀다. 그 아기가 보이지 않았다. 평생 엄마가 울었던 것만큼 울고 억울함에 소리를 질렀더니 목이 쉬어버렸다.

그러고는 아빠의 얼굴이 보였다. 분노가 머리끝까지 올라온 나는 욕을 하기 시작했다. 피로와 고통이 온몸을 덮쳐와 심하게 구토를 했다. "우리 아기 예쁜 아기……. 얘들이 우리 애들이에요" 하며 자랑스러운 행복감에 웃었다가도 "피곤해! 엄마 피곤하다고! 애들 넷 키우는 게 얼마나 피곤한지 알아? 그만 좀 칭얼대!" 하고 소리를 지르기도 했다. 그러다 "엄마 어딨어? 엄마한테 안기고 싶은데 엄마가 없어……. 아……. 내가 엄마지. 내가 우리 애들 엄마지." 하는 주저앉을 것 같은 망연자실한 감정도 들었다.

엄마가 평생 겪은 고통을 다 겪어서일까. 엄마에게 빙의했던 네다섯 시간은 전날 밤보다 열 배쯤 더 격렬했다. 영어나 스페인어로 말을 걸어도 내가 한국어로만 대답하니 오리아나도 어떻게 도와주지 못하고 그저 내 손을 잡아주었다. 나는 숨을 들이마시고 온몸으로 긴 호흡을 했다. 몸이 마구 떨리고 무언가 빠져나가는 느낌이 들면서 안도감이 들었다. '이제 안 아파. 괜찮아. 엄마 행복해. 아 좋다……. 엄마 행복하다.' 그리고 다시 의식이 돌아왔다.

의식을 찾고 나서 아빠 생각이 났다. 아빠는 왜 그렇게 엄마를 고통스럽게 했을까. 힐러의 도움으로 이제는 아빠의 인생을 들여다보았다. 아, 아빠도 참 많이 외로웠구나. 아빠의 인생을 한마디로 요약하면 '고독'이었다. 내 기억 속 쭈글쭈글한 피부에 늘 찡그린 인상이었던 할머니의 고통스러운 인생은 아빠에게 전이되었다. 이 집 저 집을 왔다 갔다 하며 눈치를 봐야 했던 아이는 서럽고 외로웠다.

난 내 옆에 있는 사람을 마치 아기였던 아빠인 양 끌어안고 "미안해. 엄마가 미안해. 다시는 떠나지 않을게. 사랑해" 하고 할머니 대신 사과하며 한참을 토닥였다. 힐러가 말린 허브 묶음으로 내 몸을 두드리자 다시 서러운 눈물이 터져 나왔다. "여보, 미안해. 난 그냥 누구 한 명이라도 내 편이었으면 했단 말이야." 나는 한참 눈물을 쏟았다.

어느 순간 마음이 편해졌고, 고통의 눈물은 감동과 행복의 눈물로 변했다. 힐러 말대로 몸속과 마음속 깊은 곳에 있는 고통, 슬픔, 두려움을 분출시키고 영혼이 새로 태어나서일까. 나는 마치 아무것도 모르는 갓난아기가 된 것처럼 평화롭고 행복해졌다.

정신이 완전히 돌아오고 나서야 깨달았다. 사랑받아본 적이 없어 사랑을 줄 줄도 몰랐고, 채워지지 않는 사랑을 찾으러 늘 방황

기억 속 상처를 꺼내어 보듬고 나니 부모님을 용서하고 이해할 수 있었다. 그리고 내 무의식 속의 불안과 두려움이 해소되면서 행복한 사랑을 할 수 있는 자아가 새로 태어났다.

했던 고독한 아빠. 이런 아빠에게 분노하고 네 아이를 키우느라 지쳐 있던 엄마. 사실 그들 모두에게 필요한 건 사랑이었는데, 평생에 걸쳐 둘은 서로에게 고통을 주었다.

그런 두 분이 늘 싸우고 미워하는 모습을 보고 자란 나는, 무의식적으로는 사랑을 간절히 원하면서도 사랑을 믿지 못했고 결혼해서 행복해질 자신이 없었다. 그런데 이 경험을 통해 나는 엄마 아빠의 고통을 보았고 그들을 대신해 앓았다. 두 사람을 측은히 여기고 용서함으로써 내 무의식 속의 불안과 두려움, 사랑을 부정하던 방어기제가 비로소 해소되었다. 할머니-아빠-엄마-나까지 이어져 있던 불행의 고리를 끊은 것이다.

의사 말에 따르면 빙의는 일종의 자기최면으로 뇌가 컴퓨터라면 하드 드라이브의 모든 데이터를 일시적으로 꺼내는 일이라고 한다. 그중에서도 이성으로 억눌러왔던 분노와 슬픔 같은 가장 강력했던 기억들에 감정적 치유 효과가 있단다. 엄마 아빠에 대한 빙의 역시 부모님에 대한 내 기억 속 데이터를 꺼낸 것이라는데, 그렇게라도 그들의 상처를 보듬고 그들을 이해하고 용서하고 나니 행복해질 수 있게 되었다.

그리고 큰 변화가 일어났다. 그 전엔 실연 때문에 울고불고 힘들어하는 사람들을 보며 역시 사랑은 고통이라고, 그래서 내가 아팠던 거라고 위안으로 삼았다. 하지만 이젠 그런 아픈 사랑 이야기를 듣는 것보다 서로 사랑하고 행복한 사람들의 이야기를 듣는 게 훨씬 더 마음 편했다. 그리고 그들을 보며 자연스럽게 내 심장은 '아, 나도 저렇게 사랑해야지' 하고 미소짓게 되었다. 내 무의식 속에 행복한 사랑을 할 수 있는 자아가 새로 태어난 것이다.

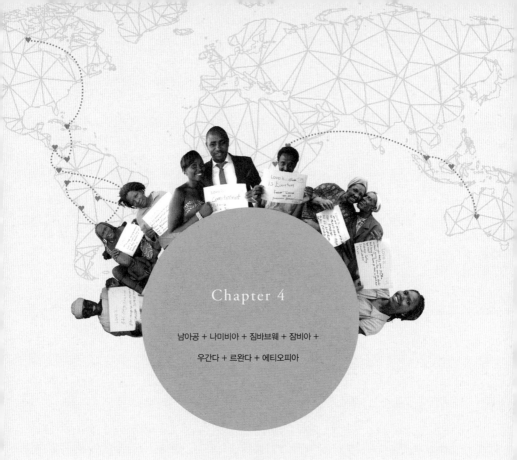

Chapter 4

남아공 + 나미비아 + 짐바브웨 + 잠비아 +

우간다 + 르완다 + 에티오피아

사랑을 넘어서다

"사랑의 성패는 절반의 운과

절반의 노력에 달린 거라고 생각해요.

좋은 사람을 만나는 게 절반의 운이겠죠.

나머지 절반은 내가 얼마나 좋은 사람인지,

상대방을 위해 얼마나 노력하는지에 달린 거고요.

사랑은
무슨 색깔일까

♥

옛날 옛적 남아프리카공화국의 한 시골 마을에 산드라라는 예쁜 소녀가 살았다. 오목조목한 이목구비에 곱슬곱슬한 머리가 매력적인 그녀에겐 한 가지 문제가 있었다. 아니, 사람들이 그녀에게 문제가 있다고 생각했다. 금발에 파란 눈을 가진, 누가 봐도 백인인 그녀의 부모와 달리 그녀의 피부는 다소 검었기 때문이다.

그녀가 태어난 남아공은 네덜란드와 영국에서 온 백인들이 지배하는 나라였다. 소수의 백인은 수적으로 우세한 흑인들로부터 자신들의 영역을 지키기 위해 인종차별정책인 아파르트헤이트를 실시했다.

이 정책에 따라 남아공 국민은 흑인, 백인, 그리고 혼혈인과 일부 부족을 포함한 유색인종colored로 분류되어 신분증에 표기되었다. 기차를 포함한 대중교통과 공공장소, 심지어 화장실, 교회, 해변

등 모든 시설이 백인용, 흑인용으로 구분되었다. 거기에 한발 더 나아가 인종 간의 결혼 금지, 거주지 분리, 직업 분리, 권리와 인격까지 분리했고, 이미 결혼한 흑백 부부들마저도 떼어놓았다.

그것이 백인 부모에게 태어났지만, 혼혈 외모를 지닌 산드라의 문제였다. 산드라는 백인 학교에 입학했지만 자라면서 피부색은 더욱 검어졌고 학부모들의 항의로 열 살에 학교에서 쫓겨났다. 태어났을 때 '백인'으로 분류된 그녀는 '유색인'으로 재분류되었고, 그때부터 산드라의 아버지는 지난한 법정 다툼을 시작했다. 그녀의 어머니는 자신의 정절을 주장했고 아버지는 혈액 검사를 통해 자신이 그녀의 아버지가 맞다는 사실을 증명했다. 어느 과학자도 200여 년 전의 조상에게서 물려받은 흑인 유전자가 그녀에게 돌연변이처럼 발현된 것이라며 그들의 주장을 지지했다.

언론의 뜨거운 관심 끝에 산드라는 백인으로 재분류되었지만, 그녀와 어울리려 하는 백인 친구는 없었다. 열여섯 살이 된 그녀는 한 흑인 소년과 사랑에 빠졌고, 부모님의 분노가 두려운 나머지 그와 함께 스와질란드로 도망가다 붙잡혀 불법 출입국 혐의로 3개월간 수감되었다. 그의 아이를 밴 산드라가 그와 결혼하겠다고 하자, 부모님은 의절을 선언했다.

남편과 함께 흑인 거주 지역인 '타운십'에서 살게 된 그녀는, 너무 밝은 피부색 때문에 이방인 취급을 받았다. 두 아이가 태어났지만, 법적으로 부모와 인종이 다른 자녀를 키울 수 없다는 정책 때문에 그녀는 '유색인'으로 법적 재분류 신청을 하며 아버지가 자신

르완다의 한 갤러리 이벤트에 참여하여 처음으로 그려본 유화. 세상이 더 많은 사랑으로 채워지길 바라는 마음을 담았다.

을 위해 그토록 싸워 획득한 '백인' 신분을 포기했다.

훗날 산드라는 부모님을 찾아보려 애썼지만, 아버지는 이미 죽었고 살아 있는 어머니는 그녀를 만나기를 거부했다. 한 신문의 도움으로 결국 어머니를 만나 그녀의 임종을 지킬 수 있었지만, 나머지 형제들은 아직도 그녀를 만나주지 않는다.

이것은 1955년에 태어난 산드라 래잉이라는 여성의 실화이다. 남아공의 일그러진 정책은 부모와 피부색이 다르다는 이유로 그녀의 가족을 갈가리 찢어놓았다. 누구를 사랑해야 하는지까지 국가가 규정하며 국가와 사회가 개인의 행복을 침해한 폭력의 시절, 46년의 아파르트헤이트 기간 흑백 커플은 거의 없었고, 설령 있더라도 가족의 분노와 국가적 억압을 피할 수 없었다.

다른 인종 간의 만남은 아직도 많은 나라에서 금기시된다. 하지만 인류는 수천 년 전부터 다른 민족, 다른 인종, 다른 언어, 다른

진화론에서는 서로 다른 혈통 사이에서 나온 자손들이 그 부모보다 우수하다고 주장한다. 그래서일까, 인류는 수천 년 전부터 다른 민족, 다른 인종의 사람들과 사랑에 빠져왔다. 경이롭지 않은가.

문화의 사람들과 사랑에 빠졌다. 일례로 사람들이 서로 색색의 물감을 뿌리며 즐기는 인도의 홀리 축제는 인종이 달랐던 비슈누 신의 화신 크리슈나와 그의 연인 라다의 만남에서 유래했다. 크리슈나의 어머니는 피부가 검보라색인 크리슈나와 백인처럼 피부가 흰 라다가 피부색에 신경 쓰지 않기를 바라며, 사람들의 얼굴을 얼룩지게 하는 아이디어를 냈다. 경이롭지 않은가.

　진화론에서는 서로 다른 혈통 사이에서 나온 자손들이 그 부모보다 우수하므로 다른 종족들끼리 만나 사랑에 빠지는 것은 극히 자연적인 선택이라 주장한다. 또 다른 연구에 따르면 혼혈인들이 순혈인들보다 키가 크고 좌우 균형이 맞아 더 매력적이라는데, 그래서 세계적인 모델 중 브라질 출신의 혼혈인이 많나 보다.

조금 극단적인 경우이긴 하지만, 고립되어 사는 몽골의 유목민족은 손님이 오면 아내를 내주는 풍습이 있다. 친족보다는 외지인의 씨(?)를 받아야 더 똑똑한 아이를 낳을 수 있다는 것을 경험적으로 알았기 때문이다. 반면 중세유럽의 합스부르크 가문은 몇 세기에 걸친 친족 간 정략결혼으로 인한 유전질환으로 결국 몰락했다.

아파르트헤이트는 1994년에 폐지되었지만 수십 년간 쌓아 올린 마음의 벽이 하루아침에 무너지기는 힘든 법. 남아공엔 아직도 흑백 커플이 그리 많지 않다. 하지만 사람의 마음이라는 것이 어디 피부색이나 조건을 따져가며 움직이는 것인가. 케이프타운에서 만난 남아공 국적의 흑인 토니와 한국인 제니 커플 역시 지구 반대편에서 살아온 서로에게 사랑에 빠질 줄은 꿈에도 몰랐다.

부산의 보수적인 가정에서 자란 제니와, 반정부 운동가였던 아버지의 망명 생활 때문에 아프리카 여러 국가를 돌며 어린 시절을 보낸 토니가 만난 곳은 케이프타운의 기차 안에서였다. 서울에서 일하는 평범한 직장인이었던 제니는 남아공에 여행 왔다가 케이프타운과 사랑에 빠졌고, 1년을 준비한 끝에 학생 비자를 받아 케이프타운 대학원에 진학했다. 학기 중 아르바이트를 찾던 그녀는 면접 보러 가는 길에 처음으로 기차를 타게 되었다.

평소와 다를 바 없었던 통근길, 석유회사에 다니는 토니의 눈에 앞자리에서 계속 초조한 표정으로 정차역을 확인하는 제니가 들어왔다. 토니는 면접을 보러 간다는 그녀에게 인터뷰 팁을 알려주었고 자신의 명함을 건넸다. 며칠 후 면접 결과를 초조하게 기다리던 그녀에게 낯선 번호로 전화가 걸려왔다. 혹시 지원한 회사인가 싶어 수업 중에 뛰쳐나간 그녀는 그의 전화라는 걸 알고 실망했다. 커피 한잔 마시자는 그의 제안도 건성으로 받아들였다.

외국에서 처음 하는 공부에 치여 있던 제니는 방학이 끝날 무렵에야 그가 생각났다. 몇 번이나 연락해준 좋은 사람인데 바쁘다고 만남을 미루고 있던 것이 미안해 먼저 전화를 걸었고, 이렇게 만남이 시작되었다. 어떤 이야기를 해도 즐겁고 편했던 둘은 자연스럽게 만남을 이어갔다. 그러던 어느 날 그녀가 불러주는 옛날 한국가요에 토니는 설명할 수 없는 감정에 빠졌다. 사랑이라 불리는 그 감정에.

살아온 배경은 다르지만 함께할 미래에 확신을 하게 된 두 사람은 한국에 있는 제니의 부모님을 찾아뵙기로 했다. 그녀가 먼저 한국에 들어가 부모님에게 이야기를 꺼내자마자 난리가 났다. 안정적으로 살아온 부모님은 남부럽지 않게 키운 딸이 상상도 못 했던 외국 사람과, 그것도 흑인과 미래를 약속했다는 말에 충격을 받고 강경하게 반대했다.

설득은 고사하고 이렇게 있다가는 남아공으로 다시 돌아가지도 못할 것 같아 그녀는 출국을 감행했다. 유학만 마치면 한국으로 돌아올 줄 알고 딸을 기다린 부모님은 또다시 멀리 떠난 딸 때문에 심하게(지금도 끝나지 않은) 마음고생을 했다. 그 가슴 아픈 지난한 사연은 본인들만이 알리라. 남아공으로 돌아온 제니는 비행기로 2

시간 거리인 요하네스버그에 취업하게 되었고, 두 사람은 1달에 한두 번씩 케이프타운과 요하네스버그를 오가며 만나고 있다.

반짝이는 별빛이 반사되는 바다에 요트들이 정박하여 있는 아름다운 워터프런트에 마주 앉은 토니의 눈에는 그녀가 가득했다.

"제니의 어떤 점이 그렇게 좋아요?"

"그녀와 있으면 참 편안해요. 나를 구속하려 하지 않고 있는 그대로 받아주고 존중해주거든요. 그런 평등하면서도 조화로운 관계가 내겐 큰 안정감을 줘요. 성격도 참 잘 맞고, 그녀와 함께 있는 시간이 즐겁죠. 비록 멀리 있는 그녀가 그립고 우리의 사랑이 그녀의 부모님께 축복받지 못한다는 게 마음 아프기도 하지만, 그녀가 있어 내 인생이 행복해요. 그래서 그녀가 내게 얼마나 소중한지, 내가 그녀를 얼마나 사랑하는지 종종 표현하고, 그녀를 위해 할 수 있는 것은 뭐든 하려고 노력하죠."

토니에게는 예전에 결혼했던 백인 부인 사이에 낳은 딸이 있다. 하지만 정서적으로 불안정했던 전 부인의 끝없는 히스테리로 인해 부부 사이는 좋지 않았다. 비싼 부부 상담을 받으며 3년간 노력했지만 결국 이혼했다. 집과 차를 그녀에게 내주고 숟가락 하나 없는 상태에서 경제적 기반을 다시 쌓아야 했던 그는 이 과정을 통해 자신이 원하는 사랑이 무엇인지 생각을 정립할 수 있었다. 제니 역시 사랑관이 뚜렷했다.

"집착과 소유라는 게 의미가 없다는 걸 더 일찍 깨달았다면 20대에 시행착오를 덜 겪었을 것 같아요. 이제라도 있는 그대로의 모습을 사랑할 수 있는 사람을 만나 참 다행이죠. 난 토니를 바라보면 마음이 무한정 따뜻하고 편안해져요. 사람을 떠올렸을 때 푸르른 숲 같은 이미지가 생각난다면 믿으시겠어요?"

아, 나는 그의 피부 색깔을 보았는데 그녀는 그의 마음 색깔을 보았구나. 문득 나 자신이 부끄러워졌다.

"부모님 반대 때문에 힘들진 않아요?"

"애지중지 키운 귀한 딸이 남들과 다른 선택을 하고 행여나 불행해질까 봐 걱정하는 부모님 마음도 충분히 알아요. 하지만 다른 나라에서 피부색이 다른 남자를 만난다고 불행해지는 건 아니잖아요. 만에 하나 그런 일이 있더라도, 그 불행을 딛고 다시 일어서는 것은 내 몫이고요."

"그가 이혼했고 딸이 있다는 사실이 마음에 걸리진 않나요?"

"사람의 과거는 바꿀 수 없어요. 이미 결혼과 이혼이라는 시행착오를 통해 성장한 지금의 그 사람을 사랑하고 함께 미래를 만들어나가고 싶을 뿐이죠. 그리고 그의 딸을 만난 후에 그를 사랑하는 마음이 더 커졌어요. 세상에 둘도 없는 천사 같은 아이라서, 아이를 이렇게 사랑스럽게 키운 사람이라면 내가 낳을 아이도 이렇게 예쁘게 키우겠구나 하는 생각에 오히려 안심되더라고요."

이렇게 서로를 있는 그대로 받아들이고 상대의 지난 삶의 궤적까지 포용해주는 게 진짜 사랑이구나……. 내 잣대에 맞춰 맞지 않는 사람들을 쳐낸다면, 이 세상에 사랑할 수 있는 사람이 몇이나 있을까. 토니도 덧붙였다.

"열한 살인 딸아이에게 요즘 좋아하는 남자애가 생겼어요. 딸에게 그 아이의 뭐가 좋으냐고 물어보니까 딸이 '아빠, 그런 건 논리적으로 따지는 게 아니라 그냥 느끼는 거야'라고 하더군요. 하하하. 그런데 정말 딸 말대로예요. 사람을 사랑하는 감정은 '이 사람은 이런 장점을 갖췄어.'하고 조건에 따라 선택적으로 움직이는 게 아니거든요.

사랑의 성패는 절반의 운과 절반의 노력에 달린 거라고 생각해요. 사랑하는 사람을 바꾸려고 해도 바꿀 수 없으니만큼 좋은 사람을 만나는 게 절반의 운이겠죠. 나머지 절반은 내가 얼마나 좋은 사람인지, 상대방을 위해 얼마나 노력하는지에 달린 거고요. 물론 내가 충분히 성숙하고 좋은 사람이라면 좋은 짝을 찾는 행운을 가질 확률도 높아지겠죠?"

우리는 어떤 사람과 사랑에 빠질까? 인류학자 헬렌 피셔에 따르면 사람들은 대개 민족적, 사회적, 종교적, 교육적 및 경제적 배경이 자신과 비슷한 사람과 사랑에 빠진다고 한다. 여기에 육체적 매력과 지적 수준, 태도와 장래희망, 가치, 관심사, 사교 및 커뮤니케이션 스킬이 비슷하면 더할 나위 없다. 한편 다채롭게 유전자를 조합해 아이를 낳고자 하는 무의식적 욕구로 인해 자신과 다른 사람에게 끌린다고도 하니, 종합해보면 나와 비슷하면서도 조금은 다른 사람과 사랑에 빠지는 셈이다.

산드라가 자신과 사회적 배경은 다르지만 비슷한 신체적 특성을 가진 다른 흑인과 금지된 사랑에 빠졌던 것, 토니와 제니가 살아온 환경이나 피부색은 다르지만, 가치관과 지적 수준, 인생관이 비슷했기에 서로에게 끌렸던 것도 그런 이유에서가 아니었을까.

여기에 추가로 두 사람의 타이밍이 맞아야 한다. 우리는 기쁨, 슬픔, 불안, 두려움, 호기심 등 정서적으로 각성된 상태에서 쉽게 열정에 사로잡히는 경향이 있다. 거기다 역경이 있으면 열정은 더욱 고조된다. 그러니 주변에서 반대하면 할수록 두 사람의 사랑은 뜨겁게 달궈질 수밖에.

'사랑이란 두 개의 심장이 하나로 뛰는 것'이라며 다정히 사랑의 정의를 내린 두 사람은 밸런타인데이에 결혼식을 올린다. "사랑이 세상에서 가장 행복한 일 같아요. 한 번뿐인 인생인데 시간 낭비하지 말고 사랑하세요"라는 그들의 따뜻한 조언에 내 심장에서도 꽃 한 송이가 피어나는 것만 같다.

우리는 제각각 다른 색깔의 에너지를 심장에서 뿜어내고 누군가를 만날 때마다 그 사람의 에너지와 결합해 새로운 색깔을 창조해낸다. 노란색 여자는 빨간색 남자를 만나면 주황색의 사랑을 나누고 파란색 남자를 만나면 녹색의 사랑을 나눈다. 마찬가지로 나는 같은 사람이지만 어떤 사람과는 친구처럼 편안한 사랑, 어떤 사람과는 불같은 열정에 빠져든다.

그래서 같은 성장환경을 공유한 사람인데도 막상 만나면 누구보다 멀게 느껴질 수도 있고, 공통점이라고는 전혀 없는 낯선 사람인데도 영혼이 통할 수 있다. 사랑의 색깔에는 우열이 없다. 여러 시도를 통해 내가 가장 좋아하는, 가장 편안한 색깔의 사랑을 찾으면 되는 것이다.

산드라가 태어난 지도 60년, 아파르트헤이트가 폐지된 지도 20년이 흘렀다. 아직도 세계 곳곳에 피부색 때문에 축복받지 못하는 사랑도 있지만, 국가와 민족이라는 경계를 두고 서로를 구분해도 결국 우리는 '인간'이라는 하나의 종이다. 중요한 것은 우리에게 부여된 피부색이나 국적이 아니라, 서로에게 반응하는 심장의 색깔, 두 사람이 새로이 만들어가는 사랑의 색깔 아닐까.

사랑을 넘어서다

전쟁과
사랑 사이

♥

스물여섯 살의 페니는 전형적인 나미비아 미인이었다. 활기찬 패턴으로 가득한 원색 드레스는 그녀의 큰 키와 날씬한 몸매를 돋보이게 했고 윤기 있는 검은 피부는 환한 미소를 빛나게 했다. 그런 그녀의 오른쪽 등에는 어떤 여성의 얼굴과 '엄마 사랑해_{Te quiero,} Mama'라는 말이 문신으로 새겨져 있었다.

"우리 엄마예요. 참 예쁘죠? 지금은 이 세상에 안 계시지만……. 쿠바로 유학 갔다 온 엄마는 나와 함께 살았던 2년 동안 종종 스페인어로 노래를 불러주곤 했어요. 그래서 나도 스페인어를 배웠어요. 스페인어를 할 때마다 엄마 생각에 가슴이 따뜻해지고 마치 엄마가 내 옆에 있는 것 같거든요."

영화 〈부시맨〉으로 화제가 된 산족을 만나고 싶어 하던 나는 나미비아 국립대학의 지리학 강사인 그녀와 연이 닿게 되었다. 그녀는 자신의 현장조사에 나를 초대해주었고 우리는 황야를 달리며 많은 이야기를 나눴다. 스페인 유학까지 갔다 왔다기에 부잣집 딸인 줄로 알았는데, 그녀는 난민촌 출신이라며 담담하게 자신의 삶을 털어놓았다.

나미비아 독립 투쟁이 한창이던 시절 페니는 잠비아의 난민촌에서 태어났다. 그녀가 두 살이었을 때 엄마는 새아버지와 결혼을 했고, 동생들이 태어났다. 1990년, 수십 년의 투쟁 끝에 나미비아가 남아공으로부터 독립을 쟁취하며 그녀의 가족은 나미비아로 돌아왔다.

나미비아에서는 보통 혼외정사로 낳은 아이들은 남자 쪽 가족이 키우는 것이 관례였기에 페니는 누군지도 모르는 아버지 쪽 친척집에 맡겨졌다. 그곳에서의 삶은 고난의 연속이었다. 정신병을 앓아 집을 나가거나 가족들을 공격하곤 하던 할아버지는 어느 날 무차별적으로 총을 쏘다 죽었다.

할아버지의 장례식에서 페니는 아버지라는 사람을 처음으로 만났다. 아무도 그녀를 아버지에게 소개해주지 않다가, 그가 이 재투성이 꼬마 애가 누구냐며 물었을 때 다들 웃으며 당신 아이라고 알려줬다. 페니는 왜 아버지가 딸도 못 알아보는지 혼란스럽고 창피했다. 장례가 끝난 후 아버지는 수도인 빈트후크로 혼자 돌아갔다.

그렇게 몇 년간 친척들과 함께 살았지만, 그녀는 늘 이방인이었다. 특히 대놓고 자기 자식들과 그녀를 차별하던 숙모는 사촌들이 학교에 갈 때는 도시락과 간식을 살 용돈을 쥐여주고, 그녀에게는 더운 한낮에 쉬어버리기 일쑤인 발효음료 한 병만 줬다. 신발도 없어 맨발로 학교를 가다 보면 한낮의 태양에 데워진 모래에 발이 화상을 입어 박스를 구해다가 신발 모양으로 만들어 신고 다녔다.

집안일 역시 페니 몫이었다. 밭에서 일하고 땔감을 구하고 곡식을 빻고 사촌들이 한참 자는 컴컴한 새벽에 우물에 가서 물을 길어와야 했다. 때로는 친척이 운영하는 동네 술집에서 술을 팔기도 했다. 초를 살 돈이 없어 낮에만 공부할 수 있었는데, 집안일을 하다 보면 공부할 시간은 늘 부족했다.

그러던 어느 날 페니는 엄마를 찾아갔다. 늘 천덕꾸러기 신세였다가 엄마의 사랑을 받으니 마냥 행복했지만, 한편으로 엄마와 함께 사는 동생들에게 샘이 났다. 낡고 찢어진 이불을 덮고 잔다는 말에 엄마는 그녀에게 새 이불을 주었지만 이를 본 숙모는 당장 돌려주고 오라고 화를 냈다. 이불을 돌려주러 간 그녀가 그 집에서 살기 싫다고 엉엉 울며 매달린 끝에 마침내 엄마와 함께 살게 되었다.

엄마도 빈혈증으로 몸져누워 있었기 때문에 페니는 주린 배를 움켜쥐고 자는 날이 많았지만 적어도 차별대우를 받진 않으니 행복했다. 열한 살이었던 그녀는 아픈 엄마를 위해 아무것도 할 수 없는 무력함에 울다가 집 앞 조그만 텃밭에서 채소와 과일을 키우기 시작했다. 하지만 몇 달 후 엄마는 세상을 떠났다. 페니는 이를 믿을 수가 없었다.

"의사가 잘못 본 거야. 내일 아침이면 일어나실 거야."

페니는 엉엉 울면서 관 속에 누워 있는 엄마가 다시 일어나게 해달라고 빌었지만, 기적은 일어나지 않았다. 페니는 엄마와 약속한 대로 동생들을 보살피고 싶었지만, 외가 쪽 친척들은 새아버지의 친딸이 아닌 페니가 그곳에서 살기를 바라지 않았다. 그녀는 이모에게 질질 끌려가면서 동생들과 눈물의 작별인사를 해야 했다.

가정집 방 하나를 술집으로 개조해 불법 운영을 하던 이모 때문에 페니는 학교가 끝나면 술을 팔아야 했다. 술집에서 일하는 것은 괭이질이나 수수를 빻는 것보다는 편했지만 매일 새벽 일어나 우물에서 물을 20리터씩 긷는 일은 여전히 페니의 몫이었다. 그러던 중 매일 밤 술에 취해 주먹을 휘두르는 이모부에게 시달리다 못한 이모가 결국 도망을 갔다. 지참금을 돌려달라고 행패를 부리는 이모부 때문에 외할머니마저 쓰러져 몸이 마비되었다. 더 이상 기댈 곳이 없어진 페니는 수소문 끝에 빈트후크에 있는 아버지 집으로 가게 되었다.

하지만 가서 보니 아버지는 다른 여자에게서 낳은 아들과 살고 있었다. 게다가 또 다른 여자들에게서 태어난 아이가 두 명이나 더 있었다. 열여덟 살의 그녀가 남과 다름없는 배다른 남동생과 방을 같이 쓰는 것보다 더 불편했던 것은 계속 바뀌는 아버지의 여자친구들이었다. 공무원이라는 안정적인 직업 때문에 아버지 주변엔 여자들이 끊이지 않았다. 그 여자들처럼 자신의 어머니 역시 농락당했을 거라 생각하니 그녀는 아버지가 더욱 미워졌다. 어떻게든 아버지에게서 벗어나고 싶었던 그녀는 죽어라 공부해서 국비 장학생이 되어 스페인으로 유학을 갔고, 돌아오고 나서 대학 강사로 취

"엄마는 저와 함께 살았던 2년 동안 종종 스페인어로 노래를 불러주곤 했죠. 짧은 시간이지만 엄마에게 사랑받았던 기억이 난 소중한 사람이라고 믿게 해주었고, 제 인생을 포기하지 않게끔 해줬어요."

업하면서 독립했다.

"14년을 엄마 없이 살았지만, 여전히 쉽지 않아요. 예전에는 엄마와 함께했던 시간이 너무 짧았다고, 엄마의 사랑을 충분히 받지 못했다고 서러워하며 엉엉 울곤 했죠. 하지만 이제 더 이상 울지 않아요. 엄마 덕분에 오늘의 내가 있는 거니까 그저 감사하죠. 그래서 난 종종 엄마의 무덤에 찾아가요. 그곳의 모래를 만지면 마치 엄마를 만지는 것 같아 마음이 편안해지거든요."

모래 먼지가 펄펄 날리는 캠핑장의 노을을 뒤로하고 이렇게 말하는 그녀가 너무 짠해 나는 아무 말 없이 그녀를 꼭 안아주었다. 20여 년간 수도 없이 버림받고 이 집 저 집을 부표처럼 떠돌아다닌 한 소녀가 겪었을 외로움, 서글픔, 두려움, 공포를 어떻게 설명할 수 있을까. 그런데도 세상을 미워하거나 저주하지 않고 자신의 힘으로 일어선 그녀가 대견하고 안쓰러웠다.

"페니, 나 역시 가난과 가정불화로 힘들어했고 그 때문에 비뚤어지기도 했었어요. 그런데 페니 얘기를 들으니 내가 겪은 것은 정말 아무것도 아니네요. 그 모든 불행에도 불구하고 여기까지 올 수 있었던 힘은 뭐였죠?"

"짧은 시간이지만 엄마에게 사랑받았던 기억이 난 소중한 사람이라고 믿게 해주었고 제 인생을 포기하지 않게끔 해줬어요."

"그런데 아버지는 왜 페니를 버렸을까요? 공무원이라면 먹고사는 게 힘들지는 않았을 텐데……. 그리고 왜 아직도 결혼을 안 할까요? 아빠에게도 어떤 사연이 있지 않을까요?"

"그건 모르죠. 저한테 속내를 내보이지 않으시니……."

"제가 이 프로젝트를 핑계로 아버지를 인터뷰해보면 어떨까요?"

"좋은 생각이긴 한데……. 과연 아버지가 응할까요?"

그녀는 한참이나 아버지를 설득했다. 몇 차례의 간곡한 부탁 끝에 그는 내게 '금요일 4시 반에 사무실로 오면 30분을 내주겠다'라고 통보했다. 그의 말투가 어찌나 단호했던지 나는 만나기도 전에 이미 기가 죽었다. 드디어 약속한 날, 일부러 시간도 넉넉하게 잡고 출발했지만, 정부청사 안에서 계속 헤맸다. 전화해도 받지 않고 약속 시각은 다가오고 식은땀이 다 났다. 약속 시각 5분이 지나자 그에게 전화가 왔다.

"도대체 어디야? 겨우 시간 내줬더니 뭐 하는 거야!"

나는 주눅이 들어 움찔하면서도 '이렇게 인정머리 없는 사람이니 자식을 버리지…….'라며 한숨을 내쉬었다. 다행히 지나가던 사람들의 도움으로 그의 사무실에 도착했다. 서류뭉치와 책으로 쌓인 책상에 앉은 애꾸눈의 그는 경직된 표정이었다. 나는 늦은 데 대해 양해를 구하고 서둘러 인터뷰를 시작했다. 본인 소개를 해달라고 했는데, 이건 나미비아 현대사 수업을 듣는 거나 마찬가지였다.

한때 독일의 식민지였던 나미비아는 1915년부터 74년간 남아공의 식민통치를 받았다. 나미비아의 초대 대통령인 샘 누조마에 의해 1960년대에 남서아프리카인민기구SWAPO가 결성되며 독립을 위한 무력투쟁이 시작되었다. 앙골라의 수도인 루안다에 SWAPO 임시망명정부가 세워졌고, 페니의 아버지 역시 1974년부터 15년간 타국을 떠돌며 독립운동에 참여했다.

그는 군인으로 복무하면서 덤불에서 몇 달간 살기도 했고 음식이 없어 여러 날 굶어가며 전투에 참여했다. 상황이 열악해 팔다리나 눈을 잃는 등 심각하게 다친 동료들도 제대로 치료받지 못했다는 이야기에 그제야 그의 애꾸눈이 이해가 갔다. 나는 조심스럽게 페니의 엄마에 대해 물어보았다.

"페니 엄마와는 원래 같은 마을 출신으로 안면 정도만 있었어요. 쿠바 유학을 갔다 온 그녀가 앙골라 루안다로 돌아왔을 때 1달간 만났었죠. 하지만 그녀는 잠비아에 있는 난민촌으로 발령이 났고 나 역시 다른 전투에 참여하며 연락이 끊겼어요. 그 시절엔 아침에 눈 뜨면 새로운 전투에 투입되거나 다른 나라로 배치되기 일

이 프로젝트를 하면서 가장 큰 보람을 느끼게 해준 페니.
생존 앞에서 사랑은 사치였던 시절,
난민촌에서 태어나 부표처럼 살아왔지만 그녀는 잘 자라주었다.
또한 러브 파노라마 프로젝트를 통해
26년에 걸친 부녀의 오해를 풀 수 있었다.

쑤였고, 옆에서 사람이 죽어도 그 가족에게 알려주지 못할 정도였으니, 연애편지는 사치였죠.

아니, 독립이라는 무척이나 간절한 공동의 목표가 있었던 우리에겐 개인의 사랑이나 가족이라는 개념 자체가 사치였어요. 하지만 언제 죽을지 모른다는 불안감에서 비롯된 절박한 몸부림이랄까, 나를 포함한 많은 군인이 여자들을 임신시켰죠. 하지만 아이가 태어나도 애 엄마와 연락이 끊기기에 십상이었어요. 나 역시 네 여자를 임신시켰지만 그 아이들이 태어나 살아남을지조차 몰랐으니까요."

"단 한 순간이라도 그녀들을 사랑했나요?"

"사랑보다는 인간과 살을 맞대고 싶은 본능에 가까웠던 거 같아요. 설령 사랑한다고 뭘 어쩌겠어요. SWAPO는 군인이 여자랑 같이 사는 걸 허락하지 않았고, 내 마음대로 할 수 있는 게 별로 없었어요. 언제 죽을지 모르니 미래에 대한 희망이나 계획 따윈 생각할 수도 없었죠."

'Emergency sex'라는 단어가 있다. 굳이 해석하자면 비상사태 섹스, 응급섹스 정도 될까. 전쟁이나 학살, 심각한 자연재해로 인해 죽음의 위기에 놓인 사람들이 대가 끊기는 데 대한 본능적인 두려움 때문에 섹스를 하는 현상을 말한다. 그래서 사망률이 높은 나라일수록 아이들을 많이 낳는다. 지구상에서 출생률이 가장 높은 곳이 아프리카인 것 역시 에이즈를 포함한 질병, 영양부족, 끝없는 전쟁과 학살 등으로 인한 턱없이 짧은 수명과 연관이 있지 않을까.

이렇게 생존의 경각 앞에서 자신의 유전자를 퍼뜨리려는 인간의 종족 번식 본능에 비하면 사랑은 사치였을 것이고, 아이들을 어떻게 키울지 생각할 여력도 없었을 것이다. 페니처럼 자신의 힘으로 살아남아 교육을 받고 좋은 직업을 갖게 된 경우는 정말이지 기적 같은 사례이고, 대부분의 아이들은 그렇게 가난 속에서 태어나 한 인간으로서 제대로 된 보살핌을 받지 못하고 매일매일 고된 노동으로 삶을 부지해갈 뿐이다.

1990년, 그토록 꿈꿔왔던 독립을 쟁취한 후 세상은 또 한 번 변했다. 동지애 하나로 힘든 시간을 함께한 이들은 이제 각자 힘으로 홀로 서야 했다. 성공한 이들도 있었지만 그렇지 못한 이들은 노숙자나 알코올중독자가 되었고 수많은 가정이 깨졌다. 페니의 아버지는 공무원이 되어 새로운 국가를 재건하기 위해 밤낮으로 일했고 경쟁에서 살아남기 위해 계속해서 공부하며 학위를 땄다. 그 와중에도 그는 계속 혼자였다. 망명 시절 만났던 네 명의 여자에게서 낳은 네 아이 중 첫째 아이는 전쟁 통에 죽었고, 페니의 엄마를 포함한 다른 여자들 모두 다른 남자들과 새로운 가정을 꾸렸다.

"살면서 가장 자랑스러운 것과 후회되는 것은 뭐예요?"

"국가의 독립을 이뤄낸 게 가장 자랑스럽죠. 하지만 아직도 경제적 불균형으로 인해 힘들게 사는 사람들이 많다는 사실은 안타까워요."

그제야 나는 깨달았다. 이 사람은 개인의 행복보다는 국가가 우선이구나. 아니, 자기 삶의 존재 이유가 국가에 있기에 가족의 희생과 고통에 대해서는 둔감하구나. 아마 그뿐 아니라 전 세계의 수

많은 전쟁과 투쟁에서 싸우고 살아남은 이들에게 해당하는 것일지도 모른다.

"음……. 국가 얘기 말고 개인적으로 가장 자랑스러운 건 뭐예요?"

"우선 죽지 않고 아직 살아 있어서 국가를 위해 헌신할 수 있다는 게 자랑스럽죠. 그다음으로 세 아이의 아빠라는 것이, 특히 페니의 아빠라는 사실이 자랑스러워요."

"이런 얘기를 페니와 해보신 적 있어요?"

"못 했어요. 페니가 어릴 때 엄마가 죽어서 사실상 고아나 다름없이 자란 건 내 탓이 크니까 미안한 마음이 너무 컸죠. 이야기를 어디서부터 시작해야 할지도 모르겠고……. 표현은 못 했지만, 그렇게 밝고 긍정적으로 자라 제 앞가림 잘하고 어린 동생들을 챙기는 걸 보면 정말 자랑스러워요."

"개인적으로 가장 후회되는 건 뭐예요?"

"정말 사랑하는 여자를 만났지만 4~5년이 지나도록 결혼을 결정하지 못했어요. 기다리다 지친 그녀는 다른 사람과 결혼해버렸죠. 아직도 그녀를 떠올릴 때마다 가슴이 너무 아파요."

"왜 그렇게 오래 망설이셨어요?"

"이미 아이가 셋이나 있는 데다 경제적으로 자리 잡는 데 시간이 오래 걸렸어요. 무엇보다 20년의 망명 시절 동안 누군가에게 마음을 깊이 주지 못하도록 훈련되었던 게 컸죠. 난민촌에서 어려운 시절을 함께 이겨낸 부부들이 독립 후 수도 없이 헤어지는 걸 보면서 결혼이라는 걸 믿지 않게 되기도 했고요."

"사랑이 뭐라고 생각하세요?"

"서로 아껴주고 존중해주고 소통하는 것?"

"그럼 사랑하는 사람과 자녀들에게 그 사랑을 표현해보는 건 어떠세요?"

"내가 원래 말이 없는 데다 감정 표현을 못 하도록 훈련받은 사람이라……."

그는 말꼬리를 흐렸다. 30분만 허락한다던 그의 말과는 달리 인터뷰는 어느덧 1시간을 넘기고 있었다. 그는 만나기 전의 까칠한 태도와는 다르게 아버지처럼 자상하게 나를 시내까지 차로 태워다 주었다. 나는 페니에게 그의 인터뷰 녹음 파일을 보내주었다. 그녀의 반응은 놀라움 그 자체였다.

"수영, 어떻게 감사를 표현해야 할지 모르겠어. 아빠가 너에게 해준 얘기 난 정말 처음 듣는 거거든. 거기다 아빠가 날 사랑하고 자랑스러워하는 줄은 상상도 못 했어. 어떻게 아빠라는 사람이 이렇게 자식에게 무심할 수 있을까, 엄마와 아빠가 사랑했다면 과연 나한테 이럴 수 있을까 하고 늘 생각했는데, 두 사람이 겨우 1달 만난 사이였다니……. 그렇게 생각하니 아빠의 행동도 이해가 가. 우리 때문에 아빠가 결혼을 못 했다니 오히려 내가 더 미안해지네."

다행이었다. 26년에 걸친 부녀의 오해를 이제라도 풀 수 있어서. 내가 하는 이 프로젝트에 보람이 느껴지며 가슴이 먹먹해졌다. 전쟁과 투쟁으로 점철된 인류의 역사에서 얼마나 많은 남자가 서로

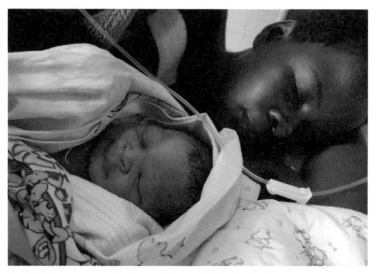

경제의 분배뿐만 아니라 사랑의 분배도 전 지구적으로 확대할 수는 없을까.

를 죽이며 죽어갔는가. 얼마나 많은 사람이 그들의 부재로 인해 남
은 인생을 고통 속에 살았을까.

　수십 년의 투쟁을 통해 남아공의 인종차별을 종식한 넬슨 만델
라는 세계적인 영웅으로 기억되지만, 사랑에서만큼은 영웅이 아니
었다. 혁명에 가담하느라 집에 들어가지 못했던 날이 허다했고 종
교적인 갈등까지 겹쳐 네 아이의 엄마인 첫 번째 부인과 이혼했다.
그리고 두 번째 부인과 결혼한 지 4년 차, 아이가 18개월일 때 체
포되어 감옥에서 28년을 보냈다. 그가 감옥에 있는 동안 그의 대
변인 역할을 했던 두 번째 부인은 수많은 남자와 외도를 했고 심지
어 만델라가 출소한 후에도 이를 멈추지 않았다. 무엇보다 그녀가
정치적 목적을 위해 납치와 살인을 사주했다는 의혹이 퍼지자 만

델라는 대통령 재임 중 그녀와 이혼했다.

이후 그는 모잠비크의 전 영부인이자 교육부 장관이었던 그라사를 만나 여든 살에 결혼하고 그녀의 품에서 세상을 떠났다. 그가 진정한 사랑을 찾기까지 80년이 걸린 것일까, 아니면 그토록 간절히 원했던 투쟁을 성공시키고 나서야 비로소 사랑을 추구할 수 있었던 것일까.

심리학자 매슬로는 인간은 각자의 욕구와 필요에 따라 행동하는데, 그 욕구에는 단계가 있으며 하위 단계의 요구가 충족되었을 때 상위 단계로 나아간다는 '욕구 단계설'을 주장했다. 가장 아래 단계는 의식주와 관련된 생리적 욕구로 이것이 충족되면 안전 → 애정 → 존경 → 자아실현의 욕구로 올라간다. 그러다 보니 왕족이나 귀족 등 소수의 특권층이 아닌 대부분의 사람이 사랑을 추구할 수 있게 된 것도 인류 역사상 아주 최근의 일이다.

이제 선진국에 사는 많은 사람이 자아실현을 하지 못해 전전긍긍하는 반면, 생리적 욕구와 안전 욕구를 충족하지 못하고 있는 지구 반대편 사람들에게는 아직도 사랑이 사치일 것이다. 그로 인해 마땅히 사랑받아야 할 아이들이 사랑받지 못하고 자라나는 것은 아직도 간과할 수 없는 시대의 비극이다.

경제의 분배뿐만 아니라 사랑의 분배를 전 지구적으로 확대할 수는 없을까. 나미비아의 마지막 밤, 심란한 나는 잠을 이룰 수 없었다.

은도로 가의
형제들

♥

여기가 짐바브웨 맞나? 커다란 수영장에 테니스 코트, 정원과 바비큐 테라스, 집 안에는 거실만 다섯 개이고, 조깅 트랙에 등산로까지 있다. 실업률 80%에 국민의 70%가 절대 빈곤층이며 25%가 난민으로 다른 나라를 떠돌고 평균수명은 44세밖에 안 되는 가난한 나라 짐바브웨인데, 나는 지금 궁전 같은 저택에 와 있다.

이곳은 홍콩에서 꿈 인터뷰 때 만났던 이타이의 형네 집이다. 이타이는 어릴 때 미국으로 건너가 접시닦이부터 시작해 온갖 아르바이트를 하며 공부를 해서 골드만삭스 임원이 된 친구이다. 나는 호기심이 발동했다. 원래부터 부자 가족이었다면 이타이가 뉴욕에서 접시를 닦아가며 그렇게 고생을 했을 리는 없는데, 어떻게 된 걸까? 또 이타이에게 배다른 형제까지 열 명의 형제들이 있다고 하니 그 사연도 궁금해졌다.

짐바브웨에서 방문한 궁전 같은 저택. 이곳에 홀로 다섯 아이를 키워야 했던 이타이의 어머니가 있었다.

약간은 불순한 호기심에 사로잡힌 나는 사랑 인터뷰를 핑계 삼아 이타이의 어머니를 통해 집안 내력을 파헤쳐보기로 했다. 1929년에 선교사 집안에서 태어나 간호사로 일하던 이타이의 어머니는, 스물한 살 때 당시 은행에서 일하던 이타이의 아버지를 만나 결혼했다. 그는 그녀 인생의 유일한 남자였다. 두 사람은 다섯 명의 아이를 낳았지만, 종종 바람을 피우던 그는 결국 결혼 22년 차에 다른 여자에게로 갔다. 그녀는 홀로 다섯 아이를 키워야 했다.

"많이 힘드셨겠어요."

"남편이 날 떠나갔다는 사실이 힘들었지만 당장 혼자 힘으로 다섯 자식을 키우는 게 더 시급했어요. 그가 양육비를 주지 않을 때마다 아이들을 작은 집으로 보내 돈을 타 오라고 했는데 빈손으로 돌아올 때가 많았죠. 난 다시 간호사로 일하며 아이들을 키웠어요. 먹고살기 힘들었지만, 다행히 다섯 자식 모두 대학을 보낼 수 있었어요."

"어떻게 그 시간을 견뎌내셨어요?"

"울기도 하고 남편과 싸우기도 했지만, 평생 신세 한탄만 하고 살 수는 없으니 그를 용서하기로 했죠. 뒤늦게나마 그 역시 자신의 잘못을 깨닫고 사과했고요."

홍콩에 있는 이타이에게 아버지에 대한 기억을 묻자 그는 담담하게 가족사를 털어놓았다. 아홉 살 때부터 아버지의 부재로 힘든 청소년기를 보냈던 이타이는 어느 정도 자리를 잡은 후에 아버지와의 관계를 회복해보려 했다. 하지만 아버지가 어머니를 비난하고 자신에게 돈을 요구하자 화가 나서 연락을 끊어버렸단다.

"미국에 있을 때 아버지가 돌아가셨는데 난 장례식조차 가지 않았어요. 지금 와서는 후회하고 있지만……. 나와 형제들이 모두 성공한 건 아버지보다는 세 어머니의 역할이 컸죠. 어머니는 힘든 시간을 보냈음에도 불구하고 자식들을 절대 포기하지 않았어요. 누나랑 미국에 살 때 어머니가 그 좁은 아파트에서 집안일하고 손자들을 돌보며 우리를 뒷바라지해 준 덕에 우리가 스스로 돈을 벌고 공부할 수 있었죠."

이타이의 어머니는 아버지의 첫째 부인으로, 다섯 명의 아이를 낳았다. 둘째 부인은 두 명, 마지막 부인은 세 명의 아이를 낳았는데, 은도로가의 10형제 모두 행복하게 잘살고 있고 아버지의 죽음

이타이의 배다른 동생 타우와 그의 가족. 이타이와 달리 타우는 10형제의 성공을 아버지에게 돌렸다.

후에도 서로 왕래하고 지낸다고 한다.

내가 지금 묵고 있는 넓은 저택을 소유한 이타이의 형도 혼자 힘으로 공부해 다국적 기업의 CEO 자리에 올랐다가 담배농장 사업에 뛰어들었다. 숱한 경제적 위기로 여러 번 사업 실패 직전까지 갔지만, 특유의 근성으로 위기를 이겨내며 오늘날까지 왔다고 하니, 내 불순한 호기심이 부끄러워졌다.

이타이는 아버지의 둘째 부인에게서 태어난 이복동생 타우를 소개해 주었다. 시원시원한 인상과 호쾌한 성격의 소유자인 타우는 아버지에 관한 이야기를 좀 더 자세히 들려주었다.

기자였던 아버지는 짐바브웨가 '로디지아'라고 불렸던 시절, 젊은이들을 설득해 해방교육과 전투훈련을 시킨 후 백인 정부에 대

항하는 게릴라전에 보내는 일을 했다. 그는 짐바브웨를 세우기 위해 런던에서 열린 제헌 회의까지 갔을 정도로 영향력이 있었지만, 지금의 대통령인 무가베와 다른 노선을 지지하여 정치적 기반을 잃고 말았다. 그래도 말솜씨와 사업 수완이 좋았기에 보험 영업, 농작물 브로커, 컨설턴트, 카 딜러 등 잠시도 쉬지 않고 끝없이 새로운 직업에 도전하며 큰돈을 모았단다.

"대부분의 사람이 평생 한 가지 일만 하며 살아가는데, 한 직업에 안주하지 않았던 아버지는 사랑에서도 한 여자에게 만족하지 못하고 늘 새로운 자극이 필요했죠. 앞길이 창창한 젊은이들을 목숨을 내놓는 게릴라전에 투입할 정도의 말솜씨를 가진 데다 재력과 사교성까지 갖췄으니, 여자 유혹하는 건 일도 아니었겠죠."

아버지는 이타이의 어머니와 결혼한 상태에서 타우의 어머니와 10년간 함께 살았고, 그 기간에도 여러 여자를 전전했다. 당시의 법은 그리 복잡하지 않아 지금 사는 '큰집' 부인에게 두 번째 결혼을 허락받을 필요도 없었다. 어느 날부터 집에 안 들어오면 '작은집' 여자가 생긴 것이었고, 그 여자에게 가서 살다가도 종종 큰집으로 돌아오기도 하는 등 관계의 경계가 분명치 않았다.

이타이는 청소년기를 아버지 없이 보낸 반면, 타우는 어린 시절 아버지와 함께 보낸 시간을 무척 소중히 기억하고 있었다. 아버지는 그에게 종종 '자식 중에서도 네가 제일 좋아' 하고 속삭이곤 했고 '사나이로 태어났으면 큰 꿈을 가져야지'라며 격려했다. 타우는 열 명의 형제들이 모두 성공한 것은 꿈을 향해 도전하고 쉽게 포기하지 않는 강한 성품을 주신 아버지 덕분이라고 강조했다.

"아버지가 다른 여자에게 가고 나서 어머니가 상처받지 않았나요?"

"어머니 성향 자체가 쉽게 상처받는 스타일도 아니었던 데다 본인 스스로가 '작은집'이라는 사실을 인정하셨어요. 그래서 다른 부인들을 질투하거나 아버지 험담을 한 적도 없으셨죠. 내가 아빠를 보고 싶다 하면 셋째 부인 집에 계실 테니 갔다 오라고 하셨어요. 그럼 난 그 집에 찾아가 셋째 부인이 해준 요리를 아버지와 먹고 돌아왔죠.

우리 10형제는 아버지의 장례식에서 처음 만났어요. 아버지 생전에 세 부인끼리는 서로의 존재에 대해 알고 있었지만, 굳이 연락하거나 충돌하지 않고 각자의 가정을 꾸리며 살았죠. 그러다 아버지가 돌아가신 후 우리가 나이 들어가면서 '우리 모두 한 형제인데 서로 돕고 살자'며 왕래를 시작한 거예요. 어찌 됐건 아버지로부터 공통된 유전자와 비전을 물려받았으니까요. 세 어머니 모두 아이들에게 아빠나 다른 집 가족을 원망하지 않도록 키웠기에 가능한 일이겠죠. 이제 우리는 아버지에 대한 추억을 함께 나눠요."

대개 일부다처제 하면 중동의 이슬람 국가를 떠올리지만, 기독교 인구가 다수인 탄자니아, 우간다, 잠비아, 남아프리카공화국 등 아프리카 나라들도 상당수 일부다처제를 허용한다. 이슬람의 일부다처제가 7세기 아라비아에서 빈발했던 전쟁으로 인해 남겨진 과부와 자식들을 부양하기 위한 목적에서 비롯했다면, 아프리카 부족사회에서 아내를 여러 명 거느리는 것은 권력의 상징이었다.

그러나 아내들 사이의 갈등과 질투로 인해 집안이 풍비박산 날 수 있기에 그녀들의 거처를 분리하고, 동등한 섹스와 경제권을 보장하며 한 명만을 편애하지 않도록 하는 다양한 룰이 생겨났다. 하지만 한 남자가 여러 명의 아내를 건사하기가 쉽지 않고 무엇보다도 상대적으로 경제력이 떨어지는 남자들은 아예 결혼하지 못한다는 사회적 병폐도 있다.

짐바브웨에서는 이타이 부모 세대 때 전쟁으로 많은 남자가 죽으면서 여자가 남자의 두 배 가까이 많았기에 일부다처제가 흔했다. 하지만 남녀 비율이 1 대 1에 가까운 오늘날에도 무능한 남자의 첫째 부인이 되는 것보다 차라리 능력 있는 남자의 둘째 부인이 되어 편하게 사는 게 낫다고 생각하는 여자들이 많다고.

돌아가신 타우의 어머니 역시 부유한 집안에서 자라 1960년대에 여자로선 흔치 않게 교육을 받았고 교사에서 시작해 교육청장까지 오른 대단한 여성이었다. 하지만 둘째 부인이 되는 것에 대한 거부감은 없었다. 타우는 거리낌 없이 이야기를 이어갔다.

"내 둘째 부인이 되고 싶다는 여자들도 줄을 섰어요. 그녀들은 남자에게 의존해서 살아가려는 여자들도 아니에요. 그중 한 명은 변호사인데, 사랑하는 사람과 일주일에 사흘만 함께 있으면 충분하다고 생각하는 진보적인 사람이죠."

나는 타우를 통해 셋째 부인의 딸 루텐도를 소개받아 만났다. 큼

이타이 아버지의 3번째 부인
의 딸, 루덴도.

직한 귀걸이와 화려한 립스틱을 바르고 씩씩하게 지프차를 몰고
나타난 그녀는 금융회사의 매니저이자 경제신문의 칼럼니스트로
도 활동하는, 무엇보다 20대 후반의 나이에도 아직 미혼인 짐바브
웨의 흔치 않은 신여성이다. 그녀의 어머니는 스무 살 때 쉰 살의
아버지와 결혼했고, 아버지가 일흔의 나이로 세상을 떠날 때 그 곁
을 지켰다. 그녀에게 들은 이야기는 타우의 이야기와 조금 달랐다.

"아버지는 남들 보기엔 성공한 인생이라고 볼 수도 있어요. 하
지만 다른 사람들을 좀 더 배려했다면 더 좋은 아버지, 더 좋은 인
간이 될 수 있었을 거예요. 늘 당당하고 목소리가 쩌렁쩌렁하던 아
버지였지만, 말년은 초라하고 쓸쓸했거든요."

루텐도의 어머니는 아버지를 사랑했고 그의 전 부인들을 존중했
지만, 그가 결혼 5년 만에 다른 여자에게 떠나버렸을 때는 많이 힘
들어했다. 하지만 힘든 내색은 하지 않고 일을 하며 자식들을 돌보
았다. 5년 후, 아버지는 에이즈에 걸려 돌아왔고 어머니는 이후 10

년간 아버지를 병간호했다.

"가족 중에 에이즈 환자가 있다는 건 엄청난 수치였기에 우리는 혹시나 그 사실이 알려질까 전전긍긍했어요. 경제적으로도 많이 힘들었죠. 난 그런 아버지가 너무 미워서 돌아가시기 전날에야 겨우 병원을 찾아갔어요. 마흔에 과부가 된 어머니는 아버지가 돌아가신 후에도 몇 년을 공포에 떨다가 결국 HIV 검사를 받았어요. 다행히 음성이었죠. 그 후 어머니는 에이즈로 남편을 잃은 과부들을 돕다가 지금은 에이즈 예방 및 치료를 지원하는 NGO의 짐바브웨 대표로 일하고 있어요."

그는 과연 성공한 인생이었을까, 실패한 인생이었을까. 열 명의 자식 중 한 명도 죽지 않고 다들 교육을 잘 받아 좋은 직업을 가지고 있으며 결혼해서 손자들을 낳아 은도로 가문을 이어가는 것을 보면, 그는 종족 번식이라는 미션에는 크게 성공한 것으로 보인다. 하지만 이기적인 행동들로 많은 이들에게 상처도 남겼다.

은도로 가문의 세 어머니는 어떻게 아이들 앞에서 다른 부인들을 질투하거나 아버지 험담을 한마디도 하지 않을 수 있었을까? 아이 양육에 도움도 주지 않고 다른 여자에게 가버린 남편을 충분히 원망할 수도 있었을 텐데. 자신의 삶을 숙명으로 받아들여서였을까, 아니면 자식들을 배려한 지혜였을까?

아마도 세상의 많은 어머니가 그렇듯 먹고살기 바쁘고 힘들어 미워할 여유도 없지 않았을까. 그리고 남편에 대해 미움보다 자식에 대한 사랑이 더 컸을 것이다. 아이들이 아버지를 존경하고, 스스로에 대해 더 나은 자존감을 가질 수 있도록 자신을 희생하면서까지 아버지의 자리를 만들어준 것 아니었을까.

말은 힘이 세서 부정적인 말은 하는 사람도 듣는 사람도 불행하게 만든다. 그 대상이 자신의 아버지라면 더욱 심각하다. 자신을 낳아준 사람을 부정하는 것은 자신의 존재 자체를 부정하는 것과 다를 바 없기 때문이다.

하라레에서 마흔 살이 넘은 짐바브웨의 골드미스를 인터뷰한 적이 있다. 그녀는 유부남에게 10여 년간 농락당하면서도 그에 대한 집착을 끊어 내지 못했는데, 그 이유로 어머니를 지목했다. 어릴 적부터 두 집 살림하는 아버지를 원망해온 어머니가 자신에게 끊임없이 "남자는 늘 한눈을 파는 족속이야. 그 사람이 목사님이든 대통령이든 마찬가지지. 원래 남자는 그런 종자야"하며 남자에 대한 부정적인 생각을 세뇌한 것이다. 그녀는 그로 인해 무의식적으로 결혼을 믿지 않게 되었단다. 그래서 자신에게 다가오는 멀쩡한 남자들을 거부하고 뻔히 알면서도 그 유부남에게 끌려다녔다는 것이다.

요르단에서 만난 행복 코치는 행복의 50%가 유전이라고 했다. 행복이란 자신의 삶을 받아들이는 태도에 달린 것인데, 그 태도는 부모에게 큰 영향을 받는다는 것이다. 만약 세 어머니가 다른 여자에게 간 남편을 원망하고 아이들에게 그 분노를 쏟았다면 은도로 가문의 10형제 들은 지금과는 다른 삶을 살고 있었을지 모른다.

그녀들이 겪었을 고통은 가늠하기 힘든 것이지만, 그들의 사랑과 노력 덕분에 자식들이 성공하고 세 가족이 화합하며 살 수 있는 것이다.

10년 전에 돌아가신 친구 아버지의 삶이 이렇게 많은 생각을 하게 만들 줄이야. 나는 종종 내가 1년 후에 죽는다면 그 1년 동안 무엇을 할 것인가를 인생의 중요한 선택 기준으로 삼아왔다. 그러던 나에게 더 중요한 기준이 생겼다.

'나는 죽고 나서 어떤 사람으로 기억되고 싶은가.'

이를 생각하면 나만을 위해 살 것이 아니라 다른 사람들에게 더 많이 베풀고, 더 나은 세상을 위해 노력하고, 내 주변 사람들을 사랑하고 그들에게 긍정적인 영향력을 끼쳐야겠다는 생각이 든다. 누군가에게 꿈과 사랑을 남겼다면, 그 인생은 성공으로 볼 수 있을 테니까.

목숨 걸고
사랑한다는 것

♥

플로렌스는 태어났을 때부터 천덕꾸러기였다. 에스프레소 커피처럼 새까만 아버지 피부색과는 달리 카페라테 같은 갈색의 밝은 피부를 가지고 태어났기 때문이다. 그녀의 아버지는 아내가 피부색이 밝은 사촌과 간통을 저지른 것으로 의심하며 툭하면 이를 빌미로 아내를 폭행했다.

물론 그 미움은 플로렌스에게 가장 크게 돌아왔다. 그녀가 초등학교 1학년 때 아버지는 주술사를 시켜 만든 독극물을 그녀에게 마시게 했다. 그녀는 천만다행으로 죽지는 않았지만, 그 후 기절하고 혼수상태에 빠지는 일이 다반사였다. 심한 기침이 멈추지 않아 학교에 1년 동안 나가지 못했지만, 아버지는 그녀를 병원에 못 가게 했다. 심지어 그녀를 간호하려는 할머니마저 "이 저주받은 아이는 죽어야 해요"라며 위협했다. 한번은 한 제례에서 그녀의 목을 베서 희생물로 바치려고 한 걸 겨우 도망쳐 나오기도 했다.

아버지에게는 또 다른 부인과 그 부인에게서 낳은 자식들이 있었다. 아버지는 점점 어머니와 둘째 부인을 차별대우하더니 나중에는 아예 그녀와 어머니를 시골에 버리고 시내에 있는 둘째 부인과 함께 살았다. 중학교 땐 그녀의 책을 가져다 둘째 부인의 아이들에게 줘버려서 공부할 수도 없었다.

"엄마, 아빠는 왜 공부를 못 하게 해요?" 플로렌스가 이렇게 따져봤자 아빠의 폭력으로 몸이 성한 데 하나 없는 엄마는 그저 눈물만 흘릴 뿐이었다. 그녀는 이불이 없어서 죽은 사람을 쌌던 수의를 얻어다 쓰고, 교회를 갈 때는 전날 밤에 한 벌밖에 없는 옷을 빨아 젖은 채로 입고 갔다.

반면 일부다처제 집안에서 자란 레오는 부인이 한 명 이상이면 가족이 분열되고 문제가 많으니 평생 한 부인에게만 충실하리라고 다짐했다. 20년 전, 경찰 훈련을 받던 그는 동기의 집에 들렀다가 그의 사촌이라는 어린 소녀 플로렌스를 보고 한눈에 반했다. 그는 아직 학생이라는 플로렌스에게 "너 고등학교 졸업하면 나한테 시집와라. 내년에 찾아올 테니 고민해봐"라며 그녀를 놀라게 했다.

다음 해 그녀를 찾아가 보니 그녀는 학비가 없어서 학교에 못 가고 집에 있었다. 그는 "차라리 우리 집에 와서 살아. 내가 공부시켜줄게"라고 설득해 그녀를 데려왔다. 하지만 그녀는 나이가 한참 어린 동생들과 공부하는 게 못내 불편해서 학교를 나가지 않겠다고 했다. 마침 임신한 그녀는 공부를 포기하고 레오와 결혼하기로 했다.

그녀의 아버지는 소 다섯 마리, 염소 다섯 마리와 돈, 고기, 세숫 비누와 세탁비누, 설탕, 파라핀 20ℓ 등의 엄청난 신붓값을 요구했고, 레오는 이를 치르기 위해 다른 데서 돈을 빌려야 했다. 그걸 받고 나서도 플로렌스의 아버지는 학교에 보내준다고 데려가 놓고는 안 보냈다며 또 시비를 걸었다. 그녀는 "전 남편을 사랑해요. 학교에 안 간 건 제 선택이지 이 사람 잘못이 아니에요. 저희 결혼하게 내버려 두세요"라며 태어나서 처음으로 아버지에게 대들었다. 레오는 이런 그녀의 모습에 더욱 반했고, 결국 플로렌스의 할아버지가 아버지 대신 결혼을 승낙해주었다.

신혼 초기엔 웃지 못할 일도 있었다. '경찰은 바람도 많이 피우고 부인을 때린다니 조심하라'라는 할머니의 경고에 플로렌스는 그가 술을 마시고 들어올 때마다 화장실에 숨었다. 레오는 그런 그녀를 보며 어리둥절했고, 그녀는 자신을 때리지 않는 그에게 감사했다.

첫아이가 태어났고 이어 둘째, 셋째, 넷째 아이가 태어났다. 플로렌스 부부네는 경찰 사택에 사는데, 말이 사택이지 슬럼가와 별다를 바가 없다. 여섯 명의 가족이 3평 남짓한 어두컴컴한 방 한 칸에서 함께 지내고, 옆방의 다른 경찰 가족과 2평 남짓한 주방과 화장실을 공유한다. 열악하기 짝이 없는 환경에서 레오의 1달 월급 8만 원으로 빠듯하게 살지만 두 사람은 행복하다. 하지만 플로렌스 친정 가족들의 모함과 괴롭힘은 아직도 여전하다.

이렇게 목숨 걸고 사랑할 수 있을까. 에이즈에 걸린 아내 플로렌스와 그녀를 지켜주는 남편 레오.

"평생 친정 식구들 때문에 받은 고통을 뭐라 말로 설명할 수가 없어요. 내가 믿을 사람은 남편과 아이들뿐이죠. 이 사람은 다른 사람들처럼 절 함부로 대하지 않고 아껴줘요. 날 있는 그대로 사랑해주는 사람이 있다는 사실이 정말 기쁘고 감사해요."

"여보, 당신은 하느님이 내게 보낸 선물이에요. 당신이 가족에게 못 받은 사랑을 내가 평생 채워줄게요."

그는 눈물을 훔치는 그녀를 꼭 껴안아 주었다. 천덕꾸러기로 자란 그녀는 대부분의 사람이 당연하게 여겼을 소소한 배려와 관심에도 감사해 했고, 사랑은 그렇게 저주받은 그녀의 삶을 축복으로 바꾸어놓았다.

마냥 행복할 것만 같던 두 사람에게 먹구름이 드리워진 것은 12

년 전. 플로렌스는 넷째 아이를 낳고 불임 주사를 맞으러 갔다. 이미 약물이 주입된 주사기인 거 같아 간호사에게 일회용 주사기가 맞느냐고 물었는데, 간호사는 짜증을 내며 그런 걸 따지려면 다음에 오라고 했다. 너무 오래 기다린 그녀는 찝찝한 마음에도 불구하고 주사를 맞았다.

2년 후 몸이 아파 테스트를 받아보니 HIV 검사결과가 양성이었다. 그때부터 약을 먹기 시작했지만 2007년 결국 에이즈 판정을 받았고 면역력이 현저히 낮아진 상태에서 기생충 감염으로 인한 상피병에까지 걸렸다. 한쪽 발과 종아리가 코끼리 다리처럼 부어오르고 피부가 고목처럼 딱딱 해지는 데다 온몸에 기생충이 기어 다니는 고통을 느끼는 상황에서 설상가상 교통사고까지 당했다. 거기다 2008년에는 말라리아와 장티푸스까지 걸렸다.

친정 식구들이 또 주술사를 통해 저주를 건 거라고 괴로워하는 그녀를 레오는 곁에서 위로하며 3개월 동안 병간호했다. 그의 극진한 사랑과 간호 덕에 크고 작은 병을 이겨낸 그녀는 다행히 정부에서 제공하는 저렴한 약을 먹으면서 정상인처럼 생활하고 있다.

하지만 에이즈에 걸린 이들을 가장 힘들게 하는 것은 주위 사람들의 손가락질과 외면. 보통 우간다 남자들은 성매매 여성들에게서 HIV 바이러스에 전염된 후 아내에게 다시 옮기고도 자신이 원인 제공자라는 것을 인정하지 못해 아내에게 누명을 씌우고 쫓아내기도 한다. 아내가 보균자라면 더 말할 것도 없다. 플로렌스 역시 남편을 잃을까 두려웠지만, 레오의 반응은 달랐다.

"남편에게 다른 여자를 찾으라고 했지만 이 사람은 내 말을 듣지 않았어요. 내가 언제 죽을지 모른다는 공포에 질려 있을 때도 자신은 언제나 내 편이라고 말해주었죠. 그래서 남편과 아이들을 위해서라도 강해지려고 해요."

"어떻게 고통받는 아내를 떠날 수가 있어요? 난 그녀가 얼마나 힘들까 싶어 마음이 아플 뿐이에요. 내가 할 수 있는 건 그녀 곁에 있어주고 지켜 주는 거죠."

"레오는 에이즈 옮는 게 두렵지 않아요?"

"물론 아이들을 위해서라도 나까지 죽으면 안 되니까 콘돔을 사용해요. 하지만 하느님이 날 지켜 주실 거고, 내가 그녀를 지켜 줄 거예요."

나는 처절한 절망 속에서 이토록 사랑하고 아끼는 사람들을 본 적이 없다. 아무리 좋은 상황에서도 서로의 다른 점을 탓하고 비난하며 쉽게 헤어지는 사람들도 많은데, 이렇게 목숨을 걸고 사랑하는 사람들이 있다니. 그들과 함께 있는 시간이 내게 깨달음이고 축복이다.

"플로렌스는 꿈이 뭐예요?"

"아이들 넷 다 대학까지 보내고 좋은 직장에 취업시키는 거요. 언제 죽을지는 모르지만, 적어도 내가 살아 있는 동안 그 꿈이 이루어졌으면 좋겠어요."

"무슨 소리야 당신……. 난 다른 여자랑 결혼하기 싫으니 건강 관리 잘 해야지……."

두 사람은 다시 눈물을 글썽였다. 예전에 플로렌스가 건강했을 때 옷 장사를 해서 조금이나마 살림에 보탰지만, 몸이 아파서 이를 그만두고, 이후 모든 저금을 그녀의 병원비와 약값으로 쓴 탓에 애한 명 학비 내기도 버겁단다. 다행히 두 명의 아이는 한 NGO로부터 학비를 지원받지만 최근 막내가 학비를 내지 못해 1달간 학교를 못간 데 대해서는 두 사람이 무척이나 속상해했다.

"다시 돈을 모아서 예전에 하던 옷 장사를 하고 싶어요. 그렇지만 일단 빌린 돈을 갚아야 하니 언제쯤 자본금을 마련할 수 있을지 모르겠어요."

"자본금이 얼마나 필요한데요?"

"아주 많이 들어요. 물건도 사야 하고 시장에 좌판도 마련해야 하고……."

"그게 얼마인데요?"

그녀는 백만 실링(약 40만 원)이라고 말하고 한숨을 쉬었다. 레오의 5달 치 월급이었다. 하지만 빚과 아이들 학비, 생활비에 허덕이는 그들이 이 돈을 모으려면 2~3년쯤 걸릴지도 모르겠다.

"저 두 사람의 꿈을 돕고 싶어요. 제가 백만 실링을 드릴게요. 대신 이 돈은 장사에만 써주세요. 수입을 계속 만들어야 아이들 공부도 시키고 빚도 갚을 수 있는 거니까요."

놀란 두 사람은 두 손으로 얼굴을 감싸더니 잠시 말을 잃었다.

"세상에……. 이럴 수가……. 하느님께서 당신을 우리에게 보냈군요. 정말 감사해요……."

플로렌스와 레오에게 감동한 나는 그들 가족이 다시 일어설 수 있도록 종잣돈을 보태주었다. 다행히 장사가 잘되어 아이들이 학업을 계속할 수 있게 되었다.

"플로렌스, 당신이 이렇게 훌륭한 남편을 만난 것은 당신 역시 훌륭한 아내이기 때문이에요. 당신은 누구보다 행복할 자격이 있고 당신 자녀들 역시 교육을 받을 자격이 있어요."

네 명의 아이들 역시 말을 잇지 못하며 무릎을 꿇고 내 손등에 입을 맞췄다. 사실 40만 원이라면 우리에겐 그렇게 큰돈이 아닌데, 이토록 감격하는 그들의 모습에 나는 눈시울이 뜨거워졌다.

다음 날 어린이재단 우간다 현지 직원의 합석하에 나는 백만 실링을 전달하고 외식을 한 번도 해본 적 없다는 그들을 식당으로 초대했다. 태어나서 처음 레스토랑에 온 가족은 뭘 주문해야 할지 몰라 다들 비슷한 치킨 음식을 시켜놓고는 치킨엔 정작 손도 못 댔다. 내가 먹으라고 하자 다들 두 조각 중 한 조각씩만 억지로 먹고 나머지는 다 싸 갔다.

플로렌스는 내가 준 돈으로 시장에 좌판을 얻었고 도매상에게 옷을 떼어 와서 장사를 시작했다. 그들은 종종 이메일로 소식을 전하는데, 장사가 잘되어 아이들 학비를 낼 수 있다고 한다. 회계사가 되고 싶은 열여덟 살 큰딸, 변호사가 되고 싶다는 둘째와 셋째, 조종사가 되고 싶은 초등학교 6학년인 넷째. 이 예쁜 아이들이 공부를 마치고 꿈을 이루는 그날까지 레오와 플로렌스가 건강하기를 간절히 빈다. 그들은 세상 누구보다도 행복할 자격이 있으니까.

복수보다
위대한 사랑

♥

울지 않으려고 했는데 결국 울어버렸다. 아니, 바닥에 주저앉아 통곡해 버렸다. 애써 눈물을 참으며 학살기념관을 돌아보던 나는 'Tomorrow Lost('잃어버린 내일', 아니 '빼앗긴 내일'이라는 해석이 좀 더 정확하겠다)'라는 이름의 사진전을 보고서 눈물을 멈출 수 없었다.

그곳에는 대학살로 생명을 잃은 수많은 어린이의 사진이 전시되어 있었다. 도대체 그네 타기를 좋아하던 다섯 살 어린이가 왜 어른들의 칼에 목숨을 잃어야 하는가. 부모님의 보살핌을 받아야 할 해맑은 일곱 살짜리 아이가 왜 엄마 아빠가 죽는 광경을 지켜봐야 하고, 시장에서 부모를 죽인 사람을 만나 공포에 떨어야 하는가. 왜? 도대체 왜?

소수의 투치족이 다수의 후투족을 지배해온 르완다에서 1959년부터 시작된 반목의 역사는 1990년대에 들어 내전으로 이어졌다. 1994년 후투족 출신의 대통령이 암살되면서 사태는 걷잡을 수 없이 악화되었고, 수개월 동안 군대와 극단적 후투족 민병대가 50만여 명의 투치족을 살해했다. 복수에 복수를 거듭한 살육과 전쟁으로 총 300만 명의 난민이 발생했고, 많은 이들이 극심한 식량 부족과 콜레라 등의 전염병으로 죽어갔다.

비극이 지나간 지 20년, 이제는 무슨 족이냐는 질문조차 금기시될 정도로 정부는 후투족과 투치족 간의 화해를 장려해왔다. 하지만 사랑하는 사람들이 눈앞에서 살해당하는 것을 지켜본 사람들 마음의 상처가 20년이 지났다고 치유될 수 있을까. 대학살은 너무나 큰 트라우마를 남겼다.

서른다섯 살의 주방보조이자 두 살짜리 아들을 둔 엄마, 늦깎이 대학생인 이마큘레이트 역시 아직 끝나지 않은 비극을 벗어나려 고군분투 중이다. 내전의 조짐이 시작된 1990년, 그녀의 아버지는 후투족이 만든 암살 목록에 자신의 이름이 있다는 것을 알고 급히 가족을 데리고 우간다 국경으로 도망가 난민촌에서 4년간 살았다.

2달 후, 후투족들이 투치족을 낫이나 돌, 칼로 무자비하게 죽이는 아비규환이 시작되면서 키갈리에 남아 있던 다른 친척들은 모두 죽었다.

"후투족 이웃들은 우리 집에 불을 지르고 불타는 집 속으로 삼촌과 아이들을 던졌어요. 심지어 임신한 숙모의 배를 가르고 애를 꺼내서 '이 투치족 자식 따윈 죽어야 해' 하며 불에 던졌대요. 그 사실을 알고 나서는 한동안 눈물조차도 흘릴 수 없었죠."

그녀는 눈물을 삼키며 또다시 꺼이꺼이 울었다. 나 역시 목에 뜨거운 것이 차올라 차마 말이 나오질 않았다.

르완다 내전이 끝나고 그녀의 가족들은 집으로 돌아왔지만, 집안의 재산은 사라지거나 훼손되었다. 형제들을 잃은 후 고통스러운 나날을 보내던 아버지는 얼마 후 교통사고로 돌아가셨고 남편과 가족을 학살로 잃은 첫째 언니는 정신이 나가버렸다. 둘째 언니도 말라리아로 죽었다. 셋째인 그녀는 하루아침에 가장이 되어 일곱 명의 동생과 노모를 보살피기 위해 유치원에서 애들을 가르치고 시장에서 물건을 팔기도 하는 등 여러 일을 전전했다. 하지만 살림은 늘 쪼들렸고 굶어 죽을 고비도 수없이 겪었다.

빠듯한 살림에도 불구하고 학업을 포기할 수 없어 서른이 넘어 들어간 대학에서 그녀는 남편을 만났다. 투치족인 남편은 10형제 중 유일하게 살아남았는데, 눈앞에서 남편과 막내 아이가 칼로 목이 베이는 것을 본 그의 어머니는 충격으로 정신이 나가버리고 말았다. 그 와중에 친척들은 그들의 전 재산을 가로채 가버렸다.

20년이 지난 지금도 그의 어머니는 살해자들이 마을을 활보하는 걸 볼 때마다 발작 증세를 일으킨다. "우리 애들이 죽었어. 내 남편, 내 소들……. 내 전 재산이 다 사라졌어!" 하며 소리를 지르고 옷을 찢기도 한다. 그럴 때마다 그녀와 남편은 제발 그만 잊고 용서하라고 울며 애원하지만 아무 소용이 없다. 아……. 이것은 인간이 감당할 수 있는 형벌인가.

Love is. a gift from
God because God is also Love
* Love is important thing becau
se tries to Unite people and bring
reconciliantion among people
who are in hatrade and they
Live in peace that is the wark
of Love
25 years My name is Immaculee
DREAM PANORAMA

인간의 사랑으로도 감당할 수 없는 삶에 대해 말해준 이마큘레이트.
그들이 살아남기 위해 필요한 용서의 깊이는 신의 영역일지도 모른다.
인간의 사랑으로 버티기엔 그 삶이 너무나 가혹하기에.

"그들을……. 용서했나요?"

"친척들이 당한 일을 생각하면 당장 살해자들을 찾아가서 그들에게 복수하고 싶지만……. 애써 용서하고 잊으려 노력해요. 그렇지 않으면 복수에 복수가 이어질 테니까요. 사는 게 힘들고 서러울 때일수록 친척들이 생각나고 때로는 그들의 고통스러운 죽음이 떠올라 잠 못 드는 날도 있어요. 그래서 열심히 기도해요. 그렇지 않으면 살 수가 없으니까……."

소중한 가족을 너무나 처참하게 잃어버린 아픔, 살아남은 가족을 부양해야 하는 책임감, 견디기 힘든 삶의 무게를 지닌 그녀와 남편은 서로의 상처를 다독이고 눈물을 닦아주며 그렇게 버팀목이 되어주었다.

"사랑이 뭐라고 생각하세요?"

"사람들의 마음속 미움을 녹이고 평화를 주는 하느님의 선물요. 그래서 내 가족을 죽인 사람들조차 사랑하려 해요. 용서하지 못하면 용서받지 못하니까요. 그게 내가 생각하는 사랑이에요."

그들이 살아남는 데 필요한 용서의 깊이는 인간의 영역이 아닌 신의 영역일지도 모른다. 인간의 마음으로, 인간의 사랑으로 버티기엔 그 삶이 너무나 가혹하기에.

카즈코모가 마을회관에 들어선 순간, 나는 뭐라 설명할 수 없는 싸늘한 기운을 감지했다. 날 선 긴장감이 공기의 분자 형태마저 바꿔놓은 듯한 느낌. 아니나 다를까, 그는 대학살 때 사람을 죽였다고 했다.

물론 그 역시 태어날 때부터 살인자는 아니었다. 시골의 가난한 집에서 자라 부모님이 돌아가신 후 네 명의 형제들을 부양하기 위해 중학교를 그만두고 농사를 지으며 평범하게 살았다. 내전 기간 극단적 후투족 민병대의 선동자들은 그를 포함한 젊은 후투족들에게 투치족을 죽이지 않으면 그들을 죽이겠다고 위협했다. 실제로 많은 후투족 온건파들이 이 때문에 죽었고, 당시 스물두 살이던 그 역시 두려움 때문에 학살에 가담했다.

"몇 명이나 죽였는지……. 물어도 될까요?"

"칼, 도끼, 창 등으로 투치족 남자 네 명, 여자 세 명을 죽였죠. 난 그때 사람이 아니라 로봇이었어요. 신이 존재한다고 생각할 수도 없었고, 인간으로서의 영혼은 상실된 상태였죠. 학살을 계획하고 지시한 사람들은 다 다른 나라로 떠났고 정작 나처럼 강제로 그 비극의 가해자가 된 사람들만 고통 속에 살게 되었어요."

그에게 살해당한 이들의 원한 때문일까, 구제받지 못한 그의 영혼 때문일까. 그의 표정은 차분해 보였지만 숨은 거칠었다. 눈빛도 불안해 보였지만 그는 애써 괜찮다고 했다. 그의 청춘이 파괴되고, 너무나 많은 삶이 광기에 희생되었다. 가해자도 피해자도, 살아남은 자들도……. 나는 또다시 눈물을 삼켰다.

"감옥에서 보낸 10년 동안 스스로 학살을 저질렀다는 사실을 인정할 수 없어 고통스러웠죠. 하지만 한 목사님의 도움을 받아 죄를 인정하고 피해자 가족들에게 용서를 구할 수 있었어요. 그들이 날

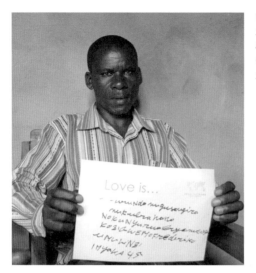

대학살 동안 투치족 7명을 죽이고 고통 속에 살아온 카즈코모는 사랑이란 '용서와 이해, 그리고 이웃들과 평화롭게 사는 것'이라고 대답했다.

죽일까 봐 두려웠지만, 다행히 용서해준 덕분에 마음의 평화와 자유를 되찾을 수 있었죠."

대학살 이후 많은 이들이 생지옥에 내던져졌다. 이웃끼리 눈을 마주치기조차도 고통스러운 시간이었다. 더 이상의 비극을 막기 위해 정부와 종교 관계자들, NGO가 합심해 용서와 화해를 호소했다. 이미 일어난 일을 부정하지 말고 인정하라고, 그리고 용서하고 용서를 청하라는 제안에 따라 많은 이들이 자신이 살기 위해서라도 피해자들에게 용서를 구했다. 피해자들 역시 살기 위해 가해자들의 용서를 받아들였다. 전국에 '화해의 마을reconciliation village'이 생겨나 피해자와 가해자 부인들이 만나 고통을 함께 나누고 서로의 상처를 치유하며 살아가고 있다.

카즈코모와 같은 '화해의 마을'에 사는 빈센트와 플로렌스는 결혼 11년 차 커플이다. 평범해 보이는 커플이지만 빈센트는 투치족, 플로렌스는 후투족이다. 두 사람의 부모님은 원래 같은 시골 마을 출신으로, 빈센트 가족이 도시로 이사를 했다가 1994년 학살을 피해 고향으로 도망 왔을 때 플로렌스 가족이 은신처와 음식을 제공하며 연이 다시 닿았다. 당시 열한 살이었던 플로렌스가 숨어 있던 빈센트 가족에게 음식을 종종 날라다 주곤 했다.

　하지만 그곳 역시 안전하지 않았기에 빈센트의 가족은 며칠 후 다른 곳으로 도망을 갔고, 굶주린 아이들에게 음식을 찾아주러 나간 빈센트의 아버지는 다시 돌아오지 않았다. 아버지가 없는 7남매의 삶은 힘들었다. 빈센트는 동생들을 보살피기 위해 고군분투했다.

　3년 후, 아버지를 죽였다는 사람이 나타나 빈센트에게 용서를 빌며 아버지가 묻힌 화장실로 데려갔다. 거기서 시체를 발견했지만 이미 형태를 알아보기는 힘들었다. 아버지의 비참한 죽음에 더 이상 흘릴 눈물도 남지 않은 그는 이게 삶의 끝은 아니라고 가족들을 위로하며 가해자를 용서했다.

　빈센트의 가족뿐만 아니라 여러 투치족 가족들을 도와주었던 플로렌스의 아버지는 학살의 광기가 극에 치달을 무렵 후투족 과격파들의 위협에 못 이겨 투치족을 잡으러 나섰다. 아버지가 사람을 죽였는지 아닌지는 모르지만, 3년 후 경찰에게 체포된 그는 감옥에서 죽었다. 어떻게 사망했는지 아무도 알려주지 않았고 시체조차 돌려주지 않았다. 열네 살의 플로렌스는 이후 학업을 포기하고 농사를 지으며 네 명의 어린 동생들을 보살폈지만, 가난에서 벗어날 수는 없었다.

대학살 후 9년이 흐른 2003년, 혹시 친척 중 살아 있는 사람이 있나 보러 아버지의 고향을 찾아간 빈센트는 거기서 아가씨가 된 플로렌스를 만났다. 대학살 동안 자신의 가족을 도와준 걸 기억한 그는 그녀에게 "다 컸으니 우리 같이 살자"고 제안했다.

생각지도 못한 프러포즈에 그녀는 깜짝 놀랐다. 아무리 평화의 시대가 왔다지만 그는 투치족이 아닌가! 투치족이 권력을 잡은 만큼 또 다른 보복이 있을까 봐 두려운 상황에서 그녀는 그의 프러포즈가 진짜인지 의심도 했다. 하지만 진심이 묻어나는 그의 눈빛을 보고 그의 청혼을 받아들였다.

양가 어머니는 당연히 결혼을 반대했고 상견례도 거부했다. 특히 후투족만 봐도 남편의 죽음이 떠올라 고통스러운 투치족 어머니로선 후투족 며느리를 맞는다는 것이 더더욱 힘든 일이었다. 결국, 두 사람만 구청에 가서 혼인신고를 하고 함께 살기 시작했다. 아이가 태어나자 가족들도 서서히 두 사람을 받아들였다.

"그녀의 아버지조차 학살에 가담했다는 사실을 알고 나서 기분이 어땠나요?"

"그 시절엔 다들 그래야 했잖아요. 그보다는 아직도 투치족과 후투족이라는 이유로 서로 반목하던 마을 사람들에게 이 두 부족도 결혼할 수 있다는 사실을 보여주고 싶었어요. 진심에서 우러나

"평생을 사랑해도 다 갚을 수는 없어요." 반목하던 후투족과 투치족의 화해를 보여준 빈센트와 플로렌스.

온 결정이었죠."

플로렌스 역시 입을 열었다.

"어느 날 사랑이 찾아와 고통 속에 살던 나를 치유하고 행복을 가져다주었어요. 우리 후투족이 투치족에게 한 짓을 생각하면 투치족 남자가 날 거둬준 것만으로도 무척 고맙고 미안한 마음이에요. 평생을 사랑해도 다 갚을 수가 없죠."

그녀의 손을 꼭 잡은 그가 도리어 그녀를 위로했다.

"이미 지난 일이고 그녀가 잘못한 것도 없는데……. 미안해하는 걸 보면 내가 더 미안하죠. 두 가족 다 고통을 겪었으니 서로 포용하고 용서하고 사랑하는 게 더 중요한 것 아닐까요?"

짧고도 긴 아프리카에서의 시간 동안 나는 숱한 의문과 회의가 들었다. 도대체 이곳 사람들은 왜 남을 속이고 훔치고 해칠까? 왜 정치인들은 힘겹게 식민지 독립을 하고 나서 부정부패와 독재, 전쟁과 학살처럼 인간성을 기만하는 끔찍한 사건들을 일으키는 걸까? 왜 어른들은 사랑하는 사람들을 이용하고, 자식을 낳고도 제대로 키우지를 못할까?

여전히 아프리카 사람들에게는 오늘 하루 살아남는 것이 기약 없는 미래보다 중요하다. 그래서 너 나 할 것 없이 당장 자신의 이익을 채우려 하고, 사람들은 아무 계획 없이 아이들을 낳는다. 문명과 광기의 양극단 중에서 광기가 조금 더 우세한 이 아프리카 대륙이지만, 이 대륙에서 흘린 수많은 피와 눈물은 아직 다 마르지 않았지만, 나는 빈센트와 플로렌스에게서 새로운 삶의 희망을 보았다.

그들처럼 이렇게 서로를 용서하고 사랑하며 산다면 세상에 용서하지 못할 죄가 어디 있으며, 사랑하지 못할 사람이 누가 있을까. 결국, 용서는 미움보다 크고, 사랑은 증오보다 강하다. 눈물의 대륙 아프리카가 사랑으로 충만하기를 기도하며 나는 아프리카를 떠났다.

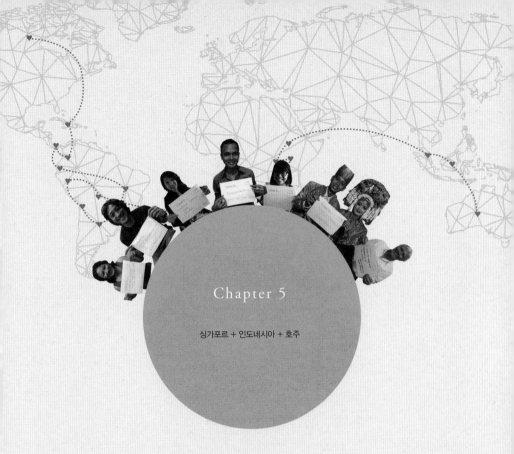

Chapter 5

싱가포르 + 인도네시아 + 호주

사랑은 계속된다

내가 어떤 모습이 되더라도 나를 있는 그대로
사랑해줄 수 있는 사람이 있다는 것은 얼마나 큰 안식을 주는가.
거기에 한 발 더 나아가 사랑을 통해
내가 꿈꿔왔던 이상적인 나의 모습이 되어갈 수 있다면,
사랑 말고 그 무엇을 기적이라 부르겠는가.

데이트 코치와의
데이트

♥

"혹시 싱글이세요? 제 고객 중 한 분이 당신 같은 30대 한국 여성을 찾고 있어요."

"네?"

에티오피아에서의 일정을 마치고 호주, 뉴질랜드 등 오세아니아 지역으로 바로 가려 했는데, 저렴한 티켓이 있어서 무작정 싱가포르에 갔다. 싱가포르에서의 둘째 날, 한 친구와 바에서 수다를 떨고 있는데 옆에 서 있던 남자가 어디에서 왔냐고 묻기에 '코리아'라고 대답하자 다른 테이블에 있던 여자가 반가워하며 질문을 던진 것이다.

"놀라게 해서 죄송해요. 전 결혼정보회사를 운영하고 있는데 한국 여자만 만나고 싶다고 고집을 피우는 남자 고객이 한 분 있거든요. 적당한 분을 못 찾아 고심 중이었는데 '코리아'라는 단어에 저도 모르게 반응을 해 버렸네요. 직업병이에요. 하하하."

그녀는 자신의 이름을 웬디라고 소개하며 명함을 내밀었다. 10대 때부터 소개팅 주선이 취미였던 그녀는 대학을 졸업하고 은행에 들어갔지만, 회사 일보다는 소개팅과 파티, 다양한 이벤트를 통해 친구들의 짝짓기를 돕는 게 더 즐거워 아예 회사를 그만두고 뉴욕으로 건너가 심리학 석사를 하며 데이팅 산업을 연구했다. 이후 싱가포르에 돌아와 상류층 고객들을 대상으로 결혼정보회사를 차렸다.

그러고 보면 미국에서는 데이트 산업 규모만 해도 22억 달러에 이르고, 결혼하는 커플 중 4분의 1이 데이팅 사이트를 통해 짝을 찾는다. 아프리카에선 소 몇 마리에 얼굴 한 번 본 적 없는 신부를 사 오기도 하는데, 지구 반대편에서는 짝을 찾는 데도 온갖 테크놀로지와 서비스가 제공된다니.

어차피 며칠 후면 싱가포르를 떠나니 그분을 소개받긴 힘들겠지만, 그녀의 이야기를 좀 더 듣고 싶어 인터뷰를 요청했다. 특히 그녀가 만남을 주선하는 것뿐 아니라 데이트 코칭도 한다고 하니 더욱 궁금했다.

"어떻게 하면 연애를 잘할까요?"

"누군가를 만나기에 앞서 사랑에 관한 올바른 시각을 갖는 게 우선이라고 생각해요. 특히 부모님의 불화, 외도, 가정폭력이나 학대 등으로 불행한 성장 과정을 보냈거나 실연으로 인한 트라우마를 가진 사람들은 무의식적으로 사랑에 관한 그릇된 인식과 부정적인 자아 이미지를 가지고 있어 연애를 망치는 경우가 많거든요.

"누군가를 만나기에 앞서 사랑에 관한 그릇된 인식과
부정적인 자아 이미지를 고치는 게 우선이에요.
그리고 나서 자신이 만나고 싶은 사람에 대해 정확히 알고
비현실적인 기대치를 낮추는 사람들은 보통 6개월 내로 짝을 찾죠.
반면 완벽한 사람을 찾으려는 사람들은 짝을 못 찾아요."

예를 들어 제 친구 하나는 겉보기엔 아주 훌륭한 신랑감이고 멋진 여자들을 쉽게 만나지만 사귄 지 몇 달 되지 않아 바람피우다 들켜서 여자에게 차이는 패턴을 반복해요. 어린 시절 부모님의 불화와 이혼을 지켜보며 결혼을 믿지 않게 되어 스스로 결혼을 못 하게끔 자기도 모르게 상황을 꼬는 거죠."

그래서 그녀는 모든 신규 고객들과 1시간 동안 면담을 하고 필요한 경우 심리치료를 먼저 받게 한단다. 이런 사람들에겐 이성을 만나는 것보다는 상담을 통한 치유가 우선이기 때문이다.

"그다음 중요한 건 자신이 원하는 상대에 대한 비현실적인 기대치를 낮추는 거예요. 제 고객 중에는 아이가 있는 40대 이혼남이 아직도 슈퍼모델급 외모를 갖춘 20대 미혼녀를 원하는가 하면, 30대 후반의 골드미스들이 최상위급 외모, 학벌, 직업에 연 소득 25만 싱달러(약 2억 1천만 원) 이상의 남자 아니면 안 만나겠다는 경우가 많거든요.

그들의 경우 공부나 일만 너무 열심히 해왔기 때문에 짝짓기 시장의 현실을 몰라요. 그래서 전 솔직히 조언해요. 당신이 원하는 그런 남자는 바람둥이거나 결혼 생각이 없는데 왜 여기 등록하겠느냐, 소득은 당신보다 낮지만, 잠재성이 큰 훌륭한 의사가 있으니 한번 만나보라는 식으로 현실적인 대안을 제시하는 편이죠."

그녀는 자기가 원하는 몇 가지 조건에 대해서만 정확히 선을 긋고 나머지 조건에 대해서는 열린 마음으로 받아들여야 결혼에 성공한다는 말을 덧붙였다. 흔히 10년 사귄 애인과 헤어지고 3개월

만에 다른 사람과 결혼하는 사람들이 있는데, 제삼자 입장에선 이해가 안 가겠지만 그런 사람들은 이미 결혼 직전까지 가봤기 때문에 일생일대의 결정에서 자기가 포기할 수 있는 것과 포기할 수 없는 것을 분명히 알기에 결정이 빠르다고 한다.

"자기가 어떤 사람을 만나고 싶은지 정확히 아는 사람들은 보통 6개월 내로 짝을 찾아요. 반면 완벽한 사람을 찾으려는 사람들은 짝을 못 찾아요. 물론 데이터상으로 그들이 원하는 이상형을 찾을 수는 있지만, 문제는 그 이상형이 당신을 좋아하느냐 거든요. 앤젤리나 졸리를 만나고 싶다 하면 제가 앤젤리나 졸리를 어떻게 소개까진 시켜줄 수 있지만, 그녀가 당신과 사랑에 빠지게 해줄 수는 없으니까요. 그래서 전 너무 맞지 않는 짝은 권하지 않아요."

"사람들이 주로 보는 기준은 무엇인가요?"

"남자들은 외모부터 보죠. 일단 얼굴이 중요하고 그다음은 몸매예요. 제 고객들의 경우 재력가들이 많다 보니 여자가 자기를 돈 때문에 만나는 건 아닌지 늘 조심스럽고 명품이나 물질적인 것에 집착하는 여자를 싫어해요. 자기를 있는 그대로 사랑해주는 그런 여자를 찾으려고 일부러 재력을 감추려 하는 분들도 계시고요. 반대로 여자들은 경제력이 되는 남자, 다정하고 따뜻하고 나만 바라보는 남자를 좋아하죠. 바람기 있는 남자는 질색하고요."

"상대방에게 좋은 인상을 남기려면 첫 데이트 때 어떤 옷차림이 좋나요?"

"남자는 반바지는 입지 말아야 하고, 여자는 섹시하되 야하지 않게 입으면 좋아요. 예를 들어 가슴골이 살짝 드러나는 섹시한 탑을 입으면 하의는 긴 바지나 보수적인 치마로 입고, 반대로 다리를 드러낼 때 상의는 덜 섹시하게요. 위아래로 너무 많이 노출하면 남자가 오해하니까요.

전 필요한 경우 여성 고객에게 체중 감량을 권하기도 하고, 미용실이나 메이크업 아티스트를 연결해줄 때도 있어요. 그런데 이렇게 도움을 주려고 해도 '도대체 내가 뭐가 부족해서요. 날 있는 그대로 받아들이는 사람을 만날 거예요'하고 우기는 여자분들도 가끔 있어요. 한번은 서른아홉 살의 애 딸린 이혼녀가 부스스한 머리에 화장도 안 한 민낯으로 피곤에 절어 첫 만남에 가겠다는 걸 애원해서 꾸며 보낸 적도 있죠."

그녀는 데이트 기본 매너도 가르치는데 연애에 숙맥인 남자들의 경우 "어느 시점에 전화번호를 물어봐야 하죠? 언제쯤 문자를 보내야 할까요?"와 같은 상세한 질문을 데이트 내내 문자로 물어보기도 한단다. 나 역시 그녀에게 궁금한 게 너무 많다.

"어떻게 하면 첫 데이트를 잘할 수 있을까요?"

"첫 데이트는 구직 인터뷰처럼 자신이 매력적인 애인이자 좋은 결혼 상대라고 어필하는 처음이자 마지막 기회예요. 그런데 여자분들은 남자가 조금이라도 맘에 안 들면 싫은 티를 확 내죠. 최대한 매너를 갖춰서 애프터 신청을 일단 받아놓는 게 좋은 데 말이에요. 구직 때도 여러 회사에서 오퍼를 받으면 골라서 갈 수 있는 것처럼, 여러 명의 남자에게 애프터를 받으면 여자는 자신감이 상승

하면서 더 밝아져요.

그리고 여자들은 꼭 화장 고치다가 약속에 늦는데, 5~10분 정도는 괜찮지만, 그 이상은 안 돼요. 대화 주제는 정치, 종교처럼 논쟁의 여지가 있거나 전에 사귀던 애인, 회사 일에 대한 건 피하는 게 좋죠. 부모님 이혼 같은 너무 사적인 이야기도 어느 정도 서로에 대한 호감이 쌓인 후 하는 게 맞아요. 다섯 번째나 여섯 번째 데이트 정도에?"

"첫 데이트 후엔 뭘 해야 하죠?"

"어떤 커플들은 첫 데이트에서 한눈에 반해 알아서 계속 만나지만, 한쪽은 관심이 있는데 다른 한쪽이 미적지근한 경우엔 한 번 더 데이트를 하라고 권해요. 이때 야외에 가서 번지점프 같은 활동을 하라고 귀띔하죠. 아드레날린이 뇌를 속여서 사랑에 빠지기 쉽거든요."

"그러면 좀 더 진지한, 장기적인 관계로 발전하는 데는 뭐가 제일 중요할까요?"

"소통이라고 봐요. 이혼하고 저를 찾아온 고객들 상당수가 대화가 안 통해 이혼했다고 하더군요. 관계가 장기화될수록 한눈팔지 말고 서로에게 헌신하며, 긴장감을 잃지 않기 위해 데이트도 계속해야겠죠?"

사람들은 어떤 사람과 결혼하고 싶어 할까? 결혼하고 싶은 사람과 연애하고 싶은 사람의 DNA는 다른 걸까? 인류학자 헬렌 피셔는 남녀 모두 매력적이고 신뢰할 수 있으며 정서적으로 안정적이고 성숙하고 쾌활한 사람을 배우자로 선호한다고 한다. 여기에 똑똑하고 교육수준이 높고 사교적이며 건강하고 가정과 가족에 관심이 있다면 플러스 포인트!

하지만 섹스의 대상으로 배우자를 찾는 남자들은 젊고 아름다운 여자를 선호하고, 성공의 대상으로 배우자를 찾는 여자들은 배란기 때는 좋은 유전자를 가진 남자를, 배란기가 아닐 때는 자신에게 헌신할 기미가 보이는 남자를 좋아한다고 한다.

그럼 무엇이 두 사람 간의 연애 형태를 결정하게 되는 걸까? 이에 대한 재미있는 이론이 있다.

이 표는 서로에 대해 느끼는 신체적, 정신적 매력의 정도에 따라 두 사람이 어떤 관계를 이뤄나갈 것인지를 나타낸 것이다. 정신적, 신체적 호감이 높은 수준으로 균형을 이룰 때는 서로 진지하게 사귀고 상대를 결혼상대자로 여기지만, 정신적으로만 매력이 있으면 친구로, 신체적으로만 매력이 있으면 섹스파트너로만 여기게 된다.

물론 이 매력이라는 것은 지극히 상대적인 것이라서, 어떤 사람은 내게 신체적 매력 80%, 정신적 매력 50%를 느낄 수 있고 어떤 사람은 내게 신체적 매력 50%, 정신적 매력 80%를 느낄 수도 있다. 두 사람이 서로에게 느끼는 매력의 정도가 다르다 보니, 한 사람은 상대방을 진지하게 사귀고 싶어 하는데 그 상대방은 그저 즐거움을 위해 만나고 싶어 하면 갈등이 발생할 수 있다. 그러니 솔직하게 자신의 감정에 대해 소통하는 것이 중요하지 않을까.

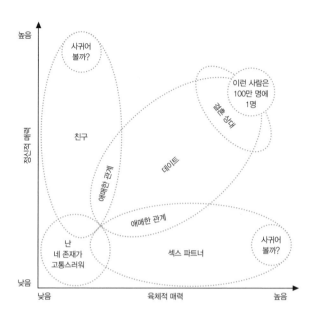

| 신체적, 정신적 매력에 따른 관계 양상도 |

　얼마 전까지만 해도 나는 사랑이 운명인 줄 알았다. 그래서 전 세계를 다니며 많은 사람을 만나다 보면 어느새 운명의 상대를 만날 수 있을 거라 믿었다. 그동안 내 연애가 실패한 건 운명의 남자가 나타나지 않아서라고 생각했다.

　하지만 우리가 건강한 몸을 위해 식생활을 조절하고 운동을 하고, 더 나은 삶을 위해 자기계발을 하듯 사랑 역시 꾸준한 공부와 노력이 필요한 분야였다. 가장 중요한 것은 내가 무엇을 원하는지, 상대는 어떤 사람인지, 이상형을 어디서 만나서 어떻게 관계를 형성해나갈 것인지, 내가 원하는 이상형에게 매력적인 사람이 되려

면 무엇을 갈고 닦아야 하는지 등을 끊임없이 고민하고 노력해야
한다는 것이다.

그렇지 않고 운명에 모든 것을 모두 맡기면 그것이 행운인지 불
운인지도 잘 모르고, 그 상태에서 잘못된 상대를 만나면 상대방만
탓하며 불행해지기가 쉬울 터. '생각하는 대로 살지 않으면 사는
대로 생각하게 된다'라는 말은 사랑에도 적용된다.

여전사에서
여신으로

♥

이곳은 인도네시아 서부 수마트라의 주도 파당에서 1시간 남짓 떨어진 작은 도시 파리아만. 색색의 자수가 놓인 화려한 주황색 의상을 입은 신랑 신부는 다소 긴장된 표정으로 하객들을 맞고 있었다. 오늘은 이 두 사람의 일생에서 가장 중요한 결혼식 날. 두 사람에게 축복을 빌어줄 하객들은 화려한 의상을 입고 왔고, 나 역시 인도네시아 전통의상인 바틱을 응용한 원피스를 입었다.

남다를 것 없어 보이는 이 결혼식에 남다른 것이 하나 있었으니, 바로 처가에서 신랑을 돈을 주고 사 왔다는 것이었다. 모계사회인 미낭카바우족의 전통에 따라 신부 쪽에서 신랑 가족에게 맞선을 제안하고 두 사람이 만났는데, 서로를 마음에 들어 해서 신부 가족이 신랑 가족에게 지참금을 주고 데려왔다(지참금은 신랑의 스펙에 따라 다른데 몇백만원에서 많게는 몇천만원이라고 한다).

모계사회 전통을 이어가는 미낭카바우족의 결혼식에서 만난 리즈키와 아유 커플.

결혼을 하면 신랑은 신부집에 와서 살고 그와 아이들은 아내의 성씨를 따르게 된다. 물론 남자가 밖에 나가서 일하긴 하지만 가족의 유산은 딸들에게만 상속된다. 여자가 가장의 역할을 하니 가정폭력이나 불화가 일어날 확률이 적고 남편과 아내의 관계도 동등하다고 하니 꿈만 같은 이야기이다.

지구상에 몇 남지 않은 모계사회의 명맥을 이어가는 중국 윈난성의 모쒀족은 이들보다 더 진보적이다. 청춘 남녀가 마을에서 마음에 드는 상대를 찾으면 여자는 남자가 들어올 수 있도록 밤에 대문이나 창문을 살짝 열어놓는다. 밤을 보낸 남자는 동이 틀 무렵에 자기 집으로 돌아간다. 두 사람의 관계는 결혼이라는 제도적 장치

없이 사랑이 지속되는 동안만 이어진다. 아버지라는 호칭도 따로 없어 아이가 생기더라도 외삼촌이 일종의 아버지 역할을 한다.

아메리칸 인디언들은 아이가 태어나면 아버지가 누구인지 따지지 않고 부족공동체가 함께 아이들을 기른다. 유대인들도 탈무드의 가르침대로 모계 혈통을 따른다. 아무리 훌륭한 아버지도 자녀들이 세 살이 넘어야 논리적인 생각을 가르칠 수 있지만, 신앙은 어머니가 아이를 임신했을 때부터 전달된다는 이유에서다.

사실 인류가 사랑해서 결혼하게 된 건 역사상 최근의 일이다. 스테파니 쿤츠의 〈진화하는 결혼〉에 따르면 농업과 목축 시대에 결혼은 두 노동자의 결합이었다. 쟁기질하는 남자와 천을 짜고 음식을 저장하고 곡식을 갈 수 있는 아이를 낳는 여자가 이루는 경제공동체였다. 산업혁명 이후인 18세기 말부터 남자가 생계를 책임지고 여자는 살림을 맡게 되며 남편과 아내가 '노동의 짝'에서 '영혼의 짝'으로 바뀌는 '사랑의 혁명'이 일어났다.

2차 세계대전 이후 경제가 성장하고 교육받은 여성들이 늘어나 경제적 독립과 자아실현 기회가 높아지면서 남녀의 성 역할도 달라졌다. 피임약이 개발되어 임신의 공포에서 해방된 여성들에게 결혼, 출산, 육아는 필수가 아닌 선택이 되었다.

요즘은 소위 알파걸이라는, 남자보다 훨씬 뛰어난 능력을 보이는 여성들이 등장했다. 결혼보다 자아실현이 인생 최대의 목표인 그들은 남자들과 경쟁하기 위해 본연의 여성성을 거부하고 오히려 남성보다 훨씬 더 남성적인 면모를 보이는 여전사가 되기도 한다.

물론 활을 쏘기 위해 가슴을 불로 지져 없애고 배란기가 되면 남자를 끌어들여 밤을 지새운 뒤 거세를 해서 노예로 부리거나 죽여버린 아마존 여전사들만큼은 아니지만 살아남기 위해 남자보다 더 강하고 혹독해져야만 했다.

어느 성공한 커리어우먼은 일 뿐 아니라 사랑에서도 투사였다.

"남자는 여우 같은 여자를 좋아한다고요? 왜 우리가 남자한테 맞춰야 하죠? 남자가 여자한테 맞추는 비법을 알려주는 책들은 없나요? 남자는 화성, 여자는 금성에서 왔다니, 우리 모두 지구에서 왔는데 무슨 헛소리래요. 난 내 방식대로 사랑하는 사람을 만날 거예요. 정 안 되면 서른다섯 살에 정자은행 가면 되죠, 뭐. 사랑도 중요하지만 내겐 일이 훨씬 더 중요해요."

그리고 그녀는 몇 년이 지나도 여전히 싱글이다. '여우' 같은 여자들이 남자들을 다 채 가는 사이, 그녀처럼 공부도 많이 하고 일도 잘 하고 돈도 더 많이 버는 여자들이 어째 연애에서만큼은 고전한다. 남자들과 똑같이 경쟁하고 투쟁해온 알파걸들이 "괜찮은 남자가 없어요"라고 한탄하는 것은 런던, 뉴욕, 도쿄, 홍콩, 서울 등 대도시에서 나타나는 공통된 현상이다.

이에 대해 여러 설명이 있지만, ABCD 이론이 가장 설득력 있어 보인다. A급 여성은 A급 남성만을 만나고 싶어 하지만, A급 남성은 B급 여성을 만나고, B급 남성은 C급 여성을 만나다 보니 결국 A급 여성과 D급 남성들만 남겨진다는 것. 그래서 많은 A급 여성들이 싱글로 남거나 D급 남자를 만난다는 것이다.

당신의 사랑은 무엇입니까

하지만 여성들이 과거처럼 누군가에게 경제적으로 의존할 필요가 없는 만큼, 꼭 결혼에 연연할 필요도 없지 않을까? 이미 미국 성인 중 절반이 미혼자이고, 미국과 유럽에서 출생하는 아이의 약 40%가 결혼하지 않은 커플 사이에서 태어난다. 상당수 서구 국가들에서는 동거 커플도 결혼한 사람들과 똑같은 보험, 상속권 및 기타 법적인 특권을 누릴 수 있다. 미국 하버드 대학의 보고서는 앞으로 50년 내로 결혼제도가 사라질 것으로 예측하지 않던가.

남자에게 의존할 필요가 없다 해도 사랑하고 사랑받고 싶은 여자들은 도대체 뭘 어떻게 해야 하는 걸까?

자카르타에서 만난 미킴(한국명 김은미)은 꿈과 사랑을 조화롭게 이루는 것이 가능하다는 것을 보여준다. 아시아 7개국에서 열다섯 개의 센터를 운영하는 서비스 오피스 회사 CEO Suite의 CEO인 그녀는 어디에 있든 눈이 부셨다. 큰 키에 날씬한 몸매, 50대로 보이지 않는 동안 미모, 화려한 의상과 환한 미소, 당당한 자신감, 엄청난 독서로 쌓은 지성, 25년간 한 분야에 종사하며 산전수전 겪은 사람 특유의 내공 등 부족할 것 하나 없어 보였다. 하지만 무엇보다 내가 주목한 것은 그녀가 행복한 아내이자 엄마이고, 이것이 거저 주어진 것이 아닌 10여 년에 걸친 노력의 결과물이라는 점이다.

지금은 여왕벌처럼 당당하고 아름다운 그녀에게도 애벌레였던 시절이 있었다. 어린 시절 늘 사랑에 목말라했던 그녀는 관심 있는 사람이 있어도 마음을 표현하지 못하고 미팅을 가서 남자들이 맘에 안 들면 싫은 티를 팍팍 내는 전형적인 철벽녀였다. 대학 졸업 후 호주로 유학을 갔지만, 보수적인 아버지의 엄포령에 호주 남자와는 만날 엄두도 못 냈다.

당시 호주계 회사에서 일하던 그녀는 태국지사에서의 임무를 성공적으로 마치고 인도네시아 자카르타의 지사장으로 파견을 나갔다. 아는 사람 한 명 없는 그곳에서 그녀는 일이 끝나면 혼자 영화를 보다 외로움에 눈물을 흘리고, 매일 밤 곰 인형을 안고 잠들면서 옆에 함께 잠들 사람이 생기게 해달라고 기도했다. 하느님이 그기도를 들어주신 걸까. 골프를 치러 갔다 지금의 남편 조셉을 만났다. 친구가 된 두 사람은 차를 마시거나 극장에 가는 등 일상을 함께 나누었다.

인도네시아에서의 2년 임기가 끝나고 일본지사로 가게 된 그녀에게 그가 장미꽃 백 송이를 보내왔다. "일본에 가지 말고 인도네시아에서 나와 함께 평생 골프치는 게 어때요?"라는 메시지와 함께. 연애가 익숙지 않은 그녀는 뭘 어떻게 해야 할지 몰라 일주일간 잠수를 타다 "전 요리도, 살림도 잘 못 해서 좋은 아내가 못 될 것 같아요" 하고 터놓았다. 그러자 그는 "평생 당신 손에 물 한 방울 묻지 않게 할 테니 지금처럼 하고 싶은 일 하면서 그대로 살아요"라며 그녀를 안심시켰다. 본격적으로 연애를 시작하며 사랑이 깊어진 두 사람은 더 망설일 것도 없이 결혼식을 올렸다.

서른다섯에 결혼한 그녀는 아이를 빨리 갖고 싶었지만, 아이는 쉽게 생기지 않았다. 두 사람은 2년간 호주, 한국, 인도네시아, 싱

자카르타에서 만난 조셉과 미킴. 그녀는 엄청난 노력으로 일과 사랑을 모두 잡았다.

가포르에 있는 유명한 불임클리닉과 한의원은 죄다 다녔다. 심지어 바쁜 출장 중에 의사의 합방 명령(?)이 떨어져 남편이 홍콩으로 날아오기까지 했다. 하지만 임신테스터기가 음성으로 나올 때마다 온몸에 힘이 빠지며 좌절을 느꼈다.

수없이 호르몬 주사를 맞아가며 인공수정을 시도해도 아이가 생기지 않아 신체적, 정신적 고통을 받던 그녀는 회사와의 갈등 끝에 퇴직했다. 몇 달을 집에서 놀다 창업을 결심하고, 신혼집과 친정 부모님 집까지 담보로 잡고 대출을 받아 지금의 회사를 시작하려던 시점에 덜컥 임신이 되어버렸다. 회사를 준비하는 동안 배는 점점 불러왔고, 산만한 배로 미팅에 갔다가 고객들에게 거절당하기가 일쑤였다.

창업 스트레스와 임신중독증만으로도 충분히 힘겨운데, 인도네시아 혁명으로 자카르타 전체가 전쟁터가 되면서 그녀가 제왕절개 수술을 예약했던 병원이 폭격을 맞는 일까지 벌어졌다. 마침 한국 정부에서 전세기를 보내 교민들을 탈출시켜주었는데, 만삭에 가까운 그녀는 현지 의사가 쌍둥이라고 진단서를 써준 덕에 한국으로 무사히 돌아와 출산할 수 있었고 그렇게 아들 유진이 태어났다.

한편 IMF로 하루아침에 일자리를 잃은 남편 조셉은 재기하기까지 오랜 시간이 걸렸다. 졸지에 가장이 된 그녀는 사업에 더욱 박차를 가했다. 매번 새로운 국가, 새로운 도시에서 맨땅에 헤딩하며 직원을 뽑고, 자금을 조달해 회사 부지를 찾고, 공사를 했다. 그렇게 회사를 오픈하고도 끝없는 경쟁으로 긴장을 놓지 못했고 직원들의 배신으로 상처를 받기도 했다.

그렇게 미친 듯이 아시아 전역을 돌아다니며 1년의 절반 이상을 출장으로 보내도 남편은 불평 한마디 없이 그녀를 내조했다. 그는 숱한 학교 모임에 아내 대신 참여하며 아들 교육을 담당하는 등 전업 아빠 역할을 톡톡히 했다.

물론 여느 부부가 그렇듯 그녀 역시 남편과의 갈등이 없지 않았다. 게다가 시어머니 손에 맡긴 아들이 주말에 어쩌다 한번 보는 엄마를 낯선 사람처럼 대할 때는 사업 대신 가족과 좀 더 많은 시간을 보냈어야 했나 하는 후회도 했다.

그럴 때마다 그녀는 책을 통해 남녀의 차이, 사랑, 연애, 결혼제도, 자녀교육 등 다양한 주제를 공부했다. 그리고 책에서 배운 대로 남편에게 존경의 표현을 아끼지 않으며 자존심을 지켜 주었다. 아들에게는 잔소리 대신 칭찬을 해주고 시간 날 때마다 직접 요리한 밥을 먹이며, 발 마사지를 배워 부족한 스킨십을 대신했다. 그녀의 오랜 노력 끝에 남편은 재기에 성공했고 무뚝뚝하던 아들도 서서히 엄마에게 마음을 열었다. 신혼 초기부터 함께 살아온 시어머니 역시 문화 차이 못지않은 세대 차이도 있었지만, 서로에게 맞춰 살다 보니 이제 친어머니보다 더 친하게 지내고 있다.

그녀가 가족을 위해 끝없이 노력해온 것만큼 가족들 역시 그녀가 힘든 시간을 보낼 때 큰 힘이 되어주었다. 갑상선암 진단을 받고 호르몬 이상으로 1년간 일조차 할 수 없을 정도로 하루에도 몇 번씩 심한 감정의 기복을 겪은 그녀를 조셉은 늘 한결같이 지켜 주었다. 시어머니 역시 그런 그녀를 배려해주었다. 아들은 그녀에게 생일 파티를 열어주기도 했다.

한때 억대 연봉을 받는 골드미스로, 그리고 아시아를 누비는 여성 사업가로 살아온 그녀는 이 시간을 통해 자만심을 버리고 겸손과 감사를 깨우쳤다. 특히 늘 자신보다 그녀를 우선순위로 놓고 그녀를 이해하고 배려해주는 남편에게 감사하게 되었다고.

"남편이 훨씬 더 능력 있고 더 잘생기고 더 재미있는 사람이면 얼마나 좋을까 하는 생각을 해본 적도 있지만, 그건 다 제 허영이었겠죠. 없는 걸 자꾸 생각하면서 불평 불만할 게 아니라, 있는 것에 감사하면 감사할 게 정말 많아요. 만약 저를 구속하는 남자와 결혼했다면, 육아와 살림에 치여 살았다면, 지금의 미킴도 회사도 없었겠죠. 제가 여기까지 온 건 다 남편 덕분이에요."

20년간 부부로, 베스트 프렌드로 서로에게 익숙해진 두 사람은 얼마 전 땅고를 통해 관계의 새로운 전환기를 맞이했다. 남미로 여행을 갔다 부에노스아이레스에서 땅고에 매료된 두 사람은 나머지 일정을 다 취소하고 그곳에 머무르며 매일 8시간씩 땅고를 배웠다.

비즈니스 세계에서 살아남기 위해 늘 각진 옷을 입고 짧은 머리를 고수하며 남자처럼 하고 다녔던 그녀는 땅고를 계기로 더욱 예뻐지고 부드러워지며 여성성을 회복했다. 남편 역시 마라톤과 헬스 트레이닝을 하면서 더욱 남자다워졌다. 또 함께 춤을 추면서 신체적 접촉이 많아지다 보니 사이도 더 가까워졌다.

물론 미킴 같은 경우는 흔치 않다. 동서양을 막론하고 내가 아는 성공한 커리어우먼들은 싱글이거나 이혼했거나, 결혼했지만 아이가 없는 경우가 대부분이다. "어떻게 하면 미킴처럼 사랑과 성공 두 가지 토끼를 잡을 수 있죠?"라고 묻자 그녀는 "일 잘하는 여자가 연애까지 잘하기는 쉽지 않아요."라고 단호하게 답했다.

"기존 시스템에서 연애와 결혼에 성공하려면, 원시시대부터 진화해온 남녀 차이를 이해하고 서로가 바라는 욕구를 충족해주든가 아니면 이 모든 것을 거부하고 완전히 기존 체제에서 벗어난 사람과 자기 방식대로의 사랑을 해야 하지 않을까요?"

수만 년에 걸쳐 여자들을 부양하고 보호하는 것을 자신의 역할로 인식해온 남자들은 자신보다 우월한 여자를 부담스러워한다.

반대로 한평생 열심히 노력해 많은 것을 이뤄온 알파걸들은 자신보다 더 능력 있고 돈도 많이 벌고 강한 남성이 구애해주길 바란다. 하지만 시대가 달라진 만큼 남자도 여자도 자신들에게 익숙한 역할에서 벗어나 조금 새로운 시각으로 바라볼 필요가 있지 않을까. 여자가 남자를 부양하고 가정을 이끌 수 있고 남자도 전업 아빠가 될 수 있듯 각자 잘하는 것을 하며 조화를 이루는 게 더 중요하다. 서로를 함께 운명을 일궈가는 한 팀이라고 생각한다면, 남자 여자 역할을 나눌 필요도 없다.

하나를 얻기 위해 혼자 힘으로 아등바등하다 다른 하나를 포기할 게 아니라, 함께 다 같이 얻을 수 있도록 도와줄 평생 팀을 만드는 것. 그것이 21세기 여자들이 사랑하고 살아가는 방법이 아닐까.

세상에서 가장 멋진
연인이 되는 법

♥

　아름다운 발리 스타일의 고급 저택, 넓은 수영장과 기사가 딸린 밴. 누룰과 알렉의 집에 들어선 나는 여러 번 놀랐다. 서른한 살이 지만 20대 초반으로 보이는 동안의 누룰과 각진 얼굴 때문에 노안 으로 보이는 마흔한 살의 알렉은 얼핏 보기엔 젊은 아시아 여자가 돈 많은 백인 남자를 만나 팔자를 고친 듯 보였지만, 실상은 전혀 딴판이었다. 그리고 이렇게 아름다운 집에 살면서도 둘은 쉴 새 없 이 싸우며 살아간다.

　건축가인 알렉은 10년 전 독일에서 롬복으로 왔다가 우연히 어 느 고등학교 교내 영어발표대회의 심사위원을 맡았고, 거기서 교 생 누룰을 처음 본 순간 반해버렸다. 그는 계속해서 그녀에게 데이 트 신청했지만 그녀는 전혀 응해주지 않았다.

　"난 그한테 전혀 관심이 없었어요. 무슨 개목걸이 같은 치렁치

렁한 은목걸이를 하고 왔는데 꼭 전형적인 나쁜 미국인 같아 보였거든요."

그녀의 말이 떨어지자마자 그는 퉁명스럽게 반박했다.

"그건 우리 아버지가 선물해준 특별한 목걸이야."

이야기하는 내내 그 둘은 그렇게 상대의 말에 톡톡 쏘아붙였다.

그의 데이트 신청을 직접 거절할 수 없었던 그녀는 일부러 친구 세 명을 대동해 그를 허름한 식당으로 데려가 엄청나게 매운 음식을 시켰다. 알렉은 설사병에 걸려 일주일간 학교에 나올 수 없었고 그녀는 안도의 한숨을 쉬었다. 그런데 학교에서 그녀에게 그의 롬복 관광을 시켜주라는 지시가 떨어졌다.

인도네시아에서는 조폭들이나 입는 찢어진 청바지를 입고 그녀의 볼에 입맞춤 인사를 하려 하거나 손을 잡으려 하는 그의 행동에 그녀는 당황스러웠다. 그가 조용한 바닷가에 가고 싶다고 했을 때 외국인들의 자유로운 섹스 문화에 대해 들은 적 있는 그녀는 혹시 그곳에서 그가 자신을 강간하지는 않을까 두려웠다고 했다(이 이야기를 처음 들었다는 알렉은 황당해서 입을 다물지 못했다). 심지어 누룰은 외국인과 식당에서 밥을 먹는 것만으로도 사람들이 자신을 창녀로 바라볼 것 같아 신경 쓰였다.

알렉은 반년간 누룰에게 사랑의 마음을 담은 시를 써서 보냈지만, 그녀는 마음을 열지 않았다. 그러다 그의 생일 파티 초대에 어쩔 수 없이 응하게 되었는데, 이때 그의 요리 솜씨에 반한 누룰은 종종 그의 집에 밥을 먹으러 가게 되었다.

같은 종교가 아니라는 핑계로 그녀가 계속해서 그의 프러포즈를 거절하자 그는 이슬람으로 개종하고 포경수술까지 받았다. 그는 현지 풍습대로 그녀의 부모에게 청혼했고, 이슬람에 대한 퀴즈를 다 맞히고 평생 그녀를 때리지 않을 것이며 그녀의 공부를 지원하는 등 제대로 된 남편이 되겠다고 약속한 후에야 비로소 결혼 허락을 받았다.

"누룰은 그때쯤 알렉을 사랑하는 마음이 생겼나 봐요?"

"난 이 사람이 좋아서가 아니라, 부모님이 허락한 사람이라 결혼한 거예요. 엄마가 여자는 자기를 더 사랑해주는 남자와 결혼해야 행복하다고 늘 말했는데, 그는 종교까지 바꿀 정도로 날 사랑하잖아요. 거기다 요리와 발 마사지도 잘하고요."

"아니, 알렉은 누룰이 당신을 사랑하지 않는다는 걸 알면서도 결혼하고 싶었어요?"

"내가 누룰을 사랑하니까요. 당장은 아니어도 사랑을 서서히 발전시키면 된다 생각했죠."

결혼식 전날까지 그녀는 "내가 준비된 건지 모르겠어. 우리 결혼 취소할까?" 같은 말로 그의 속을 뒤집었다. 달콤한 신혼생활도 없었다. 결혼 직후 알렉은 사업파트너에게 배신을 당해 실업자가 되었고, 막막해진 그는 술에 의존하기 시작해서 해가 지면 어디론가 사라져 술을 마셨다. 첫 아이를 임신했던 누룰은 스쿠터 타는 법까지 배워 무거운 몸으로 밤거리를 헤매며 그를 찾아다녔다.

그녀는 쥐꼬리만 한 월급을 모아 출산비용을 겨우 마련했지만,

제왕절개 수술비용이 없어 집 안에 있는 물건을 다 내다 팔아야 했다. 아이가 태어나면 다시는 술을 마시지 않겠다던 그는 약속을 지키지 않았다.

"알렉은 무슨 생각으로 그렇게 술을 마신 거예요?"

"나도 모르겠어요. 그냥 아무 생각 없이 밤만 되면 딴 세상에 가 있었어요. 아침에 일어나면 전날 밤의 나 자신이 창피해서 견딜 수가 없었죠. 그게 매일 반복됐어요."

그녀는 전형적인 알코올중독 증세를 보이는 그에게 애원, 설득, 회유 등 온갖 방법을 동원해 술을 끊게 만들려 노력했다. 어떨 때는 너무 화가 나서 자는 그를 때리기도 했다. 하지만 그는 아침에 일어나 "웬 멍이 들었지?"라고 할 뿐 전혀 눈치채지 못했다.

보다 못한 누룰의 부모님이 그녀를 자카르타의 대학원에 보내고 그의 동의 없이 이혼 절차를 밟기 시작했다. 재판 전날에야 그 사실을 알게 된 그는 부랴부랴 법정으로 뛰어갔다. 다행히 자카르타에 있는 그녀가 법정에 오지 않았기에 이혼 신청은 기각되었고, 그제야 정신을 차린 알렉은 술을 끊었다.

한편 자카르타에 간 누룰은 거기서 만난 친구를 통해 알코올중독은 일종의 병이므로 치료가 필요하며 그럴 때일수록 그 사람 곁에서 도와줘야 한다는 사실을 배웠다. 누룰과 알렉은 기나긴 통화 끝에 이혼을 취소하기로 하고 그녀의 부모 몰래 법정에 갔다.

그런데 거기서 누룰의 아버지와 마주쳤다. 누룰의 새 남편감까지 찾아 놓은 아버지는 화를 내며 그녀에게 빨리 차에 타라고 했다. 누룰은 태어나서 처음으로 아버지에게 대들었다.

"난 이 사람의 부인이니 이 사람 곁을 지키겠어요."

분노한 누룰의 아버지는 두 사람의 아이들을 데려가 버렸고, 두 사람은 4시간 동안 애원한 끝에야 아이들을 돌려받을 수 있었다. 그녀의 부모는 누룰의 학비 지원을 중단했다. 알렉은 라면으로 하루 세끼를 연명하며 미친 듯이 일해서 모은 돈을 그녀에게 보냈다. 6개월마다 비자를 갱신하러 출국했다 돌아올 때도 호텔비가 아까워 싱가포르 공항에서 노숙하고, 커피숍에서 남은 음식을 얻어먹어 가며 독하게 돈을 모았다.

하루 평균 15시간씩 일한 그는 회사에서 임원으로 승진했고, 두 사람은 점점 더 큰 집으로 옮겨갔다. 어느덧 아이들은 세 명이 되었다. 알렉은 술에서 완전히 손을 뗐고 두 사람이 싸우는 빈도도 많이 줄었다.

"그가 날 훨씬 더 사랑해서 결혼했기 때문에, 내가 원하는 대로 그가 다 따라와 줘야 한다고 예전엔 생각했어요. 그래서 싸울 때마다 일부러 상처를 주려고 심한 말을 하기도 했죠. 하지만 이혼 위기 이후엔 달라졌어요. 가급적 서로가 원하는 중간 지점에서 타협해요. 물론 아직도 내가 생각하는 중간 지점과 그가 생각하는 중간 지점이 다르지만요."

"난 그녀가 뭐라고 하든 상처받지 않는 편이에요. 그런데 누룰은 내가 자기만큼 화나고 고통스러워할 때까지 화를 멈추지 않으니 답답해요."

지금 내 곁에 있는 사람은 당신에게 어떤 존재인가.
그리고 당신은 그에게 어떤 존재인가.
이는 당신이 부여한 의미에 따라 달라진다.

"그녀가 원하는 건 자신의 마음 상태를 알아주는 '공감'인 것 같은데요."

"내가 공감 능력이 부족한 건 알아요. 하지만 내가 변화하기는 쉽지 않으니 있는 그대로 받아들여달라고 누룰에게 부탁하죠. 마찬가지로 나도 그녀에게 아무것도 요구하지 않고요."

"이 사람이 가끔 이해가 안 가긴 하지만, 사실 책임감도 강하고 좋은 사람이에요. 겉보기와 달리 무척 여린 사람이기도 하고요. 이젠 그가 아닌 다른 사람과 있는 걸 상상할 수 없어요."

"그게 사랑이겠죠."

"사랑이라기보다, 그에게 중독된 것 같아요. 이 사람이 없는 날은 미친 여자처럼 그에게 하루에도 몇 번씩 전화하거든요. 좋아서 결혼한 것도 아니고 이 사람의 술 문제 때문에 고생하던 몇 년간은 '차라리 술을 마시지 말고 바람을 피우지그래'라는 식으로 악다구니를 했지만, 만약 이 사람이 바람을 피우면 죽여버리고 싶을 것 같아요. 그와 싸우고 나서 방 안에 문을 잠그고 틀어박혀도 저 사람이 와서 먼저 화해하자고 해주기를 간절히 기다리죠."

"그게 문제예요. 대화로 풀어야 하는데 그렇게 숨어버리니. 그런데 좀 이상하지만, 그 싸움들이 우리 관계에 활력을 줘요."

왜 사랑하는 두 사람이 서로를 잡아먹지 못해 안달일까. 그녀가 그의 알코올중독 때문에 창문에서 뛰어내리려 했다고 심각하게 이야기하니 그는 "60cm 높이에서 뛰어내리면서 죽을 줄 알았어?"라고 핀잔을 주었다. 또 서로를 있는 그대로 받아들이자고 해놓고 누룰이 "그렇지만 당신, 담배는 끊어야 해요"라고 하자 그는 짜증을 내며 "내가 알아서 한다니까" 하고는 내게 한탄했다.

"이거 보세요. 이렇게 아내가 잔소리하면 난 반발심에 더 안 고쳐요."

누룰과 알렉의 가장 큰 문제는 두 사람의 소통 방식이었다. 남자는 여자가 말로 하지 않으면 절대로 여자의 의중을 모르는데, 동서고금을 막론하고 여자는 남자가 독심술을 부려 자신의 마음을 알아주기를 바란다.

두 사람은 거기에 문화적 차이까지 겹쳐 있었다. 인도네시아 사람들은 상대 기분을 너무 배려한 나머지 딱 잘라 "No"라고 거절하지 못한다. 심지어 자신에게 길을 묻는 사람에게, 자신도 길을 모르면서 모른다고 대답하지 못한다. 그래서 알렉은 그녀가 "별일 아니야, 괜찮아" 하다가도 갑자기 폭발해서 지난 일을 가지고 난리를 치거나 어떤 모임에 오라고 해서 정말 갔더니 왜 왔냐고 힐난하는 걸 보면 답답하기 짝이 없다.

두 사람의 속내를 파헤쳐보니 그들은 결혼생활을 비참하고 절박한 고통으로 인식하고 있었다. 알렉의 부모는 냉전 끝에 결국 이혼했고 누룰의 부모는 30년째 같은 문제로 싸우고 있다. 이들을 보고 자란 알렉과 누룰 역시, 누룰이 시비를 걸면 알렉이 무시하며 싸움을 계속하고 있다. 감정도 습관인데, 두 사람이 부정적인 감정을 주고받는 것에 너무 익숙해진 것은 아닐까? 이 답답한 상황을 어떻게 하면 해결할 수 있을까?

"하루에 세 번씩 사랑한다고 말해보면 어때요? 로맨틱한 이벤트를 가져보는 것은요?"

"우리가 이제까지 한 가장 로맨틱한 이벤트는 결혼기념일에 해변에서 피자 시켜 먹은 거예요. 초도 켰는데 바람이 심해서 다 꺼지던데요?"

"바닷가에 갈 것도 없이 집이 이렇게 아름답잖아요. 수영장에 촛불도 켜고 몽환적인 음악도 틀고 서로 마사지만 해줘도 엄청 로맨틱할 거 같은 데요?"

"발 마사지야 남편이 해줘요. 하지만 나머지는 낯부끄러워 못하겠어요. 스킨십은 침실에서만 하는 거 아닌가요?"

인터뷰를 마친 후 누룰에게 문자메시지가 왔다. '인터뷰하면서 내가 그를 얼마나 사랑하는지 알게 되었어요. 앞으로 좀 더 사랑을 표현해야겠어요. 고마워요.' 한숨이 났다. 어떻게 하면 사랑하는 사람들이 제대로 사랑을 표현하고 소통할 수 있을까?

나는 호주 브리즈번에서 만난 커플 전문 심리치료사인 라스에게서 그 답을 찾기로 했다. 그는 자신의 역할은 어차피 헤어질 두 사람을 억지로 붙여놓는 것이 아니라, 두 사람 사이의 관계 맺기와 소통 문제를 해결해서 관계를 개선하는 것이라고 했다.

"갈등을 해소하는 과정에서 남녀 간 차이가 크게 나요?"

"일반적으로 여자들은 관계 맺기에서, 남자들은 일에서 자신의 존재감을 찾아요. 그래서 여자들은 남자에게 바라는 것도 많고 그

어떻게 하면 사랑하는 사람들이 제대로 소통하고 사랑을 표현할 수 있을까.

가 자기 마음을 읽어주길 바라지만, 남자들은 거기에 대해 생각도
못 하는 경우가 많죠. 그러다 보니 두 사람 관계에 문제가 있다고
먼저 느끼는 것도 주로 여자들이에요.

헤어지는 과정에서도 여자들은 아직 관계가 끝나지 않은 상태에
서 서서히 이별을 준비하다 마음 정리가 완전히 끝나면 헤어지자
선언하죠. 그리고 몇 달간의 회복 과정을 거치며 매몰된 자아를 찾
은 후 다른 남자를 만나요. 반면, 예외는 있지만, 남자들은 여자들
만큼 관계를 중시하지 않으니 다른 여자가 확실히 있지 않은 이상
은 결별하지 않으려 하는 편이에요. 배우자와 사이가 안 좋다 해도
그녀가 섹스를 거부하거나 자신을 학대하지 않는 이상, 정상적으

로 일하고 친구들과 술 한잔할 정도의 자유가 있다면 자기 인생에 큰 문제를 못 느끼거든요.”

존 그레이의 《화성에서 온 남자, 금성에서 온 여자》에 따르면 남자는 여자가 자신에게 신뢰와 인정, 감사를 보여주기를 바라지만, 여자는 남자가 자신에게 관심을 기울여주고 이해해주고 존중해줄 때 사랑받는다고 느낀다고 한다. 남자들은 여자가 자기를 필요로 한다고 느낄 때 마음이 움직이고, 여자들은 자기가 사랑받고 있다고 느낄 때 의욕을 갖게 된다. 남녀가 서로의 차이를 인식하지 못하면 갈등이 시작된다.

그래서 존 그레이는 남녀 관계의 성패는 전적으로 두 가지 요인에 의해 좌우된다고 밝힌다. 첫째는 상대를 배려하면서 애정 어린 태도로 자기감정을 이야기할 수 있는 여자의 능력, 둘째는 애정을 갖고 존중하는 태도로 여자의 이야기를 들어줄 수 있는 남자의 능력이다. 이것은 타고나는 능력이 아니라 대화의 기술이므로, 노력에 따라 충분히 개선될 수 있다. 라스 역시 행복한 관계를 유지하기 위해서 소통을 강조했다.

“말에는 단순히 입에서 튀어나오는 단어들뿐만 아니라 표정, 몸의 자세와 움직임 등이 포함돼요. 예를 들어 ‘당신 왜 그걸 거기에 뒀어요?’라고 물으면 정말 몰라서 물어본 것일 수도 있고 반대로 왜 그랬냐고 책망하는 걸 수도 있는데, 두 사람의 관계가 어떠냐에 따라 다르게 받아들여질 수 있죠. 사실 우리가 듣는 것은 상대방의 말 자체가 아니라 그 말에 대한 해석이라서, 최대한 감정의 필터를 끼우지 않는 게 중요해요."

　대부분 부부나 연인들은 갈등이 생겼을 때 자신이 원하는 방향대로 상대방을 잡아당기는 줄다리기를 한다. 자신이 옳다는 것을 증명하기 위해 상대방을 공격하고 비난하고 협박하며, 침묵시위, 섹스시위 등 온갖 전투 방법을 동원해 전쟁을 벌인다. 사회적으로 훌륭한 사람들마저도 이 과정에서 자신의 인격을 벌거벗고 추해지기도 한다.

　"모든 제로섬 게임이 그렇듯 누군가는 이기고 누군가는 진다면 모두가 행복할 수가 없어요. 그러니 다 같이 이기는 방법을 찾아야 해요. 줄다리기나 전쟁을 멈추고 서로가 원하는 것에 관해 얘기한 후에 논의를 거쳐 최선의 방안을 찾아야 하는 거죠. 상대방을 내가 원하는 방향으로 끌어당길 게 아니라, 서로가 함께 만족할 수 있는 방향으로 함께 움직이는 거예요."

　누룰과 알렉 커플처럼 서로 조금도 굽히지 않고 계속 부딪히면서 전투애(?)로 살아가는 것도 방법이지만 그러기엔 인생이 너무 짧고 소중하다. 세상에 노력 없이 얻어지는 것은 없고 사랑 역시 마찬가지이다. 간절히 원하던 사람을 내 곁에 둘 수는 있지만, 그 사랑을 유지할 수 있는 유일한 방법은 지속적인 노력이다.

　남태평양의 한 섬에 전해져오는 일화가 있다. 어떤 남자가 못생긴 여자와 결혼을 하게 되었다. 그녀 정도의 외모라면 암소 한 마리만 주어도 충분했을 텐데 그는 무슨 이유에선지 암소 여덟 마리를 지참금으로 주었다. 동네 사람들은 그를 바보라고 비웃었지만 놀랍게도 그녀는 해가 갈수록 몰라보게 아름다운 여성으로 변했다. 그녀의 자존감이 높아지며 스스로 암소 여덟 마리의 가치를 지닌 존재로 거듭난 것이다.

이렇듯 남자가 여자를 아름답다고 여겨주면 여자는 세상에서 가장 아름다운 여자가 되고, 여자가 남자를 세상에서 가장 자상한 사람이라고 칭찬해주면 그 남자는 정말 자상해진다. 다소 불안정하고 서투른 사람이라도 사랑하는 사람이 존경해주면 적어도 그 사람 앞에서만큼은 성숙한 모습을 보여주려 노력한다. 상대에게 인정받는 긍정적인 모습으로 기꺼이 변화해가는 것이다. 반대로 당신이 상대를 매정한 사람이라고 비난하면, 그는 마음의 문을 더욱더 굳게 닫아버린다.

결국, 세상은 모두 내가 바라보고자 하는 대로 보이기 마련이다. 지금 내 곁에 있는 그 사람은 당신에게 어떤 존재인가. 그리고 당신은 그에게 어떤 존재인가. 이는 당신이 부여한 의미에 따라 달라진다. 함께 보는 세상이 무지갯빛일지, 암흑일지는 두 사람이 선택하는 필터에 달려 있다.

남자도 여자도 아닌,
당신 그 자체를 사랑해

♥

예전에 그녀는 존이라고 불렸다. 짧은 머리에 양복을 입고 회사에 다니는 존은 누가 봐도 남자였다. 하지만 집에 오면 존은 가발을 쓰고 치마를 입었다. 누군가에게 보여주기 위해서가 아니었다. 그렇게 해야 자기 마음이 편했다.

자신이 엉뚱한 몸을 가지고 태어났다는 사실을 확신하기까지는 꽤 오랜 시간이 걸렸다. 그 사실을 알고도 진정으로 자신을 사랑하고, 자신이 원하는 모습으로 다시 태어나기까지 무려 50년이 걸렸다. 이제 존은 졸린이라는 이름으로 살아간다. 긴 금발 머리에 화려한 원피스를 입고 또각또각 하이힐을 신고 거리를 활보한다. 운명의 여인, 캐시와 팔짱을 끼고서.

크로아티아계 이민자 부모에게서 태어난 쉰셋의 졸린은 아주 어렸을 때부터 억지로 남자답게 행동하고 강한 척하며 살았다. 일도 남성들이 많은 전기, IT 쪽 일을 하다 보니 '남자다움'이 더 요구되었다. 20대 때 결혼생활도 6년간 했지만, 아내가 집에 없을 때 아내 옷을 몰래 입어보는 수준으로 자신의 본능을 억누르고 살았다.

"어떻게 자신의 정체를 50년이나 숨길 수 있죠?"

"50년쯤 남자 흉내를 내다보면 완벽하게 남자인 척할 수 있어요. 주변 사람들이 나한테 여성스럽다고, 게이 아니냐고 놀릴수록 더 남자답게 굴었죠. 내 의지와는 상관없이 그들의 기대에 맞추기 위해서……. 도대체 내게 무슨 문제가 있는 걸까, 오랜 시간 고민하다가 책을 읽고 나서야 내가 트랜스젠더로 태어났다는 걸 깨달았어요.

사람의 정체성을 형성하는 수많은 요소 중 하나가 성별인데, 내 몸에 맞지 않는 성별의 영혼이 들어온 거죠. 그래서 오랜 시간 남자와 여자 사이를 오가야 했어요. 차라리 동성애자였으면 문제가 단순했겠지만……. 언제까지 이렇게 분열된 삶을 살 수는 없어 아주 가까운 사람들에게만 커밍아웃했어요. 그런데 여자를 사랑한다니까 더 이상하게 보더군요."

"사실 저도 좀 의아했어요. 여자가 된 트랜스젠더들은 남자를 좋아하는 줄 알았거든요."

"어떤 성에게 끌리느냐에 따라 동성애, 이성애로 나누는 거고, 스스로 어떤 성별로 느끼느냐에 따라 트랜스젠더 여부가 결정되는 거예요. 난 남자로 태어났지만 자신을 여자라 느꼈고, 남자에게는 전혀 끌리지 않아요."

그녀가 만난 여자들 대부분이 그의 정체성을 알고 나면 달아났다. 12년간 사귀었던 여자친구도 졸린이 드레스를 입고 메이크업을 하는 것을 불편해하며 졸린의 정체성을 완전히 받아들이지 못했다. 그녀는 졸린이 단순히 여자 옷을 좋아하는 성향이기를 바라며, 집에서 함께 있을 때는 여자 옷을 입되 밖에 나갈 때는 남자 옷을 입게끔 했다. 그 여자친구는 주말마다 졸린의 집에 왔지만, 룸메이트와 함께 사는 자신의 집에는 한 번도 졸린을 초대하지 않을 정도로 그녀를 부끄러워했다.

그 여자친구가 룸메이트와 박람회에 갔다 와서 여러 부스에서 받은 기념품이 담긴 쇼핑백을 졸린에게 던져주던 날, 졸린은 그녀가 자신을 잡동사니 따위를 던져도 되는 존재로 여긴다는 사실을 깨달았다. 그리고 이런 취급을 받을 이유가 없다는 생각에 그녀와 헤어졌다.

이후 졸린은 책을 읽고 다른 소수자들을 만나면서 인류 역사상 동성애자와 트랜스젠더는 늘 존재해왔고 자신은 단지 소수자일 뿐 비정상이 아니므로 더 이상 숨을 필요가 없다는 결론을 내리고 자신의 정체성에 대해 솔직해지기로 했다.

뉴질랜드 출신의 쉰여섯 살 간호사 캐시는 전남편과의 사이에서 낳은 서른 살 아들과 스물다섯 살 딸, 한때 잠시 만났던 남자와 낳은 스물한 살 막내딸까지 세 아이를 키우는 싱글맘이다. 그녀는 열일곱 때부터 집을 사고팔아 수익을 남기는 부동산 투자로 돈을 벌기 시작해 서른에 백만장자가 되었지만, 잘못된 결혼으로 모든 것을 잃었다.

그녀는 5년 전 어느 데이팅 사이트에서 당시 남자였던 졸린의 프로필을 보았다. 트랜스젠더라는 단어를 보았지만 크게 괘념치 않았다. 당시 졸린이 살던 케언스와 캐시가 사는 멜버른은 무려 3천 킬로미터나 떨어져 있었으므로 캐시는 별 기대 없이 메시지를 보냈고 두 사람은 매일 영상통화를 하며 많은 대화를 나누는 사이가 되었다. 때로는 영상통화를 하면서 각자 요리를 준비했고, 캐시의 딸과 함께 셋이서 대화를 나누기도 했다. 그 시절을 추억하던 두 사람은 갑자기 까르르 웃었다.

"한번은 캐시가 통화하다 소파에서 잠이 들었어요. 그 모습이 정말 사랑스러워서 저도 그 모습을 지켜보면서 잠이 들었어요."

"우리 졸린 정말 달콤하지 않아요? 내가 일어나 보니 영상통화는 아직 켜져 있고 화면 속 졸린도 자고 있지 뭐예요. 정말 즐거운 추억이었어요."

그렇게 매일 밤 영상통화를 통해 서로의 내면 깊은 곳의 이야기까지 나누던 두 사람은 어느덧 사랑이라 말할 수 있는 감정을 느끼기 시작했다. 석 달 후 졸린은 캐시를 만나러 가기 위해 멜버른으로 날아갔다. 혹시나 자신이 마음에 들지 않으면 어떡하나 걱정스럽고 조마조마한 마음으로 도착한 졸린을 환하게 반기며 캐시는 키스했다. 졸린의 성 정체성에 대한 고민을 이해하고 여자든 남자든 둘 중 하나를 선택하라고 조언해온 캐시는, 남자 옷을 입고 도착한 졸린에게 여자 옷을 입혀주었다. 두 사람은 당당히 밖에서 데이트했다.

"이미 영상통화를 통해 캐시의 지적인 면모와 유머 감각, 사려 깊으면서도 결단력 있는 성격에 매료되어 있었지만, 실제로 만난 순간 소녀처럼 환하게 웃던 사랑스럽고 순수한 그녀의 모습은 뭐라고 설명할 수가 없어요. 우리 두 사람은 손을 잡자마자 전기가 통했죠."

멜버른이 너무 추운 캐시와 케언스가 너무 더운 졸린은 그 중간인 브리즈번에서 함께 살기로 하고, 캐시의 막내딸이 학교를 마칠 때까지 6개월을 기다렸다. 마침내 때가 왔고 두 사람은 차를 타고 2주간 브리즈번 근방을 돌아다니며 집을 탐색하다가 골드코스트의 해변이 내다보이는 이 집을 찾았다. 그리고 몇 달간 집을 함께 고쳤다.

나무 바닥으로 된 테라스와 깔끔한 인테리어를 칭찬하자 캐시가 "이 사람, 집 고치고 드럼 치는 걸 보면 완전 상남자라니까요" 하며 졸린을 놀렸다. 졸린은 억울한지 "남자 코스프레를 50년이나 했으니 그러지. 여자들도 망치질 잘할 수 있는데 왜 세상은 남자들에게만 그런 걸 시키는지 몰라"라며 투정을 부렸다.

두 사람이 같이 살게 되면서 캐시는 남자와 여자를 왔다 갔다 하는 졸린에게 진정한 자신의 모습으로 살라고, 좀 더 세상 앞에서 당당해지라고 격려해주었다. 여자로 살고 싶으면 평생 여자로 살라는 캐시의 지지에 졸린은 오랜 시간 고민해왔던 수술을 결정, 의

졸린과 캐시. 나를 있는 그대로 사랑해주는 사람이 있다는 것은 얼마나 큰 안식인가.

사의 동의서를 받아 태국에 가서 수술을 받았다.

남성적인 외모였던 졸린은 눈, 코, 턱, 튀어나온 이마를 깎아내리고 눈썹과 입술 길이를 줄였다. 또 페이스 리프팅과 함께 얼굴선을 따라 머리카락을 이식했고, 목젖을 없애고 가슴을 풍성하게 만드는 수술도 받았다.

"물론 수술하지 않고도 트랜스젠더로 살 수 있어요. 외모만 조금 달라질 뿐, 사람 자체가 달라지는 건 아니니까요. 물론 예전의 남자다운 외모보다는 지금의 여성스러운 외모가 자존감을 더욱 높여주긴 해요. 수술 덕분에 몇 년 더 어려 보이기도 하고요, 호호호."

키가 180㎝인 졸린은 수술 후에도 100% 여자로 보이진 않기에 사람들은 여전히 그녀들을 편견 어린 시선으로 바라본다. 그 정도가 심할 때면 졸린은 움츠러들고 캐시는 그런 그녀를 위로해주다가도 가끔 욱하는 마음에 사람들에게 가서 따지기도 한다. 이에 졸린이 오히려 "자기야, 내가 특이해서가 아니라 섹시해서 쳐다보는 거니까 너무 신경 쓰지 마" 하고 그녀를 달랜다.

두 사람의 친구 중에서도 졸린의 수술 이후 연락을 끊거나 캐시에게 언제부터 레즈비언이 되었냐고 묻는 이가 많았다. 매번 설명하기에 지친 캐시는 이제 "당신은 언제부터 이성애자였느냐"고 반문한다.

"난 졸린이라는 사람 자체와 사랑에 빠진 거지, 남자라서 혹은 여자라서 이 사람과 사랑에 빠진 게 아니에요. 이성애자든 동성애자든 어디까지나 사회가 붙인 구분이지 난 그냥 나, 졸린은 그냥 졸린으로 존재하는 거죠. 난 그저 졸린이 자신의 여성성을 꽃피우며 진정한 자아를 찾고 자신감을 회복할 수 있게 되어 기뻐요. 물론 우리를 피하는 사람도 있지만, 지구에 있는 70억 인구 모두가 우리를 좋아해 줄 필요는 없잖아요. 적어도 나와 우리 가족, 친구들은 예전의 존을 보내고 졸린을 맞아들였어요. 그리고 난 지금 모습 그대로의 졸린을 사랑해요."

졸린이 수술을 받고 회복하는 2달 동안 캐시는 함께 태국에 머무르며 졸린을 극진히 간호해주었다. 그리고 얼마 후 캐시가 갑작스러운 폐색전증으로 건강이 악화되었을 때는 졸린이 그녀 곁을 지켰다. 캐시는 이로 인해 몸무게가 20kg이나 늘고 심각한 어깨통증을 앓게 되어 간호사 일도 그만두었지만 졸린의 사랑은 변함없었다.

캐시가 일을 그만둔 뒤 졸린은 영어강사가 되기 위해 테솔 TESOL 자격증을 땄지만, 학교나 학원에서 그녀의 외모를 보고 강사로 뽑아주지 않아 결국 두 사람은 회사를 차렸다. 일까지 같이 하다 보니 함께 보내는 시간이 대부분인데, 캐시가 그림을 그리고 산책하러 나가면 졸린은 몇 시간이고 드럼을 치는 등 서로에게 각자의 시간과 공간을 허락한다.

"두 사람도 싸울 때가 있어요?"

"물론이죠. 주방에서 무슨 기름으로 튀겨야 하느냐에 대해 졸린이 유난스럽게 고집을 피워서 요리할 때마다 싸웠어요. 결국, 모든 기름을 해바라기씨유로 바꿨다니까요."

아이 세 명을 키워온 캐시와 자기 몸 하나만 건사하며 살아온 졸린이 서로를 이해하지 못하고 화를 내고 삐진 적도 있었지만 그런 일들을 겪으면서 두 사람의 사랑은 더욱 공고해졌고 그들의 가족 또한 두 사람의 사랑을 지지해준다. 캐시의 아이들은 졸린을 엄마라고 부르고, 캐시 역시 졸린의 노모가 졸린의 새로운 모습을 받아들일 수 있도록 중간에서 도와주었다. 매번 새로운 사람을 만날 때마다 엄청난 고민을 해야 했던 졸린에게, 캐시는 그를 진정으로 이해하고 받아들여 준 첫 번째 파트너였다.

"이 사람을 만나기 위해 50년을 기다린 것 같아요. 내가 죽은 후 천국에 가면 천국에서, 만약 인간으로 다시 태어난다면 다음 세상에서 이 사람을 찾아 또 사랑하고 싶어요. 내 운명의 사랑이죠."

"난 졸린을 볼 때마다 가슴 깊이 형언할 수 없는 사랑을 느껴요. 졸린이 최고의 모습으로 변해가는 것을 보면 진심으로 기쁘고, 뭐라 말할 수 없는 따뜻하고 뽀송뽀송한 기분이 들거든요. 엉뚱한 남자 만나서 애들 고생시키고 20년을 싱글맘으로 아등바등 산 건 졸린을 만나기 위한 운명의 준비 과정이었나 봐요."

에단 호크가 그랬던가. "누군가를 사랑한다는 것은 자기 자신을 알아가는 것과 마찬가지로 고통스럽고 실망스러운 일이다"라고. 누군가와 살을 섞고 마음을 섞다 보면 우리 내면 깊은 곳에 있는 욕구와 두려움과 결핍과 상처와 분노가 피부 바깥으로 흘러나온다. 이를 다독여주지 않으면 발가벗겨진 두 자아가 충돌해 서로에게 더 큰 상처를 남길 수도 있다. 반대로 졸린과 캐시처럼 서로의 내면의 깊숙한 상처를 치유해주고, 그 사람이 가장 자기답게 살수 있도록 북돋아 주는 것 역시 사랑이 가진 마법이다.

내가 어떤 모습이 되더라도 나를 있는 그대로 사랑해줄 수 있는 사람이 있다는 것은 얼마나 큰 안식을 주는가. 거기에 한발 더 나아가 사랑을 통해 내 모습이 가장 나다워진다면, 내가 꿈꿔왔던 이상적인 나의 모습이 되어갈 수 있다면, 사랑 말고 그 무엇을 기적이라 부르겠는가.

그럼에도 불구하고,
사랑

♥

백인 여자와 휠체어를 탄 동양 남자. 나는 멀리서도 두 사람을 알아볼 수 있었다. 동티모르에 가려 했던 내게 누군가가 보내줬던 링크, 거기서 본 두 사람에 관한 짧은 다큐멘터리 때문인지 나는 오랜 친구를 만난 듯 반가웠다. 바로 동티모르 출신의 조엘과 호주 멜버른 출신의 헬렌 커플이다.

12년 전, 조엘 가족이 타고 있던 차는 운전 중이던 삼촌의 졸음 운전으로 도로를 이탈했고 조엘이 정신을 차린 곳은 병원이었다. 같은 차에 탔던 일곱 명의 가족들은 모두 가벼운 부상을 입었지만, 조엘은 척수 손상으로 인해 하반신이 마비되었다. 그때 그의 나이 스물둘이었다.

당시 동티모르는 동쪽과 서쪽이 나뉘어 내전 중이었다. 병원이 워낙 낙후된 데다 내전으로 인해 정상 가동이 불가능한 상태이다 보니 엑스레이 검사 외에 할 수 있는 게 없었다. 동티모르의 동쪽에만 병원이 있었는데, 서쪽 출신인 그의 정체가 발각되면 죽임을 당할 수도 있다는 두려움이 통증으로 인한 고통보다 더 컸다.

집으로 돌아와서야 더 이상 걸을 수 없다는 절망감이 그를 덮쳤다. 그는 1년 반을 누워 모든 일상생활을 다른 사람들에게 의존해야 했다. 가족들이 그를 사랑으로 보살펴주었지만, 혼자 힘으로 아무것도 할 수 없다는 사실은 그를 무기력하고 외롭게 만들었다. 그러던 중 한 NGO를 통해 재활훈련을 받아 휠체어를 이용한 일상생활이 가능해졌다. 그는 다른 사람들의 재활훈련을 돕는 자원봉사를 하다가 아예 그 NGO에서 직원으로 일하게 되었다.

한편 대학에서 직업치료를 전공한 헬렌은 4학년 때 나이지리아 자원봉사를 한 후 남은 인생을 개발도상국에서 고통받는 사람들을 위해 헌신하기로 했다. 석사를 마친 그녀는 가진 것이라곤 모래와 사막뿐인, 세상에서 가장 가난한 나라 서아프리카 니제르에 가서 4년을 일했다.

장애인 문제에 관심이 많았던 헬렌은 조엘과 같은 NGO에 국제 프로그램 매니저로 입사했다. 2011년 동티모르 출장에서 조엘을 만난 헬렌은, 자신에게 닥친 불행한 상황 속에서도 사고를 낸 삼촌이나 불공평한 세상을 원망하지 않고 긍정적으로 받아들이는 그에게 큰 감명을 받았다. 그녀는 그가 멜버른의 장애인 커뮤니티를 방문해 이야기를 나누는 자리를 만들었는데, 재정적으로 열악한 NGO의 특성상 호텔을 제공할 수 없어 자신의 집에 있는 빈방을 내주었다.

그렇게 조엘은 헬렌의 집에서 2주간 머물렀고 헬렌은 그에게 멜버른 곳곳을 보여주었다. 하루는 축구경기를 보고 돌아오는 기차 안에서 그가 갑자기 그녀의 손을 잡았다. 순간 헬렌은 깜짝 놀랐지만, 문화적인 차이인가 싶어 가만히 있었다. 그것을 지켜본 그녀의 친구가 그가 널 좋아하는 게 아니냐고 묻자 그녀는 혼란스러워졌다. 그때 무슨 생각으로 그랬냐고 묻자 조엘은 얼굴을 붉혔다.

"저도 모르겠어요……. 사고가 나기 전에 여자친구가 있었지만, 그녀는 내가 걸을 수 없다는 사실을 알고 나를 떠났고 그 상처가 너무 컸어요. 동티모르에선 장애인과 결혼할 여자가 없을 테니, 결혼은 포기한 상황이었죠. 헬렌에게 호감을 느끼고 있었지만 아무런 기대할 수 없으니까 티 내지않으려 했는데, 나도 모르게 손을 만져버렸어요. 그런데 그녀가 손을 뿌리치지 않더군요. 그래서 그녀를 좋아해도 되겠다는 조심스러운 자신감이 생겼어요."

그를 사랑스러운 눈빛으로 바라보던 그녀는 이야기를 덧붙였다.

"그날 우리 두 사람이 교회에 갔는데 성경 구절에 어떤 시각장애인에 대한 얘기가 나왔어요. 그러자 어느 할머니가 큰 소리로 '잘못한 게 있으니 하느님이 그의 눈을 멀게 만든 거지'라고 말했죠. 그 말을 듣고 갑자기 조엘이 그 할머니를 향해 '전 잘못한 게 없지만, 하반신이 마비됐어요. 하지만 이건 사람들에게 영감을 주고 더열심히 살라는 하느님의 뜻이라고 생각해요'라고 답했어요. 그 순간 전 이 사람한테 반했어요. 자신에게 주어진 불행을 오히려 긍

인종, 장애, 문화, 언어의 차이에도 불구하고
서로를 사랑하는 조엘과 헬렌.

정적으로 받아들일 수 있다니……. 그날 우리는 첫 키스를 했죠."

하지만 현실적으로 두 사람은 상사와 부하직원 사이였고, 문화와 언어 차이도 있었다. 무엇보다 그녀는 다시 아프리카로 돌아가서 일하기로 예정되어 있었다. '그가 장애가 있다고 그를 동정해서 사랑하는 건 안 돼. 정신 차려 헬렌' 하고 스스로 수없이 말했다. 그리고 그에게 담담히 말했다.

"미안하지만 어제 있었던 일은 없었던 거로 해요. 우리 같이 일하는 사람들인데 공과 사를 구분해야죠. 앞으로 더 이상 우리 사이엔 아무 일도 없을 거예요."

하지만 이미 그녀를 향한 마음이 깊어진 그는 이대로 포기할 수 없었고, 동티모르에 돌아가서도 끊임없이 그녀에게 연락해 안부를 물었다.

반년 후 헬렌이 다시 동티모르에 갔을 때, 조엘의 동료가 그녀에게 적극적으로 호감을 표시했다. 두 사람이 태국에서 열린 컨퍼런스에 함께 참석하면서 헬렌 역시 그 동료에게 관심을 갖게 되었다. 하지만 그 동료는 바람둥이였고 그 동료가 다른 여자들에게도 치근덕거렸다는 사실을 알게 된 헬렌이 울고 있을 때 마침 조엘이 메시지를 보내왔다. 그녀는 조엘에게 모든 걸 솔직히 이야기했다. 그는 상처받았지만 내색하지 않고 울고 싶으면 실컷 울어버리라며 그녀를 위로했다.

그래서일까. 얼마 후 가족 여행을 간 그녀는 가족들에게 조엘이 얼마나 좋은 사람인지 끊임없이 이야기했다. 그녀의 엄마는 그렇게 좋으면 그를 만나보라고 제안했다. 몇 달 후 동티모르로 출장 온 그녀에게 그가 다시 한번 사랑한다고, 진지하게 만나고 싶으니 결정을 내려달라고 고백했고, 헬렌은 고민했다.

"난 사실 그가 얼마나 좋은 사람인지도 알고, 나 자신도 답을 알고 있었죠. 하지만 생각할 시간이 필요했어요. 그래서 앞으로 남은 인생을 어떻게 살고 싶은가, 내 삶에 중요한 것은 무엇인가를 며칠간 정리해보았죠. 우리 둘 다 다른 문화권에서 왔다는 점과 그의 장애가 내 인생에 어떤 걸림돌이 될 수 있는가를 생각하며 그를 만나는 것의 장단점을 쭉 써봤어요. 그러다가 그 목록을 찢어버렸죠.

'에이 모르겠다. 이건 머리로 해결해야 하는 문제가 아니야. 아마 애를 못 가질 수도 있고, 문화적인 차이 때문에 힘들 수도 있어. 하지만 난 그 사람의 성품을 무척 잘 알고, 게다가 우린 정말 좋은 친구잖아? 일단 한 번 해보자. 해보지 않으면 몰라.' 이런 생각이 들더군요."

그녀는 그에게 전화해 "Yes"라고 답했다. 동티모르에선 남녀가 사귀면 결혼하는 게 당연해서, 둘은 순식간에 웨딩드레스를 고르고 양가의 축복 속에 결혼식을 올렸다. 그녀가 자기 짝이 되리라 믿어 의심치 않았던 조엘의 바람이 현실이 되는 순간이었다.

장애인이라 결혼하지 못할 거로 생각했던 그의 가족은 그가 결혼한다는 사실을 믿지 못했다. 심지어 조엘의 여동생은 헬렌에게 몇 번이나 "정말 오빠랑 결혼할 거예요?"라고 물어 헬렌은 짜증을 내다 못해 눈물까지 흘려야 했다. 조엘은 "걱정하지 마, 가족들은 혹시나 당신이 나한테 상처를 줄까 걱정해서 그러는 거야. 당신을 싫어해서가 아니야"라며 그녀를 다독였다.

복잡한 절차를 거쳐 조엘의 호주 비자를 받고, 운전할 차를 개조하고, 집 안의 모든 장애물을 제거하는 등 두 사람이 함께 살기 위해 준비해야 할 것도 한둘이 아니었다. 그래도 비포장도로와 계단이 많아서 그녀가 직접 조엘과 휠체어를 들고 오르락내리락해 팔뚝이 굵어지는 동티모르보다는 호주가 낫다며 헬렌은 귀여운 한탄을 했다.

이제 그들은 평범하면서도 평화로운 신혼생활을 만끽하고 있다. 조엘은 휠체어 농구도 하고 헬렌의 어머니에게서 요리도 배운다. 헬렌은 조엘의 모국어인 테툼어를 배운다.

"사람들이 쳐다보진 않나요?"

"호주에선 그렇지 않은데, 동티모르에선 '저 장애인이 백인 여자랑 사귄다고?' 하는 호기심 어린 눈빛들로 바라봐요. 하지만 그게 뭐가 중요한가요? 휠체어 탄 사람도, 피부색이 다른 사람도 행복한 결혼을 할 수 있다는 사실을 보여줘서 사람들 인식을 조금이나마 긍정으로 바꿀 수 있다면 좋은 거잖아요."

"아이는 가질 수 없나요?"

"우리 둘 다 간절히 아이를 갖고 싶지만, 조엘이 아직 재활치료를 받는 중이라 나중에 불임클리닉에 가서 정확한 진단을 받아볼 예정이에요. 아이를 갖지 못하면 동티모르에서 아이를 입양하려고요."

사랑이 무엇이냐는 질문에 그녀는 '친절, 인내, 용서'로 사랑을 정의했다. 조엘이 문화적 차이를 배려하는 친절을 베풀었고, 자신을 기다리느라 인내했으며, 자신이 다른 남자를 만난 것도 용서해주었기 때문이란다. 그녀에게 사랑은 '조엘'과 동의어였다. 그가 보여준 헌신과 배려가 사랑의 기준을 만든 것이다. 두 사람은 장애와 비장애, 호주와 동티모르의 다른 문화, 다른 성장 배경, 그 모든 것에도 불구하고 일단 사랑해보기로 결정했다. 해보지 않으면 모르니까.

남의 잘못으로 하루아침에 장애를 갖게 되었지만 이를 의연하게 받아들인 조엘, 쉽지 않은 길이지만 어려움을 넘어설 각오로 조엘을 남편으로 받아들인 헬렌. 둘 다 고난 대처 능력이 뛰어나니 앞으로 어떤 어려움이 와도 그들은 이겨내고 행복하게 살 것이다. 결국, 우리는 '그래서' 사랑하는 게 아니라 '그럼에도 불구하고' 사랑하니까. 그런 면에서 이 프로젝트의 마지막 인터뷰이 토니와 티키레 커플도 인상적이었다.

이탈리아 시실리 출신인 토니와 쿡 제도 출신인 티키레가 처음 만난 건 45년 전, 두 사람 다 호주로 이민 온 지 얼마 안 됐을 무렵이었다. 백화점 옷가게에서 일하던 토니는 아이스크림 매장에 있던 티키레를 처음 보자마자 한눈에 반했다.

당시 스무 살이 채 되지 않은 이국적인 미모의 티키레는 여러 남자에게 데이트 신청을 받았지만, 그들에게 별 관심이 없었다. 그런데 예수처럼 긴 검은 머리에 파란 눈으로 자신을 바라보는 토니만 큼은 신경이 쓰였다. 첫 데이트 때 가벼운 교통사고를 겪은 두 사람은 이를 계기로 더더욱 가까워졌고, 두 사람은 사랑에 빠지게 되었다.

1960년대 당시 호주에는 소위 '백호주의'라 불리는 인종차별적인 정서가 남아 있었다. 티키레는 까무잡잡한 피부에 구불구불한 머리를 지닌, 전형적인 폴리네시안 어머니와 영국인 아버지 사이에서 태어난 혼혈인이었다. 보수적인 토니의 부모는 두 사람의 만남을 반대했다.

그렇게 싸우기를 4년, 결국 토니가 아버지에게 가서 "부모님의 축복 속에 티키레와 결혼하고 싶습니다. 하지만 축복해주시지 않는다 해도 그녀와 결혼할 겁니다"라고 선언한 끝에 그들은 결혼할 수 있었다. 그 후 부부는 어느덧 40년을 함께 살아왔다.

결혼 2년 차에 첫아이를 갖게 된 티키레는 호르몬 불균형으로 인한 산후우울증을 겪었다. 대부분 산모들이 아이를 낳고 나서 겪는 우울감 정도가 아니라, 의학적 도움을 받지 않으면 안 되는 심각한 수준이었다. 첫 딸을 낳은 후 둘째를 가져야 할지 말아야 할지 고민 끝에 3년 만에 둘째를 낳았는데, 이때 조기폐경과 함께 호르몬 균형이 완전히 깨졌고 산후우울증은 조울증으로 발전했다. 티키레는 첫아이 출산 때부터 30여 년간 병원을 드나들었고, 그중 12년은 일도 못 하고 치료에만 매진해야 할 정도로 상태가 심각했다. 그럼에도 불구하고 토니의 사랑은 변함이 없었다.

"옆에서 많이 힘들었겠어요."

"아내가 정신이 갑자기 나가면 완전히 다른 사람이 되어 헤어지자는 둥 별의별 소리를 다 하는데, 그 참담한 기분을 어떻게 말로 설명할 수 있을까요. 하지만 그건 그녀의 진심이 아니라 그녀의 병이 하는 말이니까 귀담아듣지 않으려 했죠. 며칠만 기다리면 제정신으로 돌아올 테니 내가 사랑했던 그녀의 모습을 떠올리면서 참고 또 참았어요."

"이혼을 생각해본 적은 없나요?"

"티키레가 정신병원에 입원했을 당시 같은 방에 열두 명의 여자들이 있었는데, 그중 열 명의 남편들이 자기 아내들을 버리고 떠났어요. 하지만 난 결혼식 서약에서 무슨 일이 있어도 평생을 함께한다고 약속했으니 그 약속을 지켜야 한다고 생각했죠."

수많은 로맨틱 영화들이 결혼으로 막을 내리고, 대부분의 사람 역시 결혼이 사랑의 완성이라고 생각한다. 그러나 미국, 호주, 유럽 등 소위 잘사는 나라들의 이혼율은 50%에 육박한다. 그 50% 역시 결혼하던 순간에는 자신들이 미래에 이혼할 것이라 예상 못 하고 검은 머리가 파뿌리 될 때까지 함께하겠다고 약속했을 것이다.

하지만 얼마나 많은 사람이 그 약속을 지키지 못하는가. 콩깍지가 벗겨진 후 내 곁에 있는 이 사람이 예전에 내가 사랑했던 그 사람처럼 아름답거나 능력 있지도 않고, 나에게 잘해주기는커녕 신경질이나 부리고, 알고 보니 나만큼이나 문제투성이 인간이었다는 것을 알고 나면 마음이 예전 같을 수는 없다. 하지만 토니는 무슨

사랑은 매일매일 노력하는 것이라고 생각하는 토니와 티키레.

일이 있어도 평생 함께하겠다는 약속을 우직하게 지켜냈다. 수십 년 동안 돈을 벌고 그녀를 간호하고, 두 딸이 대학공부를 마칠 때까지 자식들을 돌보았다.

"한 친구가 결혼을 앞두고 있었는데 예비신부가 좋은 아내감이 아닌 것 같아 솔직하게 조언한 적 있어요. 그러자 그는 '정 안 되면 이혼하지 뭐'라고 답하더군요. 그렇게 이혼이라는 가능성을 염두에 두고 결혼하더니 반년 후에 정말 이혼하더라고요. 하지만 나에겐 이혼이라는 개념 자체가 아예 없었어요. 많은 사람이 사소한 이유로 결혼을 포기하는 거에 비교하면, 난 이혼할 만한 충분한 사유가 있었지만 그러질 않아서 정말 다행이에요. 아직도 그녀는 내가 사랑하는, 내 운명의 여자니까요."

물론 토니 한 사람만 희생한 것은 아니었다. 둘째 딸이 리듬체조를 하기 위해 캔버라로 갔을 때 티키레 역시 회사를 그만두고 4년간 캔버라에서 딸 뒷바라지를 했고, 토니가 심혈관 수술을 받고 걷기 연습부터 다시 시작해야 하는 힘든 순간에 그의 곁에서 병간호했다. 이렇게 수많은 고비를 함께하면서 두 사람의 사랑은 더욱 깊어졌다. 가끔 티키레가 가족을 만나러 쿡 제도에 가거나 토니가 손주들을 돌보러 캔버라에 가면, 두 사람은 보고 싶어 안달이 나서 하루에도 몇 번씩 통화한다.

물론 그들도 싸운다. 특히나 이탈리아인과 폴리네시아인 특유의 다혈질 기질을 지닌 두 사람은 충돌했다 하면 어찌나 시끄럽게 싸우는지 예전엔 이웃들이 항의했을 정도였다. 하지만 둘은 시간이 흐르면서 서로에게 적응해갔다.

상춧잎을 한 장 한 장 씻지 않고 통째로 물에 대충 씻어내는 걸 허용 못 하는 그에게 까탈스럽다고 짜증을 내던 티키레는 이제 그가 직접 요리하도록 격려하고 칭찬해준다. 또 아침형 인간인 토니는 올빼미형 인간인 그녀를 억지로 바꾸려 하지 않고 아침에 자신만의 시간을 즐긴다. 또 시간 약속에 철저한 그는 늘 30분에서 1시간씩 늦는 그녀에게 화를 내곤 했지만, 이젠 12시 약속이면 아예 11시 약속이라고 그녀에게 말해둔다.

"우리는 사랑이란 매일매일 노력해야 하는 것이라고 생각해요.

결혼 후에 자동으로 사랑이 유지되고 평생 행복하리라 기대하는 건 착각이거든요. 우린 종종 깜짝 이벤트로 사랑을 표현하고 아름다운 추억도 쌓으며 예전의 설렘을 유지하죠. 그래서 내 눈엔 티키레가 45년 전 아름답던 소녀 모습 그대로처럼 보여요."

'사랑해'라는 말을 부끄러워하는 티키레를 위해 토니는 요리하거나 잔디를 깎는 등의 행위로 자신의 사랑을 표현한다. 또 결혼 기념일 1년 차에 장미꽃 한 송이를 준 것을 시작으로 2년 차에는 두 송이, 3년 차에는 세 송이, 그렇게 매년 한 송이씩 늘려서 작년엔 장미꽃 서른아홉 송이를 선물했다. 티키레는 장미꽃이 비싸니 그만하라고 하지만, 토니는 밭품을 팔아 꽃시장에 가서라도 장미꽃다발을 사 온다. 이 이벤트는 아마 두 사람이 함께할 마지막 해까지 계속될 것이다.

애틋한 표정으로 서로를 바라보는 두 사람을 보며 문득 《어린 왕자》의 장미가 생각났다. 어린 왕자에게 5천 송이의 다른 아름다운 장미보다 자신의 별에 두고 온 장미 한 송이가 더 소중한 이유는 그가 꽃에 물을 뿌려 주고 유리 덮개를 씌워주고, 바람막이로 보호해주고, 벌레를 잡아주었기 때문이다. 그렇게 어린 왕자가 장미꽃을 길들이고 장미꽃에 의해 어린 왕자가 길들여졌기에, 그들은 서로에게 그토록 소중한 존재인 것이다.

따스한 봄날에야 누군들 꽃을 피우지 못하겠는가. 하지만 엄동설한의 추위에 꽃을 피워내긴 쉽지 않다. 마찬가지로 좋은 일만 있을 때야 누군들 사랑하고 행복하게 사는 게 어렵겠는가. 하지만 진짜 사랑은, 진짜 행복은 인생의 고비 고비에서 드러난다. 더 이상 바닥을 칠 수도 없을 때, 바닥에 떨어진 그 사람을 버리지 않고 손 내밀어주는 누군가가 있을 때. 추위 속에서 더 향기롭게 피어나는 것, 존재가 존재 속에서 활짝 만개하는 것, 그 꼭 잡은 두 손으로 세상을 향해 당당히 고개를 들 수 있는 것. 그것이 진짜 사랑 아닐까. 그런데 지금 이 순간 난 왜 눈물이 날까.

우리,
사랑 연습할래요?

"사랑을 수집하신다고요?"

예정에 없던 싱가포르 방문 중 예정에 없던 낯선 사람과의 만남. 그것이 네샤와의 첫 만남이었다. 오랜만에 만나기로 한 친구의 착각으로 다른 약속과 나와의 약속이 겹쳐, 셋이서 어색한 점심을 하게 되었다. 나의 러브 파노라마 프로젝트 이야기에 그는 포크를 내려놓고 내 이야기를 경청했다.

지금은 다른 일을 하고 있지만 원래 철학을 전공했고 사랑이라는 주제에 관심이 많다는 그는 친구가 자리를 뜬 후에도 이야기를 계속했다. 내일 싱가포르를 떠난다는 내 말에 그는 다음 약속을 하나, 둘, 셋, 넷 취소했고 나 역시 인터뷰를 취소했다. 점심때 시작된 만남은 저녁까지 계속되었다.

우리는 공통점이 많았다. 둘 다 불우한 어린 시절을 겪었고, 수술대에 올라 생의 소중함을 깨달았으며, 전 세계를 돌아다니며 꿈을 좇아 살아왔다. 그런 사람과 대화가 끊이지 않는 것은 어찌 보면 당연했다. 그와의 대화는 가볍기보다는 무거웠고, 즐겁기보다는 신성했다. 결코 평탄치 않았던 그의 인생과 그 삶의 여정을 지탱해준 사랑의 경험들이 영혼의 깊이를 다져놓았기 때문이리라.

"난 사랑이 인생에서 몇 번 오지 않는 기적이라고 생각해요. 지구 역사가 45억 년인데 그 억겁의 시간 동안 동시대에 태어난 70억 인구 중 단 한 사람에게 한순간 그토록 강렬하게 매료될 수 있다는 사실이 말이에요."

"하지만 그 기적에는 유효기간이 있지요. 시간이 지나면 호르몬이 바뀌고 그에 따른 감정도 바뀌니까요. 영원할 것 같은 사랑도, 죽을 것 같은 고통도 시간이 흐르면 사라지고, 새로운 사랑이 오죠. 지구의 역사에 비교하면 찰나에 불과한 우리 인생에게 시간이 주는 선물이 아닐까요? 결국, 모든 고통과 기쁨을 지배하는 것은 시간이니까요."

"그럼 사랑이란 태생적으로 시간의 한계를 뛰어넘을 수 없는, 지금 이 순간 호르몬에 좌우되는 감정 상태라는 말이네요."

"네. 그래서 난 사랑에 우정이 필수요소라고 생각해요. 우정엔 호르몬의 유효기간도 없죠. 아무 조건 없이 내 소중한 것을 내어줘도 아깝지 않고요. 열정이 사라진 후에도 우정은 친밀감과 헌신이라는 이름으로 두 사람의 관계를 지탱할 수 있으니까요."

어떻게 이 사람은 내가 지난 1년간 그토록 많이 고민하고 공부하며 깨달은 것들을 이미 다 알고 있는 걸까? 아마도 둘 중 하나일 것이다. 정말 박식하거나, 아니면 진짜 사랑을 해본 적이 있거나.

"그렇죠. 우정은 어찌 보면 사랑보다 한 단계 위의 인간관계죠. 연인이 아니면서 소울메이트, 그야말로 영혼을 교감하는 친구는 될 수 있지만 소울메이트가 아니면 연인이 되기 힘들어요. 우정의 기반이 없는 열정은 욕정의 한계를 뛰어넘기 힘드니까요."

"그래서 말인데, 수영 씨처럼 좋은 사람은 평생 친구로 두고 싶으니 우리 절대 연애하지 말고 우정을 쌓아요. 소울메이트가 된다면 더 좋고."

"네? 지금 저한테 분홍 코끼리 화법을 구사하는 건가요?"

"분홍 코끼리가 뭐죠?"

"분홍 코끼리는 실제로 존재하지 않아요. 하지만 '분홍 코끼리를 생각하지 마세요'라고 하면 계속 분홍 코끼리를 생각하게 되죠. 난 어차피 내일 떠날 사람이라 당신과의 연애는 생각도 않고 있었는데, 그렇게 말하니 오히려 연애의 가능성을 인지하게 되잖아요."

"그런 건가요? 그럼 절대 싱가포르를 떠나선 내 생각하지 마요. 보고 싶어 하지도 말고요. 사랑에 빠질 생각 따위는 더더욱 하지 마요."

"하하하, 응용력이 뛰어나시네요."

저녁을 마치고 우리는 자리를 옮겼다. 어떤 밴드의 라이브 공연이 한창이었다. 이미 8시간 동안 떠들어댄 우리 두 사람은 잠시 말없이 공연을 지켜보았다. 라이브 공연, 무대의 스포트라이트, 기타를 치며 노래하는 가수……. 왠지 모르게 낯익은 이 상황은 무엇

"난 사랑에 우정이 필수요소라고 생각해요. 우정엔 호르몬의 유효기간도 없죠. 아무 조건 없이 내 소중한 것을 내어줘도 아깝지 않고요."

일까. 그 익숙함의 실체를 깨달은 순간, 나도 모르게 허탈한 웃음이 났다. 그는 왜 웃느냐고 물었다.

"한 뮤지션을 사랑한 적이 있어요. 그 사람과 그의 음악을 사랑했지만 내가 바라는 만큼 날 사랑하지 않는 그 사람 때문에 무척 고통스러웠었는데, '아, 그런 사람이 있었지' 하고 방금 깨달을 정도로 그 존재를 까맣게 잊고 있었네요. 먼 옛날도 아니고 불과 1년 전의 이야기인데 말이에요. 그러고 보면 세상엔 영원한 사랑도, 영원한 상실도 없는 것 같아요. 원래 내 것이 아닌 인연이 잠시 내 곁에 왔다가 원래 자리로 돌아간 것뿐인데, 그땐 왜 그렇게 힘들어했을까요."

"그 사람을 많이 사랑하셨나 봐요."

"지금에야 우리는 인연이 아니었다고, 하나의 과정일 뿐이었다고 1g의 감정도 싣지 않고 말할 수 있지만, 그땐 사랑이라고 생각했죠. 하지만 그건 사랑이 아니라 욕심이자 집착이었지요. 평생 살아온 방식대로 그 사람을 갖기 위해 열심히 노력했는데, 노력할수록 멀어지는 그 사람 때문에 화가 났거든요. 정작 나는 그 사람의 꿈, 아픔, 상처에는 관심도 없고, 그 사람이 원치 않는 걸 주면서 내가 준 만큼 돌아오지 않는다고 분노했던 거예요. 결국, 두 사람 다 불행해졌지요. 소유하려던 사람도, 소유 당했던 사람도."

잠시 침묵하던 그가 입을 열었다.

"사랑했던 여자가 있었어요. 그녀와 함께 세계 일주를 하며 전 세계 곳곳의 아름다운 풍경을 만끽하고 상상할 수 있는 모든 멋진 경험을 했지요. 그렇게 완벽한 순간들을 함께했지만, 그녀는 내게 마음을 완전히 주지 않았어요. 수영 씨가 말한 대로 여자 마음속에 의자가 단 하나 있다면, 그녀는 내게 그 의자를 허락하지 않았던 거죠.

난 그 자리를 완전히 차지하지 못해 불안하고 괴로웠어요. 그래서 그녀의 마음속에 새로운 의자를 뚝딱뚝딱 만들어보려고도 하고 은근슬쩍 팔걸이에 걸터앉아보기도 했지만, 아무리 노력해도 달라지는 게 없어 화가 치밀었어요. 결국, 난 돌아왔고 그녀는 세계 일주를 계속했죠. 하지만 눈에서 멀어지자 더욱 불안해지더군요. 내가 갖지 못한 그 의자를 다른 누군가가 채 가는 것은 아닌지, 연락이 되지 않을 때마다 초조했어요. 그러던 어느 날 갑자기 숨을 쉴 수가 없게 됐어요."

"집착과 질투가 마음에 독이 되었군요."

"그래서 그 관계를 끝냈고, 한참이 지난 후에야 알았어요. 우리가 함께한 특별한 순간들은 결코 다시 오지 않는데 나는 그 순간에 감사하기보다는 채워지지 않을 내 욕심 때문에 나 자신을 고문하고 있었다는 것을. 그리고 또 깨달았죠. 우리는 결코 다른 누군가를 소유할 수도, 구속할 수도 없다는 걸. 수영 씨는 어떻게 생각해요? 어떤 형태의 사랑이 소유로부터 자유로울 수 있을까요?"

"신을 향한 사랑? 우리는 신을 숭배하고 사랑하지만 신을 소유하려 하지는 않잖아요. 그저 신의 은총에 감사해 할 뿐이죠. 사실 우리 모두는 세상에 하나밖에 없는 고귀한 존재이고, 우리 마음속에는 신이 있어요. 그 신성을 깨닫고 서로를 신처럼, 여신처럼 받들고 그 존재에 감사하면 싸울 일도, 집착할 일도 없을 텐데……."

라이브 공연은 어느새 끝나 있었다. 우리는 걷기 시작했다. 도심 한복판, 빽빽한 건물들 사이 울창한 나무들과 간혹 들려오는 새소리와 도시의 불빛에도 아랑곳하지 않는 밝은 보름달이 비현실적으로 느껴졌다.

무엇보다 우리 두 사람이 만났다는 사실이 더욱 비현실적이었다. 불과 10시간 전만 해도 난 이런 사람이 세상에 존재하는지도 몰랐는데, 우리는 오래 알고 지낸 사람처럼 영혼 깊은 곳까지 내보이고 있었다. 이미 밤이 깊었기에 아쉽지만, 기약이 없는 작별인사를 나눴다. 하지만 왠지 모르게 이 사람을 또 볼 것 같은 예감이 들었다.

분홍 코끼리는 정말 없는 걸까? 검색해보니 힌두교의 신 가네샤가 검색되었다. 내가 아슈람에 있을 때 '스리 가네샤 자야 가네샤' 하고 만트라를 외던 그 지혜의 신. 그에게 분홍 코끼리가 존재한다고, 앞으로 가네샤의 '가'를 뺀 '네샤'라고 부르겠다 했더니, 그는 나를 풍요와 사랑의 여신 락시미에서 '락'을 뺀 '시미'라고 부르겠다 했다.

다음 날 나는 인도네시아로 떠났지만, 우리의 이야기는 메신저를 통해 계속되었다. 자카르타의 번잡한 쇼핑몰에서, 파당의 포장마차에서, 수마트라의 상징인 뾰족뾰족한 지붕들 아래를 걸으면서도 대화는 이어졌다. 내가 수마트라에서 자카르타를 거쳐 롬복으로 가는 날, 그 역시 출장을 왔다며 자카르타 공항으로 나를 찾아왔다. 끊임없는 안내방송과 캐리어를 들고 다니는 사람들 사이에서 우리가 있는 공간만 진공된 듯했다.

"시미는 어떤 사람이 되고 싶어요?"

"난 예전에 '내가 만일 1년 후에 죽는다면 무엇을 할 것인가'라는 질문을 던지며 내 꿈을 이루는 데만 집중하고 살았어요. 그러다 이번 여행 중에 '나는 죽고 나서 어떤 사람으로 기억되고 싶은가'라는 질문을 하기 시작했죠. 그래서 사람들이 내면의 상처를 치유하고 자신을 진정으로 사랑하고, 자신들이 꿈꾸는 삶에 도전하고 마음껏 사랑할 수 있도록 용기와 영감을 불어주는 그런 사람이 되고 싶다고 생각하게 되었어요. 이미 모든 사람에겐 최고의 삶을 살 가능성이 있어요. 내가 꽃봉오리 같은 그들의 가능성을 피워내는 데 조금이나마 도움이 된다면 바랄 게 없어요."

"시미는 해낼 수 있을 거예요."

"고마워요. 네샤랑 대화를 나누다 보면 내가 정말 괜찮은 사람인 거 같아요. 만약 우리가 하나의 빙산이라면 대부분의 사람은 수면 위의 아주 일부분만 보죠. 훨씬 더 깊고 넓은 자아가 있는, 그 수면 밑까지 보려 하는 사람은 별로 없어요. 그런데 네샤는 그 아래 깊은 곳까지 보는 것 같아요."

"그 빙산의 아래엔 '잘난 나'뿐만 아니라 '못난 나'도 있어요. 중요한 것은 서로의 좋은 면을 보고 못난 면은 어루만져주는 거예요. 우리는 모두 서로의 거울과도 같아서 반짝반짝 닦아줘야 더욱 빛나는데, 깨지고 먼지 가득해지도록 놔두면 거기에 비치는 내 모습도, 상대방의 모습도 추해지기 마련이죠."

"맞아요. 흙을 고르고 물을 주고 햇볕을 쬐어주고 온몸으로 폭풍과 찬바람으로부터 지켜줘야 단단한 씨앗이 겨우 꽃을 피우고 열매를 맺을 수 있는 것처럼, 사랑도 열심히 노력해야 하는 거 같아요. 예전의 나는 막연히 백마 탄 왕자님이 나타나기만을 기다렸어요. 공부나 일에서는 끊임없이 자신을 돌아보며 열심히 노력했으면서, 사랑은 실패를 해도 배울 생각도 못 했어요. 그러니 왕자님이 나타나도 하인 취급을 했겠죠. 지난 1년간 사랑에 대해 배웠으니 다음엔 더 잘할 자신이 있어요."

코코넛 주스를 마시던 그가 갑작스러운 제안을 해왔다.

"그럼 우리 사랑 연습해보는 건 어때요?"

"사랑 연습? 그게 뭐예요?"

"그림을 잘 그리려면 연습을 많이 해야 하는데, 딱 한 장의 도화지만 주고 그림을 그리라고 하면 한번 실수하면 끝이잖아요. 그러니까 내가 연습용 도화지 역할을 할게요. 사랑에 관해 알고 싶고 느끼고 싶은 모든 것을 나한테 그려봐요. 실수할까 망설이지 말고 마음껏 연습해봐요."

나는 한동안 내 사랑에 관한 생각을 잠시 접고 있었다. 어차피 떠나갈 텐데 굳이 누군가에게 마음 흔들릴 필요가 있을까? 이 여행을 통해 사랑을 찾겠다던 내게 누군가는 이렇게 말하지 않았는가.

"왜 사랑에 빠지려고 해? 넌 지금 자유롭게 전 세계를 여행하는, 아무나 가질 수 없는 특별한 행운을 누리고 있잖아. 그런데 만약 누군가에게 마음을 도둑맞기라도 해봐. 넌 반쪽 마음만 가지고서 전 세계를 여행할 테지. 나머지 반쪽은 그 남자에게 가 있을 테니까. 그러면 전 세계 어디를 가도 그 사람 생각 때문에 그 순간을 충분히 즐길 수가 없잖아. 그러니 지금 이 상태를 즐겨. 아니면 네가 어디를 가든 기쁘게 보내줄 수 있는 그런 남자를 만나든가."

그 말을 들은 후 누군가를 굳이 만나려 애쓰지 않았다. 그런데 사랑 연습이라니...... 사랑에도 연습이 필요한 걸까?

"사랑 연습을 하다 진짜 사랑에 빠지면요?"

"어떤 그림을 그려도 좋아요. 연습은 어디까지나 연습일 뿐입니다. 도화지는 그림을 택할 수 없어요. 그리는 사람의 진실과 의도에 따라 다른 그림이 그려지겠죠."

"만일 그림이 망가지면 어떡하죠?"

"결과보다는 과정이 중요하잖아요. 진실이 담겨 있으면 그것으로 우리에게 최고의 추억이 될 테고. 그렇게 추억을 만들어가는 것이 멋진 삶 아닐까요?"

피식, 나는 설득당했다. 어느덧 내가 탈 비행기의 안내방송이 나오고 있었다. 우리는 서둘러 작별인사를 하며 다음 주에 발리에서 '사랑 연습'을 하기로 합의했다. 급히 보안 검색을 통과해 비행기에 탑승하니 정신이 퍼뜩 들었다. 도대체 무슨 짓을 하기로 한 거지? 혼란스러운 가운데 가슴 한편이 두근거리기 시작했다.

그를 다시 만나기까지 열흘 동안 나는 많은 생각을 했다. 만약 진정으로 사랑하는 사람이 생긴다면, 어떻게 사랑할 것인가. 아니, 내 인생을 스쳐 가는 모든 사람을, 이 우주를, 그리고 나 자신을……. 어떻게 사랑할 것인가.

어느 밤 옷을 다 벗고 거울 앞에 섰다. 작은 키, 통통한 몸매, 곱슬곱슬한 머리카락, 얼굴에 서서히 나타나고 있는 잔주름. 다리는 휘고 골반은 비틀어진 데다 온몸은 상처투성이인 내 모습이 거울 속에 있었다. 덤벙대다 넘어진 상처와 거친 10대 시절이 남겨준 화상과 칼자국, 세계 곳곳을 여행하며 모기와 온갖 벌레들에 물린 흔적까지……. 완벽한 아름다움과는 거리가 멀지만 수많은 바다와 산과 정글과 사막을 건넌 내 몸이 내 삶을, 내 삶이 간직한 수많은 이야기를 담고 있었다. 행복했던 순간들만큼 고통스러운 순간들도 많이 있었고, 자랑스러운 일만큼이나 부끄러운 일도, 과오도 많은 삶이었다.

말썽쟁이, 골든벨 소녀, 고학생, 알바생, 패기 넘치는 직원……. 누군가는 모험심 넘치는 여행자로, 누군가는 롤모델로, 누군가는 암 극복자라는 민망한 타이틀로 나를 불렀다. 어떤 사람에게 난 희망의 상징이었고 인생을 바꿔놓은 책의 저자였다. 반면 내가 힘겨워했던 순간에 나를 만났던 사람은 나를 까칠한 사람으로 기억할 것이다. 여자로서의 나는 누군가에게 첫사랑이었고, 누군가에겐 집착의 대상이었으며, 누군가에겐 씻을 수 없는 상처를 준 나쁜 여자였을지 모른다. 반면 내 못난 모습 그대로 나를 진심으로 사랑해주고, 내가 절망했던 순간 내게 손을 내밀어준 고마운 사람들도 있었다.

그렇게 나는 매 순간 다른 모습으로 다른 사람들에게 다른 존재가 되었고, 그렇게 삶의 수백만 순간들이 온몸의 세포 속에 알알이 박혀 지금의 내가 만들어졌다. 그런 나처럼, 내가 다 알지 못하는 수백만 순간을 살아온 완벽하지 않은 한 사람을 만나 사랑하게 되겠지.

지난 13개월간 만났던 사람들이 떠올랐다. 의식 또는 무의식에 남겨진 트라우마 때문에 상처받을까 두려워 사랑을 거부하는 사랑불능자들, 자신을 스스로 사랑하지 않는 데서 오는 공허함을 채우기 위해 사랑을 더욱 갈구하며 상대에게 매달리고 집착하는 사랑 중독자들, '그럼에도 불구하고' 주는 것에서 기쁨을 느끼며 사랑하는 성숙한 연인들, 사랑을 통해 존재를 꽃피우고 이상적 자아에 가까워진 사랑가들.......

결국, 이 세상 누구도 완전하진 않지만, 나 자신만큼이나 불완전한 또 다른 존재를 있는 그대로 아끼고 귀하게 여기는 것이 사랑 아닐까. 시작에서 끝까지 닿을 수 없는 '나'라는 사람의 깊고 오묘한 우주만큼이나 결코 소유할 수 없는 그 사람의 우주를 포용하는 것, 그 두 개의 우주가 같은 방향을 향해 가는 것, 그것이 사랑 아닐까.

언젠가 나의 그 사람을 만난다면 어떻게 사랑할 것인가. 내 인생으로 걸어와 준 그 고마운 존재와 그의 우주를 어떻게 품어줄 것인가. 문득 명상 같은 사랑을 하고 싶다는 생각이 스쳐 지나갔다. 고요함 속에서 공명이 더욱 증폭되어 존재 깊은 곳 상처까지 치유하고, 내면의 빛으로 서로의 우주를 채워줄 수 있는 그런 사랑. 그런 사람과 함께 춤추고 명상하고 여행하며 사랑할 수 있다면 무엇이 더 필요할까.

나는 짐을 싸며 티베트 사원에서 쓰는 종과 초와 향을 준비했다. 그리고 다시 한번, 상처투성이의 나를 품어주고 내 영혼을 사랑해 준 모든 고마운 이들이 행복해지길 바라는 기도를 드렸다.

오늘은 네샤가 발리에 오는 날. 바로 '사랑 연습'이 시작되는 날이다. 나는 발리 공항에 가서 그를 기다렸다. 오랜 시간 혼자 여행을 해온 나로서는 공항에서 누군가가 기다리다 달려와 안아주고, 정말 기뻐하며 눈물까지 글썽이는 모습이 늘 부러웠다. 그래서 나도 그 기쁨을 이 사람에게 안겨주는 것으로 사랑 연습을 시작하기로 했다. 그는 공항에 나온 나를 보며 환하게 웃어주었다.

그는 나에게 같이 갈 곳이 있다며 눈을 가린 채 어떤 곳으로 데려갔다. 열대의 꽃향기가 대지를 가득 채우고 있다는 것을 오감으로 느낄 수 있었다. 눈을 뜨는 순간, 상상치 못한 아름다움에 숨이 멎을 뻔했다. 꽃잎으로 가득 채워진 수영장 주변으로 수십 개의 초가 반짝이고 있었다. 잊고 있었던 루미의 시가 다시 떠올랐다.

봄의 정원으로 오라
이곳에 꽃과 술과 촛불이 있으니
만일 당신이 오지 않는다면
이것들이 무슨 의미가 있는가
그리고 만일 당신이 온다면
이것들이 또한 무슨 의미가 있는가

깜짝 놀란 나를 바라보며 그가 미소를 지었다.

"여신님을 위한 성스러운 신전이에요. 내게 시미는 영원히 소유할 수 없는, 존경과 사랑만이 가능한 여신이니까요."

"당신도 나도 완벽하지 못한 인간이기에 그 두 불완전한 존재가 서로를 감싸줄 수 있다는 것은 참으로 감사한 일이죠."

우리가 신전이라 명명한 이곳의 한 켠에 나는 꽃잎으로 원을 만들고 그 안에 그를 눕혔다. 요가의 송장 자세처럼 양팔과 다리를 가볍게 벌리고 눈을 감고 심호흡을 하라고 했다. 나는 티베트 사원에서 가져온 종을 울려 공간의 에너지를 씻어냈다. 그리고 심호흡을 하며 온몸의 에너지를 모아 정신을 가다듬었다. 공기를 형성하는 산소와 질소마저 뿔뿔이 흩어져 대기에 가라앉은 듯한 순간, 이 우주에 오직 나와 그만 존재하는 듯했다. 나는 사랑하는 사람이 생긴다면 해주고 싶었던(사실 어쩌면 나 자신에게 해주고 싶었던) 이야기를 그 사람에게 들려주었다.

"내가 그려보고 싶은 사랑을 마음껏 그려보라 했죠?

그 사랑에 관해 이야기해줄게요.

난 당신의 삶을 사랑해요.

당신이 이제껏 쌓아온 지식과 지혜와 여유와 성취를 존경해요.

당신이 이 세상과 교감하며 성장해온 시간들,

그리고 내 앞에 있는 지금 이 순간의 당신과

당신의 찬란한 미래를 사랑하죠.

난 당신의 몸을 사랑해요.

수백만 년의 진화 끝에 우리는 이렇게 아름다운 몸을 갖게 되었죠.

태양, 바다, 구름, 비, 물, 흙, 바람……

우주의 모든 에너지가 당신이 먹고 마시는 것이 되어

생명력으로 전환되었어요.

즉, 당신이 존재하기 때문에 이 우주가 존재하고,

우주가 존재하기 때문에 당신의 심장이 뛰고 있죠.

난 당신의 사랑을 사랑해요.

당신을 잉태하고 사랑으로 길러준 부모님,

당신의 첫사랑 그리고 다음 사랑, 그다음 사랑

당신이 사랑했고 당신을 사랑했던

그 모든 사람과 나눈 그 사랑을 사랑해요.

당신의 사랑은 무엇입니까

난 당신의 부족함과 상처와 아픔들을 사랑해요.

알아요. 당신 역시 많이 실패하고 실수했다는 것을.

그래서 때로는 분노하고, 때로는 좌절하고, 때로는 슬퍼했겠지요.

너무나 고통스럽고 후회스럽고 수치스러운 기억까지도 사랑해요.

당신도 나도, 완벽하지 못한 인간이기에

그 두 불완전한 존재가 서로를 감싸줄 수 있다는 것은

참으로 감사한 일이죠.

사랑해요, 당신의 존재를. 고마워요, 지구에 와줘서."

사실 이건 나 자신에게, 내 사랑에게, 그리고 전 우주에 바치는 만트라일지도 모른다. 그리고 지금 이 순간 이것을 함께 나눌 사람이 있다는 건 참 기쁜 일이었다. 마치 깃털처럼 부드럽고 솜처럼 뽀송뽀송한, 하지만 무게가 없고 보이지 않는 포근한 막이 우리를 뒤덮었고, 그 안에서 내 심장은 따뜻해졌다. 그 따뜻한 심장에서 핑크빛 에너지가 흘러나와 온몸을 휘돌았다. 한참 후 그가 눈을 떴다. 어둠 속에서 그의 눈동자가 빛났다.

"고마워요, 그리고 사랑해요. 당신의 우주를, 그 우주 속에서 반짝이는 빛을."

"연습치고는 너무 진심처럼 들리네요."

"진심이니까요. 매 순간이 내 인생에 돌아오지 않을 유일한 순간이고, 난 지금 내 눈앞에 있는 여신과 함께하는 이 순간을 사랑

"사랑해요. 당신의 존재를. 고마워요. 지구에 와줘서."

해요."

　"그래요, 마음껏 사랑해요. 인생은 한 번뿐이고, 이 순간은 다시 돌아오지 않으니까요."

　꽃과 촛불과 향기가 가득한 시간 동안 우리는 그렇게 하늘과 땅과 바다와 산을 호흡하며 명상했다. 어느덧 사랑 연습을 마치고 헤어지는 순간, 우리는 또다시 공항에서 기약 없는 이별을 나눴다. 더 이상 바랄 것도, 아무런 약속도 필요 없었다. 그저 충만한 미소로 서로에게 감사의 인사를 건넸다. 출구에서 헤어지는 순간, 그가 물었다.

"이 사랑 연습이 도움이 되었나요?"

"그럼요. 이제 알 것 같아요. 우리 생의 모든 존재가 사랑임을. 그 사랑의 모든 순간이 축복임을. 그래서 앞으로 어떻게 사랑해야 할지도 알 것 같아요. 당신은 어때요?"

〈당신의 꿈은 무엇입니까〉
〈당신의 사랑은 무엇입니까〉
두 권의 책을 다시 펴내며

2011년 첫발을 내디딘 꿈의 파노라마 프로젝트는 유럽·중동·아시아 25개국 92개 도시에서 365개의 꿈을 만났습니다. 2013년에 시작한 러브 파노라마 프로젝트는 아메리카·아프리카·오세아니아의 127명(커플 포함)에게 108개의 사랑 이야기를 들었지요. 총 25개월간 47개국에서 500여 명의 삶을 깊게 들여다볼 수 있었던 엄청난 기회였고 이로 인해 제 인생은 거대한 터닝포인트를 맞게 되었지요.

드림파노라마
영상 보기

러브파노라마
영상 보기

SBS 스페셜
영상 보기

우선 드림파노라마 프로젝트를 진행하며 직접 제작한 다큐멘터리가 2012년 'SBS 스페셜-나는 산다, 김수영의 꿈의 파노라마'라는 제목으로 방영되었습니다. 이어서 책 〈당신의 꿈은 무엇입니

까〉를 2012년, 〈당신의 사랑은 무엇입니까〉를 2015년에 출간했지요.

　책과 영상뿐만 아니라 사람들이 직접 모여 꿈을 나눌 수 있는 자리를 만들고 싶었습니다. 그래서 2012년 가을에는 구로아트밸리에서 약 10일 동안 '드림페스티벌'을 열었습니다. 100여 명의 스태프들과 함께 준비한 이 행사는 전시회, 쇼, 워크숍, 각종 세미나 그리고 파티의 형태로 5천 명의 사람들과 함께 진행되었습니다. 이후 싱가포르 현지 및 국내 여러 기업의 초청을 받아 그들과 함께 '드림쇼'를 열기도 했습니다. 이후 몇 년간 정기적으로 지속된 '드림워크숍'에 참여한 수천 명의 성공사례가 쌓이면서 이를 바탕으로 〈드림 레시피〉 책을 내기도 했지요.

　　그렇게 맺은 특별한 인연들과 헤어지기 아쉬워 '꿈꾸는지구'(구드림파노라마) 회사를 설립해 다양한 강연회, 워크숍 등 교육프로그램뿐만 아니라 컨설팅을 진행했습니다. 또 사람들의 꿈에 투자하고 싶다는 아이디어를 실현하기 위해 우리은행의 후원을 받아 한국장학재단과 함께 '지구별 꿈도전단'(현재는 '세계를 향한 꿈도전'이라는 이름으로 운영되고 있습니다) 공모전을 만들어 대학생들이 해외에 나가 꿈을 펼칠 수 있도록 지원하기도 했지요. 뿐만 아니라 꿈을 기반으로 사람들을 연결하고 싶다는 아이디어를 바탕으로 2013년 버키노트라는 애플리케이션을 론칭해 5만 명이 넘는 사람

들에게 사랑을 받았습니다. 아쉽게도 수익성 부족으로 서비스를 중단했지만요.

80개국을 여행하며 70개의 꿈을 이루고 사람들에게 꿈의 씨앗을 나누어주던 저는 몇 년 전부터 인간의 내면에 관심을 갖기 시작했습니다. 그래서 명상과 수행을 생활화하고 심리와 영성 등을 공부하면서 '마음여행'을 떠났다고나 할까요. 그러면서 오랜 시간 저를 움직였던 내면의 고통에서 벗어나 있는 그대로 나를 사랑할 수 있게 되었지요. 그 덕분에 결혼도 하고 이제 첫 아이의 탄생을 기

두 권의 책을 다시 펴내며

다리고 있습니다. 그간의 과정과 깨달음을 〈마음스파〉 책을 통해
서 담담히 털어놓았고요.

마음스파

마찬가지로 저에게는 쌍둥이 자식 같은 이 두 권의 책을 이렇게
재출간할 수 있게 되어 기쁩니다. 초판 발행 후 그렇게 긴 시간이
흐르지 않았지만 세상은 너무나 많이 변했습니다. 경쟁이 심화되
면서 일상은 더욱 치열해지고, 분노와 혐오, 비관주의가 넓게 퍼져
갑니다. SNS로 타인과 나를 비교하면서 '나만 뒤처져 있다'고 생

각하며 좌절하는 사람도 많고요. 꿈꾸고 사랑하는 것조차 사치라고 여겨지는 작금의 현실을 보며 이 두 권의 책을 다시금 세상에 내놓기로 했습니다. 같은 지구 하늘 아래 살아가는 수많은 사람들의 가슴벅찬 이야기를 통해 '그럼에도 불구하고' 다시 꿈꾸고 사랑할 용기를 얻을 거라 믿기 때문입니다.

책을 쓸 당시에는 너무나 하고픈 이야기가 많아 쏟아내듯 썼었는데 몇 년이 지난 지금 조금 더 차분하게 제가 만난 사람들과 겪은 일들, 그리고 이를 통해 깨달은 점을 정리할 수 있었습니다. 초판 발행 후 6년이 지난 〈당신의 꿈은 무엇입니까〉의 경우 몇몇 등장인물의 소식들을 업데이트할 수 있어 기쁘고요.

두 책이 새롭게 탄생하는 데 10인의 독자위원회 박신미, 염정은, 이명재, 이인해, 이정현, 정선영, 조하나, 천은정, 최영경, 최현석님의 역할이 컸습니다. 도움에 진심으로 감사합니다.

아울러 초판을 사랑해주신 수십만 명의 독자님들, 새롭게 탄생한 개정판을 아껴주실 독자님들에게도 사랑의 마음을 보냅니다.

22개국 — 캐나다, 미국, 쿠바, 콜롬비아, 파나마, 에콰도르, 브라질, 아르헨티나, 칠레, 볼리비아, 페루, 남아공, 나미비아, 잠비아, 짐바브웨, 우간다, 르완다, 에티오피아, 싱가포르, 인도네시아, 호주

43개 도시에서 인터뷰 진행 — 키토, 부에노스아이레스, 산티아고, 자카르타, 리마, 메데인, 키갈리, 캄팔라, 아디스아바바 등에서 사랑을 만났습니다.

332

35개 국적—콜롬비아, 에콰도르 나미비아, 호주, 코스타리카, 동티모르, 모리셔스, 베네수엘라 등의 다양한 국적의 사람들을 만났지만, 그들은 사랑이라는 같은 언어를 구사했습니다.

6세에서 76세까지 127명의 사람들—땅고 댄서, 심리학자, 용접공, 항해사, 수의사, 숲과학자, 노점상, NGO 봉사자, 데이트 코치, 로비스트, 자유영혼 등 남녀노소, 신분과 직업을 막론하고 우리 모두는 사랑으로 태어나 사랑으로 살아가는 사람들이라는 것을 다시금 확인했습니다.

66명의 여자, 61명의 남자—22쌍의 커플 중 첫사랑과 40년 만에 재회한 커플, 결혼식 날 처음 만나 30여년간 살고 있는 천생연분, 50년 넘게 함께 땅고를 추는 커플, 장애인-비장애인 커플, 트랜스젠더 커플 등 동성애 커플 2쌍, 국제 커플 6쌍 등 모두 사랑하며 살고 있었습니다.

What is LOVE?
당신의 사랑은 무엇입니까?

127명에게 사랑이 무엇이냐고 물었고 그들은 총 1,239개의 단어, 인터뷰이당 (커플 포함) 11.5개의 단어로 사랑을 묘사했습니다. 가장 많이 언급된 단어 33개는 다음과 같았습니다.

단어	빈도	의미	단어	빈도	의미
person	17	사람	affection	6	애정
give	16	주다	everything	6	모든 것
share	16	나누다	heart	6	심장
otheranother	16	다른 한 사람	joy	6	기쁨
one	15	하나	passion	6	열정
happy	14	행복	trust	6	믿음
life	12	인생	understand	6	이해
best	11	최선	friend	5	친구
feeling	10	감정	patience	5	인내
make	10	만들다	accept	5	수용
respect	9	존중	companionship	4	동료애
all	9	모두	kind	4	친절
together	8	함께	unconditional	4	무조건
someone	8	누군가	world	4	세계
caring	8	보살핌	become	4	되다
live	7	살다	dream	4	꿈
time	7	시간			

이 단어들을 조합해서 내린 사랑의 정의는 다음과 같았습니다.

Love is......

To give the other person respect, care, affection, trust unconditionally

To Share feeling, joy, passion, companionship

To dream and make one happy life together in this world

Accept and understand the person, being kind and patient at all times

Being best friend for each other that two hearts become one

사랑이란

존중과 애정, 보살핌과 신뢰를 조건 없이 주는 것

서로의 감정과 기쁨, 열정을 함께 나누는 동반자가 되는 것

함께 꿈꾸고 행복한 삶을 만들어나가는 것

어떤 상황에서도 그 사람을 이해하고 받아들이고 인내를 발휘하는 것

서로의 베스트 프렌드가 되어주는 것

그렇게 두 심장이 하나가 되는 것

• 감사의 말 •

13개월 22개국의 여정 동안 소중한 이야기를 공유해주신 127명 외에도 많은 분의 도움을 받았습니다. 이 여정의 일부가 되어주셔서 감사합니다.

In addition to 127 incredible individuals who shared their love stories, I was able to finish this project successfully with the help of many people. Thanks for being part of my journey.

● Canada Joe, 최지윤

● USA Nataly, Aness, Julien, Eunice, Gloria, Nikki & Soyoun, 한유정, JB & 우연, 박설빈 & 이장욱, 정규섭, 이정해, 임종열, 백산

● Cuba Nathaniel & Yuri, Ricardo, Jouni, Liana, Yanella, Jesus

● Colombia Frank's family, Maria's family, Diego, Joachim, Veronica, Max, Brian, Enith (Juventud con una Mision), Henny

● Panama Ricardo

● Ecuador Ana Maria & Francisco, Andrea, Alejandro, Darling

● Brazil Ercole, Milena, Renata, Ridan, Henrique, Aristide, 최은하, 김기현

● Argentina Damian, German, Cristal, Elina, Veronica, Manuel, Ronald, Juan, Marcos, Coca & Osvaldo, Jamal, Angel

● Chile Natalia's family

● Bolivia Maria (Jesus de Nazareth)

● Peru Edwin & Gabriela, Maria, Rony, Oriana, Porfirio, Alvaro, Hanan

● South Africa Michael, Thami & Jinhwa

● Namibia Fenny, Margaret, Charlotte, Thorsten

- Zambia Muloongo, M'zizi, Vatice, Mirriam, Dennis

- Zimbabwe Ndoro family, Leon

- Uganda Cathy, Sunil, Sharon (Child Fund Uganda), Florence's family, Immaculate

- Rwanda Nasser, James, Tete, Jennifer, Mizero, Immaculate, 선연희, 이샬롬

- Ethiopia Mengistu family, Nahom, Melat & Mismak & Milha, 신유나

- Singapore Mike, Samantha, Wendy

- Indonesia 정선욱, 김은미, 김희년, Ella, Deedee, Ricky

- Australia Clive & Lilian, Amir & Nasim, Jarrod

이 책이 나오기까지 많은 도움을 주신 남인숙, 한재우, 양지훈, 정유리, 최빛나, 김종오 님

인내심을 가지고 여러 번에 걸쳐 부족한 원고 읽으며 귀한 의견을 주신 독자위원회 김지혜, 김현정, 박상선, 오수지, 우한울, 윤여준, 이서연, 이소연, 이윤정, 이종호, 임효순, 장동희 님

이 책을 쓰게 된 계기가 된 J

책 관련 많은 의견 나눠주신 이진아, 김선준, 장치혁 대표님, 장은, 정선욱 그리고 SNS 구독자 여러분.

인생이라는 소중한 시간을 함께 나눠온 우리 가족,

사랑하는 남편과 이제 곧 만나게 될 나의 아이.

지면관계상 다 적을 순 없지만 밤하늘의 별처럼 헤아릴 수 없을만큼 수많은 소중한 인연들, 그리고 이 책을 읽어주신 모든 분들, 감사하고 사랑합니다.

Due to the limited space, I wasn't able to list all the names. I'm sincerely grateful for everyone that I've encountered in this journey. I wish that our paths would cross again.

당신의 사랑은 무엇입니까

초판 1쇄 발행 2018년 4월 20일
초판 2쇄 발행 2018년 7월 6일

지은이 김수영

발행인 김수영
디자인 김성엽의 디자인모아

발행처 꿈꾸는지구
출판사 등록일 2017년 4월 28일
주소 서울시 강남구 영동대로 738 현대리버스텔 710호
이메일 dreamworkshop@naver.com
전화 02-2299-0547
팩스 02-6008-7904

홈페이지 dreampanorama.com
블로그 dreamworkshop.blog.me
페이스북 /dreampanorama
인스타그램 /dreampanorama
네이버카페 /dreampanorama